Die Seemannsordnung

vom 2. Juni 1902

nebst den dazu ergangenen Nebengesetzen.

Erläutert von

E. Loewe,

Landgerichtsrat.

Zugleich als Nachtrag zum zweiten Bande des Kommentars zum Handelsgesetzbuch

von

H. Makower,

zwölfte Auflage herausgegeben von E. Loewe.

Berlin 1903.

J. Guttentag, Verlagsbuchhandlung,

G. m. b H.

Inhaltsverzeichnis.

I. Seemannsordnung vom 2. Juni 1902 (R.G.Bl. S. 175).

Erster Abschnitt. Einleitende Vorschriften. §§. 1—6.

Zweiter Abschnitt. Seefahrtsbücher und Musterung. §§. 7—26.

Dritter Abschnitt. Vertragsverhältnis. §§. 27—83.

Vierter Abschnitt. Disziplinar-Vorschriften. §§. 84—92.

Fünfter Abschnitt. Strafvorschriften. §§. 93—127.

Abkürzungen.

Abraham = Die Hanseatische Rechtsprechung, zusammengestellt von Dr. Paul Abraham. II. Band: Seerecht.

A.D.H. = Allgemeines Deutsches Handelsgesetzbuch von 1861.

A.D.J. = Allgemeine Dienstinstruktion vom $\frac{6\ \text{Juni}\ 1871}{22.\ \text{Februar}\ 1873}$ zum Gesetze betr. die Organisation der Bundeskonsulate vom 8. November 1867.

Begr. = Begründung zum Entwurfe der Seemannsordnung vom 2. Juni 1902.

B.G. = Bürgerliches Gesetzbuch vom 18. August 1896.

B.G.Bl. = Bundesgesetzblatt des Norddeutschen Bundes.

Boyens = Das Deutsche Seerecht. Auf Grund des Kommentars von Dr. William Lewis neu bearbeitet von Emil Boyens.

C.P.O. = Civilprozeßordnung in der Fassung der Bekanntmachung vom 20. Mai 1898.

Ctbl. = Centralblatt für das Deutsche Reich. Berlin bei Karl Heymann.

D.J.Z. = Deutsche Juristen-Zeitung.

Einf.Ges. = Einführungsgesetz zum Handelsgesetzbuch vom 10. Mai 1897.

Entsch.O.V.G. = Entscheidung des preußischen Oberverwaltungsgerichts.

Flg.Ges. = Gesetz, betreffend das Flaggenrecht der Kauffahrteischiffe vom 22. Juni 1899 (R.G.Bl. S. 319).

Ges.S. = Gesetz-Sammlung für die preußischen Staaten.

Gew.O. = Gewerbeordnung für das Deutsche Reich.

G.fr.G. = Gesetz über die Angelegenheiten der freiwilligen Gerichtsbarkeit vom 17./20. Mai 1898 (R.G.Bl. S. 771 ff.).

G.K.G. = Gesetz über die Konsulargerichtsbarkeit vom 7. April 1900 (R.G.Bl. S. 213).

G.O.B. = Gesetz vom 8. November 1867 betr. die Organisation der Bundeskonsulate vom 8. November 1867 (B.G.Bl. S. 137).

G.V.G. = Gerichtsverfassungsgesetz in der Fassung der Bekanntmachung vom 20. Mai 1898.

Hans.Ger. = Hanseatische Gerichtszeitung.

Heimsch.Ges. = Gesetz betreffend die Verpflichtung der Kauffahrteischiffe zur Mitnahme heimzuschaffender Seeleute. Vom 2. Juni 1902 (R.G.Bl. S. 212).

H.G.B. = Handelsgesetzbuch vom 10. Mai 1897.

H.G.Z. = Hamburgische Handelsgerichtszeitung.

Katz = Die strafrechtlichen Bestimmungen des Handelsgesetzbuchs und das Seehandelsstrafrecht. Von Dr. Edwin Katz. II. Auflage.

Kleinfeller = Die Seemannsordnung vom 27. Dezember 1872 erläutert von Dr. Georg Kleinfeller in der I. Auflage von Stenglein: Die strafrechtlichen Nebengesetze des Deutschen Reichs. Berlin 1893.

Knitschky = Die Seegesetzgebung des Deutschen Reiches. Von Dr. W. E. Knitschky. III. Auflage bearbeitet von Dr. Otto Rudorff.

Kom.Ber. = Bericht der VI. Kommission über den Entwurf einer Seemannsordnung. Reichstagsdrucksache Nr. 288. 10. Legislatur-Periode. II. Session 1900/1901.

Kom.Ber. II. = Zweiter Bericht der VI. Kommission. Ergänzungs-Gesetze zur Seemannsordnung. Reichstagsdrucksache Nr. 288a. 10. Legislatur-Periode. II. Session 1900/1901.

v. König = von König, Handbuch des Deutschen Konsularwesens. VI. Auflage.

K.V.G. = Krankenversicherungsgesetz in der Fassung der Bekanntmachung vom 10. April 1892 (R.G.Bl. 1892 S. 417).

Lewis = Lewis „Das Seerecht" in Endemanns Handbuch des Deutschen Handels-, See- und Wechselrechts. Band IV.

M. = Entwurf eines Handelsgesetzbuchs für die preußischen Staaten. II. Teil. Motive. Berlin 1859. Verlag der Kgl. Ober-Hofbuchdruckerei.

Makower = Handelsgesetzbuch mit Kommentar von H. Makower. 12. Auflage.

Meves = Oskar Meves: Die strafrechtlichen Bestimmungen. Separatabdruck aus der „Gesetzgebung des Deutschen Reichs mit Erläuterungen".

Mot. = Motive zur Seemannsordnung vom 27. Dezember 1872 (Deutscher Reichstag. 1. Legislatur-Periode. III. Session 1872. Nr. 65).

P. = Protokolle der Kommission zur Beratung eines Allgemeinen Deutschen Handelsgesetzbuchs. Herausgegeben von J. Lutz, Würzburg 1858.

Perels = Die Seemannsordnung vom 2. Juni 1902 und ihre Nebengesetze bearbeitet von Dr. jur. L. Perels.

Pr.Ent. = Entwurf eines Handelsgesetzbuchs für die preußischen Staaten. Erster Teil, Entwurf. Berlin 1859.

R.G. = Entscheidungen des Reichsgerichts in Civilsachen.

R.G.Bl. = Reichs-Gesetzblatt.

R.O.H. = Entscheidungen des Reichs-Oberhandelsgerichts, herausgegeben von den Räten des Gerichtshofs.

Schaps = Georg Schaps, Das Deutsche Seerecht.

Sch.G.G. = Schutzgebietsgesetz vom 25. Juli 1900 (R.G.Bl. S. 809).

Seemannsordnung = Seemannsordnung vom 2. Juni 1902 (R.G.Bl. S. 175).

S.O. = Seemannsordnung vom 27. Dezember 1872 (R.G.Bl. S. 409 ff.).

Stenglein = Die strafrechtlichen Nebengesetze des Deutschen Reichs, III. Auflage bearbeitet von Dr. M. Stenglein.

St.V.G. = Gesetz betr. die Stellenvermittelung für Schiffsleute vom 2. Juni 1902 (R.G.Bl. S. 215).

S.U.V.G. = See-Unfallversicherungsgesetz vom 30. Juni 1900 in der Fassung der Bekanntmachung vom 5. Juli 1900 (R.G.Bl. S. 716).

Wagner = Wagner, Handbuch des Seerechts.

Z.f.H. = Zeitschrift für das gesamte Handelsrecht, herausgegeben von Prof. Goldschmidt und anderen.

Zorn = Das Staatsrecht des Deutschen Reichs. Von Dr. Philipp Zorn. Bd. II.

Die Citierung von Paragraphen ohne Zusatz oder mit dem Zusatze „d.G." verweist auf das jeweilig erläuterte Gesetz

I. Seemannsordnung.

Vom 2. Juni 1902. (R.G.Bl. S. 175.)*)

---

*) Vorbemerkung.

I. Entstehungsgeschichte. Die seit dem Jahre 1872 in vieler Beziehung veränderten Verhältnisse der Seeschiffahrt (überwiegende Vermehrung der Dampfschiffe und der regelmäßigen Linien gegenüber den Segelschiffen und der sog. wilden Schiffahrt, Anwachsen des Maschinen- und Aufwartepersonals gegenüber dem eigentlich seemännischen Personal) und die veränderte Auffassung von den sozialen Pflichten der Arbeitgeber ließen eine Revision der Seemannsordnung vom 27. Dezember 1872 angemessen erscheinen. Nachdem durch einen Antrag Schwartz (Drucksachen des Reichstags 1892/1893 Nr. 120) hierzu eine Anregung gegeben war (vgl. Verhandlungen des Reichstags 1895/97, Sten. Ber. I S. 627, 631; VI S. 4042; VIII S. 5822), legte der Reichskanzler unter dem 12. März 1900 und gleichlautend unter dem 14. November 1900 dem Reichstage den Entwurf einer Seemannsordnung vor (Druckf. des Reichstags, 10. Legislatur-Periode I. Seff. 1898/1900 Nr. 663 und II. Seff. 1900/1901 Nr. 4). Der Entwurf wurde in erster Lesung am 26. März 1900 (Sten. Ber. 4957—4990) und am 26. und 27. November 1900 (Sten. Ber. 167—175 und 180—211) beraten und einer Kommission überwiesen, die ihren schriftlichen Bericht in Nr. 288 der Drucksachen des Reichstags (10. Legislatur-Periode II. Seff. 1900/1901) erstattete. Darauf fand in den Sitzungen vom 26. bis 30. November 1901 (Sten. Ber. 2759—2881) und vom 15. bis 18. April 1902 (Sten. Ber. 4801—4908) die zweite, am 25. und 26. April 1902 (Sten. Ber. 5055—5108) die dritte Lesung und am 29. April 1902 (Sten. Ber. 5150) die Gesamtabstimmung statt.

Während der Beratungen des Reichstags hat sich ein Redaktionsfehler (vgl. Anm. 2 zu § 52) eingeschlichen, das Gesetz ist mit diesem Fehler vom Bundesrat angenommen und veröffentlicht worden.

II. Vergleichung mit der Seemannsordnung v. 27. Dezember 1872. Schon die Seemannsordnung v. 27. Dezember 1872 wollte im Interesse sowohl der Seeleute wie der als Seemannsämter fungierenden Konsulate die Verhältnisse der Seeleute auf den deutschen Kauffahrteischiffen einheitlich kodifizieren und nahm deshalb, abweichend von Buch V Titel 4 A.D.H., außer privatrechtlichen auch polizeiliche, disziplinare, strafrechtliche und prozessuale Vorschriften auf (Mot. S. 28 ff.). Das neue Gesetz schließt sich in der äußeren Anordnung und im wesentlichen auch materiell der bisherigen Seemannsordnung an. Folgende Abweichungen sind hervorzuheben:

A. Schiff. Grundsätzlich finden nach §. 1 beider Gesetze die Vorschriften der Seemannsordnung Anwendung auf die deutschen See-Erwerbsschiffe, welche das Recht zur Führung der Reichsflagge ausüben dürfen. Jedoch kann nach §. 1 Abs. 3 des neuen Gesetzes dessen Anwendung ganz oder teilweise auf Binnenschiffe erstreckt werden, welche ausschließlich auf ausländischen Gewässern verkehren. Andererseits sind nach §. 135 einzelne Vorschriften unanwendbar auf Seeschlepper, Bergungs- und Hochseefischereifahrzeuge. Auch kann in weiterem Maße als bisher durch Verordnung des Bundesrats die Anwendung einzelner Bestimmungen des Gesetzes auf kleinere Fahrzeuge (Küstenfahrer u. s. w.) ausgeschlossen werden (§. 135; vgl. S.O. §. 108).

B. Reeder. Die bereits durch Art. 8 Einf.Ges. aufgehobene Vorschrift des §. 68 S.O., daß der Reeder für die Forderungen aus den Dienst- und Heuerverträgen nicht nur mit Schiff und Fracht, sondern persönlich hafte, ist auch in das neue Gesetz nicht aufgenommen, sie liegt diesem aber infolge des §. 487 H.G.B. zu Grunde.

Neu sind die Vorschriften, daß im Falle der Abwesenheit des Kapitäns der Reeder oder ein zum Abschlusse von Heuerverträgen bevollmächtigter Vertreter desselben bei der Anmusterung anwesend sein muß (§. 12 Abs. 2), und daß dem Schiffsmanne gegenüber der Reeder eine weitergehende Verpflichtung trägt, wenn er oder ein solcher Vertreter von der Verseuchung des Bestimmungs- oder eines Anlaufhafens Kenntnis hatte (§. 76 Abs. 2). Ganz singulär ist die neue Bestimmung des §. 46 Abs. 3, daß der Reeder die Auslagen für die Übermittelung des Heuerguthabens eines abgemusterten deutschen Schiffsmanns an dessen auswärtige Angehörige oder an Sparkassen oder sonstige Verwahrungsstellen zu tragen hat.

Im Fall einer Erkrankung oder Verletzung des Schiffsmanns nach der Anmusterung ist der Reeder fortan zur Gewährung von Verpflegung und Heilbehandlung verpflichtet, auch wenn der Schiffsmann den Dienst noch nicht angetreten hat, andererseits hört die Verpflichtung im Fall einer Verletzung auf, sobald und soweit die Berufsgenossenschaft die Fürsorge übernimmt (§. 59). Dem Reeder ist allgemein das Recht eingeräumt, die Verpflegung und Heilbehandlung in einer Krankenanstalt zu gewähren (§. 59 Abs. 3). Geschlechtliche Erkrankung des Schiffsmanns nach dem Dienstantritt oder nach der Anmusterung bildet fortan keinen Ausnahmefall von der Fürsorgepflicht des Reeders, die Entlassungsbefugnis ist nur gegeben, wenn diese Krankheit den übrigen an Bord befindlichen Personen Gefahr bringen kann (§§. 62, 70 Nr. 5, 71).

Neu sind ferner die Strafvorschriften der §§. 117—119, nach welchen der Reeder oder dessen Vertreter bestraft wird, wenn er den Bestimmungen über Größe und Einrichtung des Logisraums, über die Einrichtung von Wasch- und Baderäumen und Aborten an Bord der Schiffe, über die Mindestmenge der mitzunehmenden Heilmittel, über die Besetzung der Schiffe mit Kapitänen und Schiffsoffizieren und über die Sonntagsruhe zuwiderhandelt oder den Kapitän außer Stand setzt, für die genügende Verproviantierung des Schiffes oder für die Mitnahme der vorschriftsmäßigen Heilmittel zu sorgen. Die neue Vorschrift des §. 120 soll die Anwendung der eben bezeichneten Strafbestimmungen sichern,

> „wenn die Reederei durch Aktiengesellschaften und sonstige durch einen Vorstand vertretene Gesellschaften und dergl. betrieben wird.“ Vgl. hierüber Anm. zu §. 120.

C. Kapitän ist der in dem früheren Gesetz „Schiffer“ genannte Führer des Schiffes; über den Grad seines Befähigungszeugnisses erläßt der Bundesrat Bestimmungen (§§. 2 und 4). Seine rechtlichen Beziehungen zum Reeder und zu Reisenden und Ladungsbeteiligten sind, wie nach früherem Recht, nicht in der Seemannsordnung sondern im Handelsgesetzbuch geregelt. Über sein Verhältnis zu den Schiffsoffizieren und Schiffsleuten enthält das Gesetz die folgenden neuen Vorschriften:

Er ist den Schiffsoffizieren und Schiffsleuten gegenüber als der Dienstvorgesetzte bezeichnet, der die Schiffsordnung festzustellen und in den einzelnen Dienstzweigen die Vorgesetzten zu bestimmen und durch Aushang bekannt zu geben hat (§. 3). Die Ausübung seiner Disziplinargewalt darf er fortan nur auf den ersten Offizier des Decksdienstes und den ersten Offizier des Maschinendienstes innerhalb ihres Dienstbereichs übertragen (§. 84).

Er muß bei der Anmusterung anwesend sein und den Heuerschein unterschreiben, wenn dies nicht von einem Vertreter der Reederei geschieht (§§. 12 Abs. 2, 27, 114 Nr. 3 und 2).

Ihm persönlich ist neu die Verpflichtung auferlegt, in den Fällen der §§. 70, 89, 92, 99 die Eintragungen in das Schiffstagebuch zu bewirken und in den Fällen der §§. 43, 70 und 99 auf Verlangen eine Abschrift der Eintragung zu erteilen. Auch für die Sachen und das Heuerguthaben des erkrankten und für die Bestattung des verstorbenen Schiffsmanns hat der Kapitän zu sorgen (§§. 63, 64, 114 Nr. 10 und 11). Er macht sich strafbar bei Zuwiderhandlung gegen die Vorschriften der §§. 4 und 56 Abs. 2 und bei Unterlassung der Ergänzung der Mannschaft (§. 113 Nr. 2 und 1, §. 114 Nr. 9), sowie bei Verfehlungen gegen die Vorschriften über Sonntagsruhe, Urlaubserteilung und Auszahlung der Heuer und Vorschüsse (§§. 114 Nr. 6, Nr. 5 und Nr. 7)

Neu ist ferner, daß der Kapitän im Fall des §. 124 den Einspruch gegen einen Strafbescheid des Seemannsamts entgegenzunehmen und auf dessen Ersuchen bei der Beitreibung von Geldstrafen mitzuwirken hat (§. 125).

Im Streite mit dem Schiffsmann muß der Kapitän die Zuständigkeit eines ausländischen Gerichts anerkennen, wenn gegen ihn im Inlande kein Gerichtsstand begründet ist. Er ist jetzt unter denselben Voraussetzungen wie der Schiffsmann für befugt erklärt, die Entscheidung des Seemannsamts nachzusuchen (§. 129).

Für die Sachen und das Heuerguthaben des erkrankten, verletzten oder gestorbenen Kapitäns hat nach §§. 63 Abs. 3 und 65 dessen Stellvertreter zu sorgen.

D. Schiffsoffizier. Die Rechtsstellung der Schiffsoffiziere (hinsichtlich der Begriffsbestimmung (s. §. 2 Abs. 2 und Anm. 2) ist insofern geändert, als sie formell aus der Schiffsmannschaft herausgehoben und als besondere Gruppe zwischen diese und den Kapitän eingeschoben worden sind. In materieller Beziehung ist hervorzuheben, daß sie sämtlich (früher nur die Steuerleute) in Rang oder Heuer nicht herabgesetzt werden können (§. 43). Im Hafen und auf der Reede ist ihnen eine Ruhezeit von mindestens acht Stunden innerhalb jeder 24 Stunden zu gewähren. Jeder beschwerdeführende Offizier hat im Falle des §. 58 dem Konsul gegenüber das Ablehnungsrecht aus §. 5 Abs. 3 und jeder Offizier das Rücktrittsrecht vom Vertrage, wenn der Kapitän den Anordnungen des Seemannsamts nicht nachkommt (§. 58 Abs. 2). Will der Offizier eine ihm angebotene Stellung als Kapitän annehmen oder sich auf eine der in §. 74 Nr. 5 bezeichneten Prüfungen vorbereiten, so kann er seine Entlassung fordern, wenn er einen geeigneten Ersatzmann stellt und durch den Wechsel dem Schiffe kein Aufenthalt entsteht.

Bei der Zurückbeförderung kann er Verpflegung und Logis in der Kajüte fordern (§. 78). Die von ihm innerhalb seines Dienstzweiges erteilten Befehle müssen von jedem Schiffsmann ausgeführt werden (§§. 34, 85). Er macht sich strafbar, wenn er im Falle der Ausübung der ihm übertragenen Disziplinargewalt die Anzeige bei dem Kapitän mehr als 24 Stunden verzögert (§§. 84, 116).

E. Schiffsmann. Am erheblichsten sind, entsprechend der Veranlassung zur Gesetzesrevision, die Änderungen der Rechtsverhältnisse der Schiffsmannschaft. Hier sollen nur die wesentlichen Neubestimmungen hervorgehoben werden.

1. Beseitigt ist die zu Zweifeln (vgl. Seuffert Archiv Bd. 53 S. 182) veranlassende Fassung des §. 3 Abs. 2 S.O., wonach Maschinisten, Aufwärter oder in anderer Eigenschaft Angestellte, ohne zur Schiffsmannschaft zu gehören, dieselben Rechte und Pflichten haben sollen wie die Schiffsmannschaft. Jetzt ist Schiffsmann jede zum Dienst auf dem Schiffe während der Fahrt für Rechnung des Reeders angestellte Person mit Ausnahme des Kapitäns und der Schiffsoffiziere (§. 2).

2. *Während bisher die freie Vereinbarung hinsichtlich der Rechte und Pflichten der Schiffsmannschaft die Regel bildete, sind jetzt die Vorschriften der Seemannsordnung der Abänderung durch Vertrag entzogen, soweit nicht eine anderweitige Vereinbarung ausdrücklich zugelassen ist* (§. 1 Abs. 2).

3. Der Minderjährige bedarf zur Übernahme von Schiffsdiensten für längere Zeit als ein Jahr nicht mehr der Genehmigung des Vormundschaftsgerichts (§. 1822 Nr. 7 B.G., §. 7 Abs. 2 d. G).

4. Dem Schiffsmann ist bei der Anheuerung ein von dem Kapitän oder dem Vertreter der Reederei (§. 12 Abs. 2) unterschriebener Ausweis (*Heuerschein*) zu geben, welcher die wesentlichen Vertragsbestimmungen enthält (§. 27).

---

5. Der Heuervertrag auf Zeit ist geregelt worden (§§. 28, 67).

6. Während bisher (§. 31 S.O.) nur bestimmt war, daß der Schiffsmann im Hafen nur in dringenden Fällen mehr als 10 Stunden täglich zu arbeiten braucht, ist jetzt in §§. 35—39 seine Verpflichtung zu Arbeiten im Hafen und auf See, an Sonn- und Werktagen, insbesondere auch in den Tropen, eingehend geregelt. Arbeit, welche über die gesetzlich bestimmte Zeit hinaus geleistet wird, ist in der Regel als Überstundenarbeit zu vergüten (§§. 35 Abs. 3, 37 Abs. 3). Der Überstundenlohnsatz muß in der Musterrolle enthalten sein (§. 14 Abs. 2).

Dem Schiffsmann muß, soweit nicht dringende Gründe entgegenstehen, an Sonn- und Festtagen im Hafen Gelegenheit zur Teilnahme am Gottesdienste gegeben bezw. auf See die Teilnahme an gemeinschaftlichen Andachten seiner Konfession gestattet werden (§§. 37 Abs. 4, 38, 114 Nr. 6).

In einem Hafen des Reichsgebiets hat er in seiner dienstfreien Zeit Anspruch auf Urlaub, wenn nicht triftige Gründe entgegenstehen (§. 34 Abs. 3, 114 Nr. 5).

7. Im Falle der Herabsetzung in Heuer und Rang (§. 43) kann er die Entscheidung des Seemannsamts mit der Wirkung anrufen, daß die Eintragung des Sachverhalts in das Seefahrtsbuch nicht vor der Entscheidung des Seemannsamts und nur von diesem vorgenommen werden darf.

9. Gegen die Entziehung seines Lohns durch Dritte und gegen Übervorteilungen bei der Lohnzahlung soll er jetzt durch die Vorschriften der §§. 46, 48, 49 gesichert werden.

10. An ersparten Heuergeldern nehmen in Zukunft nur diejenigen Schiffsleute desselben Dienstzweiges teil, welchen eine Mehrarbeit erwachsen ist; als Verteilungsmaßstab soll nicht bloß die Heuer sondern auch die Mehrarbeit in Betracht kommen (§. 50).

11. Der Rücktritt vom Vertrage ist dem Schiffsmann jetzt auch gestattet,

a) wenn der Bestimmungs- oder Anlaufhafen durch Pest, Cholera oder Gelbfieber verseucht ist, es sei denn, daß er schon bei der Anmusterung von dem Sachverhalt Kenntnis hatte;

b) wenn er sich für die Schiffsoffizier- oder Schifferprüfung vorbereiten will und einen geeigneten Ersatzmann stellt, auch dem Schiffe durch den Wechsel kein Aufenthalt entsteht;

c) wenn der Kapitän im Falle des §. 58 nicht der Anordnung des Seemannsamtes nachkommt.

12. Außer den oben unter B erwähnten Neuerungen in den Rechten und Pflichten des erkrankten oder verletzten Schiffsmanns sind noch die folgenden hervorzuheben:

Er hat für die Dauer des Aufenthalts in einer Krankenanstalt keinen Anspruch auf Heuer, jedoch ist ein Viertel derselben an solche Angehörige zu zahlen, deren Unterhalt er bisher ganz oder überwiegend aus seinem Heuerverdienste bestritten hat (§. 61 Abs. 2).

Der außerhalb des Reichsgebiets zurückgelassene Schiffsmann kann nach Maßgabe des §. 59 Abs. 4 nach einem deutschen Hafen in eine Anstalt überführt werden.

Er verliert den Anspruch auf Verpflegung und Heilbehandlung, wenn er sich der letzteren ohne berechtigten Grund entzieht und hierdurch die Heilung vereitelt oder wesentlich erschwert (§. 59 Abs. 5).

Unberechtigtes Verlassen des Dienstes zieht den Verlust aller Ansprüche im Falle der Erkrankung oder Verletzung nach sich (§. 62).

13. Die Heuer für die Dauer der Zurückbeförderung des ungerechtfertigt entlassenen Schiffsmanns ist nach Maßgabe der jetzigen Verkehrsbedingungen nach §. 73 zu berechnen.

14. Jeder einzelne Schiffsmann kann sich bei dem Kapitän über Seeuntüchtigkeit des Schiffes, über Mängel des Proviants und über ungebührliches Betragen der Vorgesetzten und anderer Mitglieder der Schiffsmannschaft beschweren (§. 99). Ist die Beschwerde wider besseres Wissen erhoben, so tritt Bestrafung nach §. 107 Nr. 4 ein.

15. Einzelne Strafvorschriften gegen den Schiffsmann (vgl. §. 93 Abs. 3, §. 101 letzter Satz, §. 108) sind gemildert, die Befugnis zur Rücknahme des Strafantrags ist erweitert (§. 93

letzter Satz und §. 96 l. S.), andererseits ist eine neue Strafvorschrift gegen Zerstörung oder Beschädigung von Schiffsteilen eingefügt worden (§ 108).

F. Seemannsamt. Neue Befugnisse und Obliegenheiten sind den Seemannsämtern zugewiesen durch §. 23 (Erteilung eines beglaubigten Auszugs aus der Musterrolle), §. 43 Abs. 4 (Entscheidung über Rang- und Heuerminderung), §. 46 (Mitwirkung bei der Heuerzahlung), §. 51 (Entgegennahme des Seefahrtsbuchs und der Anzeige, falls ein Schiffsmann vermißt wird), §. 59 (Mitwirkung, falls ein Schiffsmann nach einem deutschen Hafen in eine Krankenanstalt überführt oder des Anspruchs auf kostenfreie Verpflegung und Kur verlustig erklärt werden soll), §. 60 (Bestimmung eines Rückbeförderungshafens), §. 61 (Festsetzung der Belohnung für Schiffsverteidigung), §. 62 Abs. 2 (Entscheidung, ob die Ansprüche aus §§. 59—61 verwirkt sind), §§. 63 und 65 (Fürsorge für Sachen und Heuerguthaben des erkrankten oder gestorbenen Schiffsmanns), §§. 66, 69, 72 (Festsetzung der Barvergütung an Stelle der Zurückbeförderung), §. 67 (Bescheinigung der Unmöglichkeit einer Ersatzanheuerung), §. 74 Nr. 5 (Entscheidung, ob ein gestellter Ersatz geeignet ist), §. 94 (Entgegennahme der Schadensliquidation), §. 122 (Zuständigkeit in den Fällen der §§. 95, 115, 116 sowie in den Fällen der §§. 118, 119, wenn das Amt seinen Sitz im Inland und im Falle des §. 93 Abs. 2, wenn es seinen Sitz außerhalb des Reichsgebiets hat), §. 125 Abs. 2 (Vollstreckung des Strafbescheides, wenn es im Auslande seinen Sitz hat).

Ungebühr vor dem Seemannsamt und Zuwiderhandlung gegen dessen vorläufige Entscheidung wird bestraft (§§. 115, 114 Nr. 15, 107 Nr. 5).

Das Verfahren vor dem Seemannsamt als Strafbehörde ist in Zukunft im Inland öffentlich; es ist in §§. 123 und 124 näher spezialisiert und soll im übrigen durch Verordnung des Bundesrats geregelt werden.

Nach §. 5 Abs. 2 müssen die Seemannsämter bei der Entscheidung in den in §. 122 bezeichneten Fällen innerhalb des Reichsgebiets mit einem Vorsitzenden und zwei schiffahrtskundigen Beisitzern besetzt sein.

G. Ausführungsvorschriften. Schon die bisherige S.O. war bestrebt, die in Buch V Titel 4 A.D.H. (vgl. Artt. 533, 534, 536, 541, 544, 547) enthaltenen Verweisungen auf die Landesgesetze und die Vorbehalte zu Gunsten der Gesetze und Verordnungen der Einzelstaaten möglichst zu entfernen (Mot. S. 29). Von den in der bisherigen S.O. noch befindlichen Vorbehalten ist der des §. 4 Abs. 2 (Einrichtung der Seemannsämter), des §. 45 (Speiserolle) und des §. 107 (Verbleib der Strafgelder) in das neue Gesetz (§§. 5 Abs. 2, 56 und 132) übernommen. Dagegen ist die nach §. 45 S.O. den Landesregierungen vorbehaltene Bestimmung über Größe und Einrichtung des Logisraums und über die mindestens mitzunehmenden Heilmittel jetzt dem Bundesrat überwiesen worden (§. 56 Abs. 2). Der Vorbehalt in §. 23 Abs. 3 S.O. (Kosten der Musterungsverhandlungen) ist schon durch den vom Bundesrat festgesetzten Tarif vom 22. Februar 1873 hinfällig geworden (§. 26). Aufgehoben ist der Vorbehalt des §. 109 S.O. (Nichtanwendung einzelner Vorschriften auf kleinere Fahrzeuge), diese Befugnis ist durch §. 134 in erweitertem Maße dem Bundesrat übertragen worden. Diesem sind auch folgende neue Kompetenzen zugewiesen:

> Bestimmung über Zahl und Art der Schiffsoffiziere, sowie über den Grad des Befähigungszeugnisses für Kapitän und Schiffsoffiziere (§. 4), Ausschließung körperlich Untauglicher von der Anmusterung (§. 7 Abs. 4), Einrichtung von mehr als zwei Wachen (§. 36 Abs. 3), von Wasch- und Baderäumen und Aborten an Bord der Schiffe (§. 56) und die Bestimmung über das Verfahren vor dem Seemannsamt (§. 123 Abs. 4).

Die gemäß §§. 4, 56, 123 Abs. 4 und 134 erlassenen Verordnungen sind dem Reichstage bei seinem nächsten Zusammentreten zur Kenntnisnahme vorzulegen.

Kaiserlicher Verordnung mit Zustimmung des Bundesrats ist die Bestimmung aus §. 1 Abs. 1 vorbehalten.

Der Reichskanzler bestimmt die Behörden, welche in den Schutzgebieten die Geschäfte der Seemannsämter wahrnehmen sollen (§. 5), die Festtage für Schiffe, welche keinen inländischen Heimatshafen haben und etwaige Erleichterungen für Musterungen im Auslande (§. 136).

Ausnahmen von den Vorschriften über Löschen und Laden an Sonn- und Festtagen können von einer durch die Centralbehörde des Bundesstaats zu bestimmenden Behörde gestattet werden (§. 37 Abs. 2).

Schließlich hat der Reichstag bei der Verabschiedung der Seemannsordnung (Sten. Ber. S. 5108) die verbündeten Regierungen durch eine Resolution ersucht,

> ihm mit tunlichster Beschleunigung und unter Berücksichtigung der praktischen Erfahrungen der Handelsmarine über Tiefgang und Ladelinie einen Gesetzentwurf vorzulegen, durch welchen die Frage einer behördlichen Aufsicht über Seetüchtigkeit, Tiefgang, Bemannung und Verproviantierung von Kauffahrteischiffen geregelt, für Abstellung etwaiger Mängel Sorge getragen und zu diesem Zweck eine der Oberaufsicht des Reichs unterstehende Instanz bestimmt wird.

III. Übergangszeit. Nach §. 137 tritt am 1. April 1903 das neue Gesetz in Kraft und die Seemannsordnung vom 27. Dezember 1872 außer Kraft. Über die Frage der Anwendung des neuen bezw. der Fortgeltung des früheren Gesetzes auf die vor dem 1. April 1903 geschlossenen Heuerverträge ist nichts bestimmt worden, es sind daher folgende Regeln zu beachten:

A. 1. Die vor dem 1. April 1903 geschlossenen Heuerverträge sind hinsichtlich der Voraussetzungen für ihre Rechtsbeständigkeit (S.O. §§. 5 und 6, vgl. §§. 7 und 8 d. G.) nach dem bisherigen Rechte zu beurteilen. Wo also vor dem bezeichneten Zeitpunkte die vormundschaftsgerichtliche Genehmigung erforderlich war, ist der Mangel einer solchen trotz des §. 7 Abs. 2 des neuen Gesetzes auch ferner zu beachten. Andererseits kann die vor dem 1. April 1903 uneingeschränkt erteilte väterliche oder vormundschaftliche Genehmigung (S.O. §. 6 Abs. 1) nicht, wie §. 8 des neuen Gesetzes zuläßt, nach dem 1. April 1903 zurückgezogen oder eingeschränkt werden. Vgl. Anm. 1 zu §. 8.

2. Auf Tatbestände aus der Zeit vor dem 1. April 1903, die nach diesem Zeitpunkte zur Beurteilung kommen, sind zwar die prozessualen (vgl. z. B. §§. 122—125, 128 bis 131), nicht aber auch die zivilrechtlichen Vorschriften des neuen Gesetzes anzuwenden, und die strafrechtlichen nur insoweit sie milder sind als die früheren Vorschriften. Denn in zivilrechtlicher Beziehung stehen die vor dem 1. April 1903 eingetretenen Wirkungen der Verträge durchweg unter der Herrschaft des früheren Gesetzes, da dieses keine Vorschriften enthält, welche von dem neuen Gesetze als grob unsittlich reprobiert werden. Vgl. Dernburg Bd. I S. 83. In strafrechtlicher Beziehung kommt §. 2 St.G.B. in Betracht und deshalb ist jetzt z. B. in den Fällen des §. 84 S.O. die Zurücknahme des Strafantrags gemäß §. 96 Abs. 4 des neuen Gesetzes bis zur rechtskräftigen Entscheidung zulässig. Andererseits wird eine Bestrafung nicht eintreten können, wenn in einem der Fälle des §. 96 ein Schiffsmann der Verletzte ist und zwar ein Strafantrag des Schiffsmanns, nicht aber auch ein solcher des Kapitäns vorliegt. Denn bis zum 1. April 1903 konnte der Antrag des Schiffsmanns die Bestrafung nicht herbeiführen, das neue Gesetz, welches diese Möglichkeit zuläßt, ist also insoweit strenger und deshalb auf frühere Straftaten nicht anzuwenden. Mildere Strafvorschriften als die frühere Seemannsordnung enthalten noch die §§. 93 Abs. 1 und 2 (Zurücknahme des Antrags), 93 Abs. 3 (Zulassung von mildernden Umständen), 101 Abs. 2 S. 2 (Gefängnis bis zu einem Jahre), 106, 108, 112 Abs. 2 des neuen Gesetzes.

B. 1. Kommen aus Schiffsdienstverhältnissen, die unter der Herrschaft des früheren Gesetzes eingegangen sind, Tatbestände zur Beurteilung, die sich nach dem 1. April 1903 ereignet haben, so sind auf sie als öffentliches Recht aus dem neuen Gesetze anzuwenden:

a. die einleitenden Vorschriften §§. 1 Abs. 1 und 3, §§. 2—6,

b. alle im einzelnen Falle in Betracht kommenden Vorschriften über Seefahrtsbücher und Musterung,

Erster Abschnitt.

Einleitende Vorschriften.

§. 1. [§. 1.] Geltungsbereich des Gesetzes.

Die Vorschriften dieses Gesetzes finden auf alle Kauffahrteischiffe (Gesetz vom 22. Juni 1899 §. 1, Reichs-Gesetzbl. 1899 S. 319, Reichs-Gesetzbl. 1901 S. 184) Anwendung, welche das Recht, die Reichsflagge zu führen, ausüben dürfen.[1])

---

c. die Disziplinarvorschriften (§§. 84—92),

d. die Strafvorschriften der §§. 93—121, insoweit nicht etwa die im einzelnen Falle vorausgesetzten Ausführungsbestimmungen (vgl. z. B. §. 113 Nr. 1 und 2, §. 117) fehlen.

2. In zivilrechtlicher Beziehung ist auf die vor dem 1. April 1903 begründeten Schiffsdienstverhältnisse grundsätzlich auch nach dem angegebenen Zeitpunkte das frühere Recht anzuwenden. Denn die Kontrahenten wollen bei Begründung von Schuldverhältnissen denjenigen wirtschaftlichen Effekt erzielen, welchen das zur Zeit der Vornahme des Rechtsgeschäfts geltende Recht mit sich bringt; Kapitän, Reeder und Schiffsmann konnten auch bei der Bemessung der Leistung und Gegenleistung unter der Herrschaft des früheren Gesetzes nicht auf die durch das neue Gesetz vielfach geänderten beiderseitigen Rechte und Pflichten Rücksicht nehmen. Vgl. Motive z. B.G. Bd. I S. 19—24, Einf.=Ges. z. B.G., Art. 170.

a. In vollem Umfange wird daher auf früher begründete Schiffsdienstverhältnisse das neue Gesetz nur anwendbar sein, wenn bei der Anheuerung auf Zeit das Dienstverhältnis nach Ablauf der Zeit unter der Herrschaft des neuen Gesetzes fortgesetzt, oder wenn die Auflösung des Verhältnisses im Falle des §. 61 Nr. 3 S.O. nicht für den ersten Termin erfolgt, für welchen sie nach §. 61 Nr. 3 S.O. zulässig ist. In solchen Fällen ist anzunehmen, daß die Kontrahenten durch Nichtlösung des Verhältnisses sich mit der Anwendung des neuen Rechtes auf das früher begründete Dienstverhältnis einverstanden erklären. Vgl. Neumann Handausgabe des B.G. S. 1462 Anm. 3c.

b. Im übrigen können nur einzelne zivilrechtliche Vorschriften des neuen Gesetzes auf früher begründete Verhältnisse für anwendbar erachtet werden. So z. B. die §§. 46 und 48 (Auszahlung der Heuer und Vorschüsse, vgl. §. 114 Nr. 7), § 58 Abs. 2 (Rücktrittsrecht des Schiffsmanns, falls der Kapitän nicht der Anordnung des Seemannsamts nachkommt), §. 59 Abs. 3 und 4 (Aufnahme des Schiffsmanns in eine Krankenanstalt), §§. 62, 71 Abs. 2 (Heilbehandlung im Falle geschlechtlicher Krankheit), weil diese Vorschriften aus sozialer Fürsorge für den Schiffsmann und im öffentlichen Interesse gegeben sind. Auch die Vorschriften der §§. 35—39 über die Einschränkung der Arbeitszeit, die Vergütung der Überstundenarbeit und den Urlaub zur Teilnahme am Gottesdienste werden, obwohl sie dem Reeder Lasten auferlegen, die er bei Eingehung des Verhältnisses nicht in Betracht ziehen konnte, vom 1. April 1903 ab auch auf früher begründete Verhältnisse Anwendung finden müssen, weil hier politische, soziale und ethische Rücksichten überwiegen, so daß der Gesetzgeber sich veranlaßt sah, die Befolgung einiger dieser Vorschriften durch Strafbestimmungen zu sichern.

C. Daß die Vorschriften des neuen Gesetzes zum großen Teile zwingender Natur sind (vgl. §. 1 Abs. 2) ist für die Frage der Rückwirkung unerheblich, weil die Beteiligten sie bei der Begründung der Rechtsverhältnisse nicht in Betracht ziehen konnten (Dernburg a. a. O. S. 83, R.G. Bd. 42 S. 102).

Zu §. 1.

1) **a. Kauffahrteischiffe** im Sinne der Seemannsordnung sind, wie die Bezugnahme auf §. 1 des Flaggengesetzes ergibt, die zum Erwerbe durch die Seefahrt bestimmten deutschen Schiffe mit Einschluß der privaten Lotsen=, Hochseefischerei=, Bergungs= und Schleppfahrzeuge. Hinsichtlich der naheren Erläuterung des Begriffs der „zum Erwerbe durch die Seefahrt bestimmten Schiffe" s. Makower Bd. II S. 1 und 2 und Anm. 1 und 2 zu §. 1 Flg.Gef. Zur Führung der Reichsflagge sind die Kauffahrteischiffe nur dann berechtigt, wenn sie im ausschließlichen Eigentum von

Sie sind der Abänderung durch Vertrag entzogen, soweit nicht eine anderweitige Vereinbarung ausdrücklich zugelassen ist.[2])

Reichsangehörigen stehen (§. 2 Flg.Ges.), oder wenn zwar eine Schiffspart in anderer Weise als durch Veräußerung auf einen Ausländer übergegangen, seit diesem Übergang aber noch nicht ein Jahr verstrichen ist (§. 3 Flg.Ges.). Das Recht zur Führung der Reichsflagge darf indessen vor der Erteilung des Schiffs-Certifikats bezw. des Flaggenzeugnisses nicht ausgeübt werden (§§. 11 Abs. 2, 12, 19 Flg.Ges.), es sei denn, daß es sich um Schiffe von nicht mehr als 50 cbm Raumgehalt handelt (§. 16 a. a. O.).

Der Entwurf dieses Gesetzes enthielt, da er bereits im Jahre 1900 dem Reichstage vorgelegt wurde, nur eine Bezugnahme auf das Flaggengesetz in der Fassung vom 22. Juni 1899. Demnächst wurde das Flaggengesetz abgeändert durch Gesetz vom 29. Mai 1901 (R.G.Bl. S. 184), nach welchem auch die Schulschiffe der Handelsmarine den Vorschriften des Flaggengesetzes unterliegen und ferner die Möglichkeit geschaffen wurde, durch Verordnung das Flaggengesetz auch auf andere nicht zum Erwerbe durch die Seefahrt, sondern z. B. zu wissenschaftlichen Forschungsreisen, bestimmte Fahrzeuge zu erstrecken. Dadurch, daß der Reichstag in §. 1 Abs. 1 der Seemannsordnung auch auf dieses abändernde Gesetz hingewiesen hat (Sten. Ber. S. 2761), ist der Zweifel möglich geworden, ob die Seemannsordnung auch auf Schulschiffe der Handelsmarine und auf Seefahrzeuge, die zu wissenschaftlichen Forschungsreisen bestimmt sind, Anwendung findet. Man wird dies verneinen müssen, weil beide Arten von Schiffen nicht zum Erwerbe durch die Seefahrt bestimmt und demnach, wie die hier geschehene ausdrückliche Bezugnahme auf §. 1 des Flaggengesetzes ergibt, nicht als Kauffahrteischiffe im Sinne des Gesetzes anzusehen sind. Vgl. Anm. 1 zu §. 26 Flg.Ges. (Nachtrag Nr. V), Art. 6 und 7 Einf.Ges. Nach der Begründung zu dem Gesetze vom 29. Mai 1901 (Reichstagsdrucksache Nr. 336; 10. Legislatur-Periode, II. Session 1900/1901) sollte allerdings den Schulschiffen und anderen nicht zum Erwerbe durch die Seefahrt bestimmten Seefahrzeugen nicht bloß das Recht der Flaggenführung, sondern auch die Anwendbarkeit der Seemannsordnung gesichert werden. Nachdem aber in §. 1 Abs. 1 der Seemannsordnung unter Bezugnahme auf §. 1 Flg.Ges. nur die zur Ausübung der Flaggenführung berechtigten Kauffahrteischiffe als unter die Seemannsordnung fallend bezeichnet worden sind, erscheint jene erweiterte Anwendung der Seemannsordnung bedenklich. Fände die Seemannsordnung schon nach ihrem §. 1 Abs. 1 ohne weiteres auf alle Privatfahrzeuge Anwendung, welche das Recht, die Reichsflagge zu führen, ausüben dürfen, so würde nicht nötig gewesen sein, hier in Abs. 3 zu bestimmen, daß Binnenschiffe durch besondere Verordnung den Vorschriften der Seemannsordnung unterworfen werden können; denn die Verordnung, durch welche sie nach §. 26a Flg.Ges. das Recht der Flaggenführung erhalten, würde dann schon ohne weiteres bewirken, daß sie auch den Vorschriften der Seemannsordnung unterstehen.

b. Nach §. 135 d. G. finden einzelne dort näher bezeichnete Vorschriften keine Anwendung auf Seeschlepper und Bergungs- und Hochseefischereifahrzeuge. Ferner kann durch Verordnung des Bundesrats die Anwendung der Bestimmungen über die zwingende Natur der Vorschriften des Gesetzes (§. 1 Abs. 2), über Seefahrtsbücher und Musterung, über das System des Wache-um Wachegehens (§. 36), der Rang- und Heuerminderung bei Dienstuntauglichkeit (§. 43), Beginn der Heuerzahlung (§. 44), über Abrechnungsbuch und Heuerbuch (§. 49), über die Verpflichtungen des Reeders und des Kapitäns in Fällen der Krankheit oder des Todes des Schiffsmanns (§§. 59—65) und über das Bekanntgeben des Gesetzes und anderer Vorschriften im Volkslogis (§. 133) auf kleinere Fahrzeuge (Küstenfahrer u. s. w.) ganz oder teilweise ausgeschlossen werden. Vgl. Anm. zu §. 134.

c. Soweit die Seemannsordnung, welche als Spezialgesetz in erster Linie zur Anwendung kommt, über die Rechtsverhältnisse der Seeleute nicht Bestimmung trifft, sind die Vorschriften des allgemeinen bürgerlichen Rechts anzuwenden (Begr. S. 36).

2) Die bisherige S.O. enthielt keine Bestimmung, daß ihre Vorschriften zwingender Natur seien; Abänderungen durch Vereinbarung waren daher nur insoweit unzulässig, als jene Vor-

Durch Kaiserliche Verordnung mit Zustimmung des Bundesraths kann bestimmt werden, inwieweit die Vorschriften dieses Gesetzes auf Binnenschiffe Anwendung finden, welche das Recht, die Reichsflagge zu führen, ausüben dürfen (Gesetz vom 22. Juni 1899 §. 26a).[3])

§. 2. [§§. 2, 3.]

Kapitän. Schiffsoffizier. Schiffsmann.

Kapitän im Sinne dieses Gesetzes ist der Führer des Schiffes (Schiffer), in dessen Ermangelung oder Verhinderung sein Stellvertreter.[1])

Schiffsoffiziere im Sinne dieses Gesetzes sind diejenigen zur Unterstützung des Kapitäns in der Führung des Schiffes bestimmten Angestellten, welche zur Ausübung ihres Dienstes eines staatlichen Befähigungsnachweises bedürfen. Ausserdem gelten als Schiffsoffiziere die Aerzte, Proviant- und Zahlmeister.[2])

---

schriften im öffentlichen Interesse gegeben waren. Die Zweifel, inwieweit solche Vereinbarungen zulässig seien, sowie die Vereinbarungen über Gewährung von Überstundenlohn, vorzeitige Entlassung und Verzicht auf Rückbeförderung führten zu Übelständen, die der Abhilfe durch Gesetz bedürftig erschienen. Das jetzige Gesetz schreibt deshalb vor, daß seine Bestimmungen nur in den ausdrücklich vorgesehenen Fällen durch Vereinbarung abgeändert werden können. Solche Vereinbarung ist zulässig in den Fällen des §. 18 (abmusterndes Seemannsamt), §. 27 Abs. 2 (Kündigungsfristen), §§. 28 Abs. 2, 66 (Dauer des Heuervertrages auf Reise), §. 29 (Betrag der Heuer), §. 31 (Dienstverhältnis bei Heuerung nach Anfertigung der Musterrolle), §. 32 (Zeitpunkt des Dienstantritts), §. 40 (Vergütung von Überstundenarbeit für Schiffsoffiziere), §. 45 (Fälligkeit der Heuer), §. 47 (Zahlung von Vorschüssen und Handgeldern), §. 54 (Kostgeld), §. 56 (Mindestmaß von Speisen und Getränken), §. 60 (Rückbeförderung nach anderem Hafen als dem der Ausreise), §. 67 (Dauer der Dienstpflicht bei Heuerung auf Zeit).

3) §. 26a Flg.Ges. (Fassung vom 26. Mai 1901) gibt — ohne sachliche Änderung — diejenige Bestimmung wieder, welche in §. 26 Abs. 2 des Gesetzes vom 22. Juni 1899 enthalten war. Entsprechend der nach jener Bestimmung im Verordnungswege möglichen Erstreckung der Vorschriften des Flaggengesetzes auf deutsche Binnenschiffe, die ausschließlich auf ausländischen Gewässern verkehren, können jetzt auch die Vorschriften der Seemannsordnung ganz oder teilweise auf solche Binnenschiffe für anwendbar erklärt werden. Als Grund hierfür wurde angegeben (Kom.Ber. S. 3), daß auf den chinesischen und südamerikanischen Strömen ein Schiffahrtsbetrieb vorliege, der wegen der Größe der Flußläufe demjenigen der Seefahrt ähnlich sei und auf welchen die Bestimmungen des deutschen Binnenschiffahrtsgesetzes nicht paßten. Deshalb empfehle es sich, entsprechend der durch Verordnung vom 1. März 1900 (R.G.Bl. S. 41) erfolgten Ausdehnung des Flaggengesetzes auf Binnenschiffe, die ausschließlich auf der unteren Donau und auf chinesischen Flüssen verkehren, auch die Möglichkeit zu eröffnen, daß im Verordnungswege die Vorschriften der Seemannsordnung ganz oder teilweise für deutsche Binnenschiffe anwendbar gemacht würden, die ausschließlich auf ausländischen Gewässern verkehren.

Zu §. 2.

1) Die Seemannsordnung nennt den im H.G.B. als „Schiffer" bezeichneten Führer des Seeerwerbsschiffs **Kapitän**, um einer volkstümlichen und internationalen Ausdrucksweise zu entsprechen und ihn von dem Führer des Binnenschiffs (B.Sch.G. §. 7) zu unterscheiden. Über seine Befugnisse und Obliegenheiten s. §. 3 Anm. 2, über seinen Stellvertreter §. 3 Anm. 3.

2) Das Handelsgesetzbuch (§§. 517, 518, 522, 685) und die bisherige Seemannsordnung (§§. 3, 47, 52, 84, 96, 102) erwähnen die **Schiffsoffiziere**, ohne eine Definition zu geben; die bisherige S.O. (§. 3 Abs. 1) rechnet sie zur Schiffsmannschaft. Das neue Gesetz hebt sie mit Rücksicht auf ihre dienstliche und soziale Stellung aus der Schiffsmannschaft heraus und

Schiffsmann im Sinne dieses Gesetzes ist jede sonstige zum Dienste auf dem Schiffe während der Fahrt für Rechnung des Rheders angestellte Person, ohne Unterschied, ob die Anmusterung (§. 13) erfolgt ist, oder nicht. Auch die weibliche Angestellte hat die

---

schiebt sie als eine besondere Gruppe der Schiffsbesatzung zwischen Kapitän und Schiffsmannschaft ein, dergestalt jedoch, daß die für letztere geltenden Vorschriften, soweit nicht ausdrücklich ein anderes festgesetzt ist, auch auf die Schiffsoffiziere Anwendung finden (§. 3 Abs. 2). Dies gilt insbesondere für die in Abschnitt III geregelten Ansprüche aus dem Heuervertrage, z. B. auf Heuerzahlung, auf Verpflegung und Heilbehandlung in Krankheitsfällen und bezüglich der Rückbeförderung, sowie rücksichtlich der Vorschriften des zweiten Abschnitts über Seefahrtsbücher und Musterung (Begr. S. 41). Vgl. auch §. 1 Abs. 2. Besondere Vorschriften für Schiffsoffiziere finden sich in §§. 5 Abs. 3 und 58, 14 Abs. 2, 34, 35 Abs. 2, 40, 43 Abs. 1, 63 Abs. 2, 65 Abs. 2, 74 Nr. 5, 78 Abs. 1, 84, 85, 96 Abs. 3, 100—106, 111, 116, 126. Vgl. auch Anm. 4 zu §. 3. Hinsichtlich der Begriffsbestimmung ist das Gesetz nicht der in der Literatur (vgl. Anm. 1b zu §. 481 H.G.B.) aufgestellten Ansicht gefolgt, daß Schiffsoffizier derjenige sei, der ein Kommando auf dem Schiffe hat; es rechnet zu den Schiffsoffizieren nur diejenigen zur Unterstützung des Kapitäns in der Führung des Schiffes bestimmten Angestellten, welche zur Ausübung ihres Berufs eines staatlichen Befähigungsnachweises bedürfen. Erforderlich ist also zunächst, daß eine Unterstützung des Kapitäns in der Führung des Schiffes vorliegt, eine Leistung, die unzweifelhaft mit der Leitung des Decksdienstes, insbesondere von der Kommandobrücke aus, und bei Dampfern mit der Leitung der Maschine bewirkt wird (Begr. S. 38). Außerdem aber wird zur Erfüllung des Begriffs noch erfordert, daß die Befähigung zu diesen Leistungen durch eine staatliche Prüfung dargetan ist. Diese Erfordernisse liegen vor bei den Steuerleuten und Maschinisten. Vgl. §. 31 Gew.O. und Makower, Vorbem. zu Abschn. 3 Buch IV H.G.B. (Bd. II S. 30) sowie §. 4 d. G. Außerdem sollen als Schiffsoffiziere gelten die Ärzte, Proviant- und Zahlmeister. Ein Unterschied in der rechtlichen Behandlung dieser beiden Kategorieen von Schiffsoffizieren wird durch den Wortlaut des Gesetzes nicht herbeigeführt, da auf die Ärzte, Proviant- und Zahlmeister — mit Ausnahme des §. 84 Satz 2 — dieselben Vorschriften Anwendung finden wie auf die übrigen Schiffsoffiziere.

Trotzdem die Schiffsoffiziere nicht bloß in diesem Gesetze, sondern auch in der neuen Fassung des §. 481 H.G.B. aus der Schiffsmannschaft herausgehoben worden sind, wird man sie im Sinne des §. 109 Abs. 2 G.V.G. als zur Schiffsmannschaft gehörig betrachten und die Streitigkeiten aus dem Rechtsverhältnis zwischen dem Reeder und ihnen durch den Vorsitzenden der Kammer für Handelssachen allein entscheiden lassen können, weil bei Erlaß des §. 109 G.V.G. die Schiffsoffiziere gesetzlich noch zur Schiffsmannschaft gehörten. Vgl. Pappenheim D.J.Z. V, 193. Für die Unstatthaftigkeit der Haft gegen Schiffsoffiziere auf segelfertigen Schiffen (§. 904 Ziff. 3 C.P.O.) bedarf es dieser Erwägung nicht, weil der Schiffsoffizier zu den „auf einem Seeschiff angestellten Personen" im Sinne des §. 904 C.P.O. gehört.

Hinsichtlich der Notwendigkeit des Vorhandenseins eines Schiffsarztes bestimmen die Unfallverhütungsvorschriften der See-Berufsgenossenschaft (Amtliche Nachrichten des Reichsversicherungsamts 1899 S. 169 ff.) in §. 7 für Dampfer und gleichlautend in §. 6 für Segelschiffe:

„In langer und atlantischer Fahrt (s. Anm. 3 zu §. 36 d. G.) muß auf jedem Schiffe, welches mehr als 100 Menschen oder mehr als 50 Reisende an Bord hat, ein zur Behandlung der an Bord befindlichen Personen verpflichteter Schiffsarzt angestellt sein."

„Auf jedem Schiffe, welches einen Schiffsarzt an Bord führt, ist von diesem ein Journal zu führen, in das über Entstehung und Verlauf jeder erheblichen Erkrankung und jeder zu ärztlicher Behandlung führenden äußeren oder inneren Verletzung eines an Bord befindlichen Menschen, sowie über deren Zusammenhang mit einem etwaigen Unfall eine kurz gefaßte Darstellung einzutragen ist."

Rechte und Pflichten des Schiffsmanns. Der Lootse gilt nicht als Schiffsmann. Die Gesammtheit der Schiffsleute bildet die Schiffsmannschaft.[3])

§. 3[1]) [neu].

Rang- und Dienstverhältnis. Stellvertretung. Vorgesetzte.

Der Kapitän ist der Dienstvorgesetzte der Schiffsoffiziere und Schiffsleute.[2]) **Seine Stellvertretung liegt, soweit nicht vom Rheder oder vom Kapitän hinsichtlich der Ver-**

3) a. Der Begriff der **Schiffsmannschaft** ist gegen die bisherige S.O. erweitert worden. Während dort „Personen, welche, ohne zur Schiffsmannschaft zu gehören, auf einem Schiffe als Maschinisten, Aufwärter oder in anderer Eigenschaft angestellt sind, die Rechte und Pflichten der Schiffsmannschaft" haben, gehören nach dem neuen Gesetze zur Schiffsmannschaft alle Personen — mit Ausnahme des Kapitäns und der Schiffsoffiziere —, welche zum Dienste auf dem Schiffe während der Fahrt für Rechnung des Reeders angestellt sind. Welcher Art die Dienste auf dem Schiffe sind, ist unerheblich, deshalb gehören zur Schiffsmannschaft nicht bloß das „seemännische Personal", sondern auch die Aufwärter. Von der erfolgten Anmusterung ist die Eigenschaft als Schiffsmann nicht abhängig, entscheidend ist der Abschluß des Heuervertrags. Daß die weiblichen Angestellten die Rechte und Pflichten des Schiffsmanns haben, ist ausdrücklich im Gesetze bestimmt. Man hat es auch für zweckmäßig gehalten zu bestimmen, daß der Privatlotse nicht als Schiffsmann gilt, obwohl seine nur vorübergehenden Zwecken gewidmeten Dienste ihn ohnedies nicht als auf dem Schiffe angestellt erscheinen lassen würden. Als auf dem Schiffe „angestellt" sind ferner diejenigen Personen nicht zu rechnen, welche sich lediglich zur Ausführung von Hafenarbeiten an Bord des Schiffes befinden, z. B. Schauerleute, Techniker, welche Reparaturen vornehmen, und Gewerbetreibende, die mit dem Löschen der Schiffsladung beschäftigt sind. (R.G. in Straff. Bd. 25 S. 440.) Vgl. Begr. S. 38.

b. Hinsichtlich der Unfall-, Alters- und Invaliditätsversicherung s. §. 1 S.U.V.G. und §. 1 Ziff. 3 Ges. v. 13. Juli 1899 (R.G.Bl. S. 399).

c. Der Begriff der Schiffsbesatzung (vgl. §. 481 H.G.B. und Anm. dazu) ist in das neue Gesetz nicht aufgenommen worden, weil er — insbesondere nach der Judikatur hinsichtlich der Reederhaftung — Personen umfaßt, die den Vorschriften dieses Gesetzes nicht unterliegen sollen.

Zu §. 3.

1) §. 3 regelt das Rang- und Dienstverhältnis der drei hier in Betracht kommenden Gruppen der Schiffsbesatzung und gibt in Abs. 1, Abs. 2 Satz 1 und Abs. 3 Satz 2 grundsätzliche, der Privatwillkür entzogene Vorschriften. Im übrigen bleibt die Feststellung der Schiffsordnung dem Reeder oder dem Kapitän überlassen.

2) Die Begründung des Entwurfs (S. 39) bezeichnet den **Kapitän** als den Inhaber der Schiffsgewalt, d. h.

> des Inbegriffs aller derjenigen Befugnisse privat- und öffentlich-rechtlicher Natur, welche mit Rücksicht auf die Loslösung des Schiffes von dem heimatlichen Territorium in der Hand des Schiffsführers vereinigt sein müssen.

Er ist nach den Vorschriften dieses Gesetzes der Dienstvorgesetzte der Schiffsoffiziere und der Schiffsleute, hat die Vorgesetzten zu bestimmen und für ihre Bekanntgabe zu sorgen (§§. 3, 34, 114 Nr. 1). Ihm liegt die Sorge ob für die gehörige Besetzung des Schiffes mit Schiffsoffizieren und Schiffsleuten (§§. 4, 50, 113 Nr. 2) und für das Vorhandensein von Logis-, Wasch- und Baderäumen und Aborten auf dem Schiffe, sowie für gehörige Verproviantierung und Mitnahme von Heilmitteln (§§. 56, 113 Nr. 1, 112) und für die Beobachtung der Vorschriften über die Sonntagsruhe (§. 114 Nr. 6). Er hat die Anmusterung zu veranlassen und muß, wenn nicht der Reeder oder dessen Vertreter dabei anwesend ist, selbst anwesend sein (§. 12), muß die Beendigung des Dienstverhältnisses verlautbaren (abmustern

tretung in einzelnen Dienstzweigen anderweitige Anordnung getroffen ist, dem Steuermann, in Ermangelung eines solchen dem Bestmann ob.[3])

Die Schiffsoffiziere sind Vorgesetzte sämmtlicher Schiffsleute.[4]) Auf die Schiffsoffiziere

---

§. 18) und während der Reise für das Vorhandensein der Musterrolle, eventuell eines beglaubigten Auszuges daraus, an Bord sorgen (§. 114 Nr. 3), die Seefahrtsbücher verwahren und zurückgeben (§§. 16 Abs. 2, 17, 114 Nr. 10) und die Dienstbescheinigungen und Führungszeugnisse erteilen (§. 19). Er ist befugt, Heuerverträge abzuschließen und aufzuheben (§§. 27, 32, 70), hat den Heuerschein zu ertheilen (§. 27) und kann die Schiffsleute zwangsweise zur Diensterfüllung anhalten lassen (§. 33), sie zur Ablegung der Verklarung veranlassen (§. 34) und sie, mit Ausnahme der Schiffsoffiziere, in Heuer und Rang herabsetzen (§. 43), auch die Rationen kürzen und die Verpflegung ändern (§. 57). Er hat anzuzeigen, wenn ein Schiffsmann vermißt wird (§ 51), muß für die Sachen und das Heuerguthaben des wegen Erkrankung am Lande zurückgelassenen und des verstorbenen Seemanns zu sorgen (§§. 63, 65, 114), hat die Todesfälle zu beurkunden (§. 65) und für Bestattung des an Bord gestorbenen Seemanns zu sorgen (§§. 64, 114 Nr. 11). Ihm liegt die Pflicht ob, die in diesem Gesetze vorgeschriebenen Eintragungen im Schiffstagebuch zu bewirken und Abschriften der Eintragungen zu erteilen (§§. 43, 57, 70, 89, 92, 98, 99, 124). Außerhalb des Reichsgebiets darf er den Schiffsmann nicht ohne Genehmigung des Seemannsamts zurücklassen und muß im Falle drohender Hilfsbedürftigkeit des zurückzulassenden Schiffsmanns Sicherheit leisten (§. 83). Er ist Inhaber der Disziplinargewalt über die Schiffsleute und darf sie nur nach Maßgabe des §. 84 übertragen, darf die unbefugt mitgenommenen Sachen über Bord werfen lassen (§§. 87, 88), im Falle der Gefahr der Entweichung die Sachen der Schiffsleute in Verwahrung nehmen (§ 90) und kann in dringenden Fällen die Kommandanten der Kriegsschiffe um Beistand zur Aufrechthaltung der Disziplin ersuchen (§. 91). Ihm steht das Strafantragsrecht in den Fällen der §§. 96 und 109 und die Entgegennahme der Mitteilung über Ausübung der Disziplin durch Schiffsoffiziere zu (§. 116). Im Falle der Erlassung eines Strafbescheides kann er den Einspruch entgegennehmen (§. 124) und muß bei der Beitreibung von Geldstrafen mitwirken (§. 125). Bei Vergehen und Verbrechen im Ausland und auf hoher See hat er den Tatbestand aufzunehmen (§. 126) und ist ermächtigt, jederzeit die Sachen der strafverdächtigen Schiffsleute zu durchsuchen, den Schiffsmann im Falle des Verdachts bestimmter strafbarer Handlungen festzunehmen und nötigenfalls einzusperren (§. 127). Wenn gegen ihn im Inlande ein Gerichtsstand begründet ist, so darf ihn der Schiffsmann im Auslande weder civilrechtlich noch strafrechtlich belangen (§. 129). Schließlich hat er für die Bekanntgabe der im §. 133 näher bezeichneten Vorschriften im Volkslogis zu sorgen (§. 114 Nr. 16). Vgl. auch St.G.B. §. 9 Nr. 3 und 4, Heimsch.Ges. §§. 4 und 8; H.G.B. §§. 511—555 und Vorbemerkung V. C. vor §. 27 d. G.

3) **Stellvertreter des Kapitäns** und eintretenden Falles Kapitän im Sinne des Gesetzes (§. 1 Abs. 2) ist der Steuermann, in Ermangelung eines solchen der Bestmann. Vgl. §. 517 Abs. 1, 522 Abs. 3 H.G.B. Nur hinsichtlich der Vertretung in einzelnen Dienstzweigen, z. B. hinsichtlich des Maschinendienstes kann der Reeder oder der Kapitän die Vertretung einem Schiffsoffizier übertragen, jedoch muß die oberste Leitung des Schiffsdienstes auch in solchem Falle bei dem Steuermann bleiben. Vgl. Abs. 3 Satz 2. Durch Festsetzung des Reeders oder des Kapitäns kann bestimmt werden, daß nicht der dienstälteste, sondern ein jüngerer Steuermann die Vertretung des Kapitäns zu übernehmen hat (Abs. 3 Satz 1). Ist der Fall der Vertretung gegeben, so tritt der Stellvertreter ohne weiteres an die Stelle des Kapitäns.

Auf den Antrag eines Beteiligten ist nach §. 35 G.O.B. der Konsul befugt, an Stelle eines gestorbenen, erkrankten oder sonst zur Führung des Schiffes untauglich gewordenen Kapitäns einen neuen Schiffsführer einzusetzen.

4) Jeder **Schiffsoffizier** ist nach Abs. 2 Satz 1 Vorgesetzter sämtlicher Schiffsleute, gleichviel welchem Dienstzweige der Schiffsoffizier oder der Schiffsmann angehört.

finden die für die Schiffsmannschaft oder den Schiffsmann geltenden Vorschriften, soweit nicht ausdrücklich ein Anderes festgesetzt ist, Anwendung.[5])

Das dienstliche Verhältniss der Schiffsoffiziere unter einander, insbesondere das Verhältniss zwischen Offizieren verschiedener Dienstzweige, bestimmt sich nach den vom Rheder oder vom Kapitän getroffenen besonderen Festsetzungen. Auf Dampfschiffen ist jedoch während der Ausübung des Wachtdienstes der wachthabende Maschinist dem wachthabenden Steuermann insofern untergeordnet, als er die von diesem nach der Maschine gegebenen Befehle auszuführen hat.[6])

Die ausser den Schiffsoffizieren in den einzelnen Dienstzweigen als Vorgesetzte geltenden Schiffsleute werden vom Kapitän bestimmt und sind der Schiffsmannschaft durch Aushang bekannt zu geben.[7])

§. 4 [neu].

Zahl und Art der Schiffsoffiziere. Befähigungsnachweis.

Der Bundesrath erlässt Bestimmungen über Zahl und Art der Schiffsoffiziere, mit welchen die Schiffe zu besetzen sind, sowie über den Grad des Befähigungszeugnisses, das der Kapitän und die Schiffsoffiziere besitzen müssen. Die Bestimmungen sind dem Reichstage bei seinem nächsten Zusammentritte zur Kenntnissnahme vorzulegen.

Hieraus ergiebt sich aber nach näherer Vorschrift des §. 85 Abs. 2 d. G. nur, daß der Schiffsmann jedem Schiffsoffizier mit Achtung zu begegnen und dessen dienstlichen Befehlen unweigerlich Folge zu leisten, nicht auch, daß er allen Anordnungen eines jeden Schiffsoffiziers nachzukommen hat. Denn die Befehlsgewalt des Schiffsoffiziers erstreckt sich nur auf den ihm zugewiesenen Dienstbereich (vgl. Entsch. in Strafs. Bd. 34 S. 110), insoweit aber auch auf alle Schiffsleute, gleichviel welchem Dienstzweige diese angehören. Vgl. §§. 34, 85 und Anm. dazu; Begr. S. 40. Übergriffe des Schiffsoffiziers über seinen Dienstbereich hinaus können sich als Mißbrauch der Dienstgewalt (§. 111 d. G.) qualifizieren.

5) Vgl. Anm. 2 zu §. 2.

6) Abgesehen von der in Abs. 3 Satz 2 festgesetzten, im Interesse der sicheren Führung des Schiffes unentbehrlichen, Ausnahme ist die Regelung des dienstlichen Verhältnisses der Schiffsoffiziere untereinander, insbesondere das Verhältnis zwischen Steuerleuten und Maschinisten den vom Reeder oder vom Kapitän zu treffenden Anordnungen überlassen.

7) Außer dem Kapitän und den Schiffsoffizieren gibt es in jedem Dienstzweige des Schiffes noch **Vorgesetzte** (Unteroffiziere), die innerhalb ihres Dienstzweiges den ihnen unterstellten Schiffsleuten Befehle zu erteilen berechtigt sind. §§. 34 Abs. 1, 85 Abs. 2, 100, 101, 103, 104, 106. Vgl. §. 111 und §. 114 Nr. 1.

Zu §. 4.

Dieser Paragraph ist von der Reichstagskommission hinzugefügt worden, weil die bisher auf Grund des §. 31 der Gewerbeordnung erlassenen Vorschriften über den Nachweis der Befähigung als Seeschiffer und Seesteuermann und über den Befähigungsnachweis und die Prüfung der Maschinisten auf Seedampfschiffen (vgl. Vorbemerkung zu Buch IV, Abschn. 3 H.G.B.), insbesondere mangels einer Strafvorschrift nicht genügend erschienen, um eine nach Zahl und Befähigung ausreichende Besetzung der Schiffe mit Schiffsoffizieren zu sichern. Wegen Zuwiderhandlung gegen die auf Grund des §. 4 ergehenden Bestimmungen wird der Kapitän nach §. 113 Nr. 2 und der Reeder oder dessen Vertreter nach §§. 117, 120 bestraft. Der Reichstag hat von den Bestimmungen des Bundesrats nur Kenntnis zu nehmen. — Ein im Reichstag gestellter Antrag, daß der Bundesrat auch über Zahl und Art der Schiffsleute Bestimmung treffen soll, ist abgelehnt worden. —

Seemannsämter. **§. 5. [§. 4.]**

Seemannsämter mit den durch dieses Gesetz ihnen zugewiesenen Befugnissen und Obliegenheiten sind im Reichsgebiete die landesrechtlich, in den Schutzgebieten die vom Reichskanzler bestellten Behörden, im Auslande die Konsulate des Reichs für Hafenplätze.

Die Einrichtung der Seemannsämter im Reichsgebiete steht den Landesregierungen nach Massgabe der Landesgesetze zu. Ihre Geschäftsführung unterliegt der Oberaufsicht des Reichs.[1]) Bei der Entscheidung in den im §. 122 bezeichneten Fällen müssen die

---

Zu §. 5.

1) A. **Die Organisation der Seemannsämter** hat keine Änderung gegen die bisherige S.O. (§. 4) erfahren, insbesondere sind sie auch jetzt nicht durchweg Reichsbehörden. Zwar im Auslande sind auch jetzt die Konsulate die Seemannsämter (§. 32 G.O.B.; betreffs der Schutzgebiete s. unter c), aber im Reichsgebiete werden ihre Funktionen durch die landesrechtlich dazu bestellten Behörden wahrgenommen. In letzterer Beziehung ist eine Abweichung insofern getroffen worden, als nicht mehr ohne weiteres die Musterungsbehörden in den einzelnen Bundesstaaten (in Preußen die Musterungs- oder Hafenpolizeibehörden auf Grund des §. 12 Ges. v. 12. März 1864 [Ges.-S. S. 693], in den Hansestädten der Wasserschout) als Seemannsämter fungieren, vielmehr ist den Einzelstaaten freigestellt worden, welche Behörden sie mit der Funktion der Seemannsämter betrauen wollen. Die Einrichtung dieser Behörden steht den Landesregierungen zu, jedoch ist die im Abs. 2 Satz 3 getroffene Bestimmung zu beachten.

Danach bleibt die Inkongruenz bestehen, daß die Seemannsämter im Auslande Reichsbehörden, im Reichsgebiet aber Landesbehörden sind, nur die Oberaufsicht über die Geschäftsführung dieser Landesbehörden ist dem Reiche vorbehalten.

a. Nach dem Handbuch für die Deutsche Handelsmarine für das Jahr 1902 sind im Reichsgebiet folgende Seemannsämter vorhanden:

In **Bremen**:

Zu Bremen, Bremerhaven, Vegesack (Vorgesetzte Dienstbehörde: die Behörde für den Wasserschout, die Seefahrtsschule und das Lotsenwesen);

in **Hamburg**:

Zu Hamburg und Kuxhaven (Vorges. Beh.: die Deputation für Handel und Schiffahrt zu Hamburg);

in **Lübeck**:

Zu Lübeck (Vorges. Beh.: der Senat zu Lübeck);

in **Mecklenburg-Schwerin**:

Zu Ribnitz, Rostock und Wismar (Vorges Beh.: das Großh. Ministerium des Innern zu Schwerin);

in **Oldenburg**:

Zu Brake, Varel, Jever, Friesoythe (Vorges. Beh.: das Großh Staatsministerium, Departement des Innern, zu Oldenburg);

in **Preußen**:

Im Reg.-Bez. Königsberg, zu Memel, Pillau, Königsberg i./Pr.;
im Reg.-Bez. Danzig, zu Elbing und Danzig;
im Reg.-Bez. Köslin, zu Stolpmünde, Rügenwalde, Kolberg;
im Reg.-Bez. Stettin, zu Swinemünde, Stettin, Ueckermünde, Anklam;
im Reg.-Bez. Stralsund, zu Wolgast, Greifswald, Stralsund, Barth, Saßnitz;
im Reg.-Bez. Schleswig, zu Neustadt in Holstein, Burg a./F., Heiligenhafen, Neudorf (Kr. Plön), Labö, Kiel, Holtenau, Eckernförde, Schleswig, Arnis, Kappeln, Flensburg, Ekensund, Sonderburg, Augustenburg, Norburg, Apenrade, Hadersleben, Hoyer, Bredebro, Saidt, Kreitum, Christian-Albrechts-Koog, Wyk a./Föhr, Pellworm, Nordstrand, Husum, Tönning, Friedrichstadt, Rendsburg, Pahlhude, Büsum, Lunden, Meldorf, Marne, Brunsbüttelkoog, Burg i./Dith-

Seemannsämter innerhalb des Reichsgebiets mit einem Vorsitzenden und zwei schiffahrtskundigen Beisitzern besetzt sein.[2])

Ist ein Konsul Mitinhaber oder Agent der Rhederei des Schiffes, so ist er von der Wahrnehmung der im §. 58 **bezeichneten Geschäfte eines Seemannsamts in Bezug auf**

---

marschen, Wewelsfleth, Brockdorf, Lüttel, Wilster, Itzehoe, Krempe, Glückstadt, Klein Kollmar, Elmshorn, Uetersen, Haseldorf, Blankenese, Altona;
im Reg.-Bez. Lüneburg, zu Harburg;
im Reg.-Bez. Stade, zu Cranz (Kr. Jork), Jork, Stade, Freiburg a./Elbe, Neuhaus a./Oste, Bremervörde, Geestemünde, An der Geeste bei Geestemünde, Blumenthal;
im Reg.-Bez. Aurich zu Wilhelmshaven, Carolinensiel, Neuharlingersiel, Westeraccumersiel, Norden, Emden, Großefehn, Oldersum, Neermoor, Leer, Westrhauderfehn, Weener, Ditzum;
im Reg.-Bez. Osnabrück, zu Papenburg;
im Reg.-Bez. Düsseldorf, zu Düsseldorf, Ruhrort, Duisburg;
im Reg.-Bez. Cöln, zu Cöln a./Rhein.

In Preußen ist der Regierungs-Präsident die vorgesetzte Behörde der in seinem Bezirk befindlichen Seemannsämter.

b. Die Konsuln führen, wenn sie als Seemannsämter fungieren, bei den aufzunehmenden Verhandlungen und den zu erteilenden Ausfertigungen die Bezeichnung:

Das Seemanns-Amt.
Kaiserliches (General-Vize-) Konsulat.

Im Verkehr mit den inländischen Seemannsämtern bezw. Gerichtsbehörden haben sie in der Regel den Weg der direkten Korrespondenz zu wählen. (Vgl. §. 125 Abs. 3 d. G.) Den Konsularagenten stehen die Befugnisse der Seemannsämter nicht zu. (A.D.J. zu §. 11 G.O.B.)

c. In den Schutzgebieten werden entsprechend §. 8 Sch.G.G. die Funktionen der Seemannsämter von den durch den Reichskanzler bestellten Behörden versehen. Zur Zeit fungieren mit konsularischen Befugnissen die Gouverneure zu Apia, Kamerun, Lome und Windhoek.

B. **Die Befugnisse und Obliegenheiten,** welche den Seemannsämtern durch die Seemannsordnung zugewiesen worden sind, ergeben sich aus §§. 7, 9, 10, 13, 14, 15—18, 20—25, 33, 43, 46, 51, 53, 57—63, 65—67, 69, 72, 74, 77, 83, 94, 122—125, 128, 129, 130 d. G. und betreffen im wesentlichen die An- und Abmusterung, Ausfertigung der Seefahrtsbücher und Musterrollen, spätere Verwahrung der letzteren, Beglaubigung der Dienstbescheinigungen und Führungszeugnisse und Untersuchung von Streitigkeiten über Verweigerung oder Bemängelung derselben, Sühneversuch und Entscheidung bei Streitigkeiten zwischen Kapitän und Schiffsmann, insbesondere auch über Antritt oder Fortsetzung des Dienstes des Schiffsmanns, Ermittelung vermißter und zwangsweise Anhaltung dienstweigernder Schiffsleute zur Erfüllung ihrer Pflichten, Mitwirkung bei der Auszahlung der Heuer und Entgegennahme der letzteren für verschollenes Schiffsvolk, Untersuchung des Schiffes auf Seetüchtigkeit und des Proviants in Bezug auf Quantität und Qualität, Genehmigung zur Überführung des erkrankten Schiffsmanns in eine Krankenanstalt, vorläufige Festsetzung der Vergütung an Stelle freier Zurückbeförderung, Genehmigung zum Verlassen des Dienstes und zur Zurücklassung des Schiffsmanns im Auslande, Übernahme des Nachlasses eines auf dem Schiffe Verstorbenen und außerdem die vorläufige Aburteilung von Straftaten nach näherer Maßgabe der §§. 122—125 d. G.

Ungebührliches Benehmen vor dem Seemannsamt wird nach §. 115 d. G. bestraft.

Zur Ordnung der Rechtsverhältnisse zwischen Kapitän und Reeder sind die Seemannsämter in der Regel (vgl. jedoch §. 553 H.G.B. n F.) nicht berufen; im Falle der Hilfsbedürftigkeit eines Kapitäns greift das Seemannsamt gemäß §. 1 Heimsch.Ges. ein.

2) Im Entwurfe war nicht vorgesehen, daß die Seemannsämter als Strafbehörden kollegialisch, insbesondere mit einem Schiffsmann, besetzt sein müssen. Vgl. hierüber Begr.

dieses Schiff ausgeschlossen, wenn von dem beschwerdeführenden Schiffsoffizier oder der Mehrzahl der beschwerdeführenden Schiffsleute gegen seine Mitwirkung Widerspruch erhoben wird.[3])

§. 6 [neu].

Schutzgebiete. Inland. Deutsche Häfen. Reichsgebiet.

Die Schutzgebiete gelten im Sinne dieses Gesetzes als Inland.

Deutsche Häfen im Sinne dieses Gesetzes sind nur die Häfen des Reichsgebiets.

S. 33—35. Die Reichstagskommission hat zwar auch die Forderung auf Zuziehung eines Schiffsmanns als Beisitzer abgelehnt, aber, entsprechend den Einrichtungen in Preußen (§. 12, Ges. v. 26. März 1864) und Oldenburg (§. 2 V. v. 25. Febr. 1873, Gesetz-Bl. S. 511), beschlossen, daß die Seemannsämter innerhalb des Reichsgebiets bei den Entscheidungen als Strafbehörden in den Fällen des §. 122 d. G. außer mit einem Vorsitzenden auch mit zwei schiffahrtskundigen Beisitzern besetzt sein müssen.

Örtlich hat diese, vom Reichstag schließlich angenommene, Bestimmung nur Bedeutung für die Hansestädte, in denen das Seemannsamt bisher durch einen Einzelbeamten (Wasserschout) entschied. In den Konsulaten und Schutzgebieten (auch letztere gehören nach Art. 1 der Reichsverfassung nicht zum Reichsgebiet) findet die Bestimmung keine Anwendnng. Die Konsuln, bezw. in den Schutzgebieten die vom Reichskanzler bestellten Behörden fungieren in den durch die Seemannsordnung ihnen zugewiesenen Strafsachen als Einzelbeamte bezw. in der ihnen für diesen Zweck gegebenen Verfassung.

Sachlich kommen, wie bemerkt, nur die Strafbescheide in den durch §. 122 d. G. näher bezeichneten Fällen in Betracht, aber auch hier nur die Entscheidungen, während die vorbereitenden Untersuchungshandlungen und die etwa außerhalb der Verhandlung zu bewirkenden Zeugenvernehmungen von dem Vorsitzenden allein vorgenommen werden. Die Beisitzer müssen schiffahrtskundig sein, brauchen aber nicht aus den Schiffsleuten entnommen zu werden. Die Auswahl ist den Landesregierungen überlassen, da ihnen die Organisation der Seemannsämter obliegt. Betreffs des Verfahrens vor dem Seemannsamt vgl. §. 123 insbesondere Abs. 4 u. 5. Zu bemerken bleibt, daß es sich bei dem Eingreifen des Seemannsamts gemäß §. 122 d. G. nur um eine Art von polizeilicher Tätigkeit handelt. Vgl. Anm. zu §. 122. Gegen die Entscheidung des so als Kollegium besetzten Seemannsamtes kann nach §. 124 binnen zehn Tagen auf gerichtliche Entscheidung angetragen werden. Vgl. Anm. zu §. 124.

3) Nach §. 58 d. G. ist das Seemannsamt verpflichtet, auf Beschwerde eines Schiffsoffiziers oder mindestens dreier Schiffsleute das Schiff, für welches sie angemustert sind, auf seine Seetüchtigkeit und den Proviant auf seine Qualität und Quantität zu untersuchen und für Abhilfe der begründet befundenen Beschwerde Sorge zu tragen. Um die möglichst unparteiische Durchführung dieser Obliegenheit zu sichern, ist dem Schiffsoffizier bezw. der Mehrzahl der beschwerdeführenden Schiffsleute das Ablehnungsrecht aus Abs. 3 eingeräumt worden. Ist das Ablehnungsrecht wirksam ausgeübt worden, so muß mit der Untersuchung gewartet werden, bis das Schiff an ein uninteressiertes Seemannsamt kommt.

Zu §. 6.

Durch die in diesem Paragraphen gegebene Erläuterung des Sprachgebrauchs ist für die Anwendung der Seemannsordnung eine Klärung des Begriffs „Schutzgebiet" geschaffen, denn ohne weiteres sind die Schutzgebiete nicht als Inland anzusehen. Vgl. hierüber Anm. 3 zu §. 2 Flg.Ges. Deshalb ist hier, entsprechend §. 9 Sch.G.G. bestimmt worden, daß die Schutzgebiete im Sinne dieses Gesetzes als Inland gelten. Dieser erweiterte Begriff Inland ist demnach festzuhalten für die Vorschriften der §§. 39, 122—125, 129, 130 d. G.; dementsprechend fallen die Schutzgebiete nicht unter diejenigen Bestimmungen des Gesetzes, wo von „Ausland" und „aus-

Zweiter Abschnitt.
Seefahrtsbücher und Musterung.

§. 7.[1]) [§. 5.]
Voraussetzungen für den Eintritt in den Schiffsdienst. Seefahrtsbuch.

Niemand darf im Reichsgebiet als Schiffsmann in Dienst treten, bevor er sich über Namen, Geburtsort und Alter vor einem Seemansamt ausgewiesen und von demselben ein Seefahrtsbuch ausgefertigt erhalten hat.[2])

Ist der Schiffsmann ein Deutscher, so darf er vor vollendetem vierzehnten Lebensjahre zur Uebernahme von Schiffsdiensten nicht zugelassen werden; auch hat er sich über seine Militärverhältnisse sowie, wenn er noch minderjährig ist, darüber auszuweisen, dass er von seinem gesetzlichen Vertreter zur Uebernahme von Schiffsdiensten ermächtigt worden ist. Der Genehmigung des Vormundschaftsgerichts bedarf es nicht.[3])

---

ländisch" die Rede ist. Vgl. z. B. §§. 77, 91, 113, 125, 129. Als „deutsche Häfen" im Sinne dieses Gesetzes (vgl. §§. 59 Abs. 3, 60, 66 Abs. 2, 67 Abs. 2, 73) sind nach §. 6 Abs. 2 nicht auch die Häfen der Schutzgebiete, sondern nur die Häfen des Reichsgebiets d. h. der in Art. 1 der Reichsverfassung bezeichneten Staaten zu verstehen, hier aber sowohl die eigentlichen Seehäfen, wie diejenigen Binnenhäfen, von denen aus Seefahrt getrieben wird (vgl. §. 4 Flg.Ges.). Entsprechend ist der Begriff „außerdeutsche Häfen" zu verstehen, es fallen darunter also auch die Häfen der Schutzgebiete. Vgl. §. 73.

Zu §. 7.

1) §. 7 handelt nur von den im Reichsgebiet auf deutschen Schiffen in Dienst tretenden Schiffsleuten, betrifft also nicht den Fall, daß außerhalb des Reichsgebiets (vgl. §. 6) Schiffsleute auf deutschen Schiffen Dienste nehmen. Dagegen ist es für die Anwendung des §. 7 im Allgemeinen unerheblich, ob der Schiffsmann ein Deutscher oder ein Nichtdeutscher ist; für die Annahme eines Deutschen als Schiffsmann gelten nur einzelne besondere Vorschriften (vgl. Abs. 2).

2) Das **Seefahrtsbuch** soll in erster Linie dem Schiffsmann als Ausweis über seine allgemeinen persönlichen Verhältnisse und als Grundlage für die Musterungsverhandlungen dienen. (Über den weiteren Inhalt vgl. §§. 11 u. 19.) Hierauf zielt die Bestimmung des §. 7 ab, daß niemand — gleichviel ob Deutscher oder Nichtdeutscher — im Reichsgebiet als Schiffsmann in Dienst treten darf, bevor er ein jene persönlichen Verhältnisse konstatierendes Seefahrtsbuch ausgehändigt erhalten hat. Die Ausfertigung des Seefahrtsbuchs kann nur von einem Seemannsamt im Reichsgebiet erfolgen, die Auswahl unter den verschiedenen Ämtern ist dem Schiffsmann freigegeben. Die Vorspiegelung falscher Tatsachen bei Verhandlungen, die sich auf die Erteilung eines Seefahrtsbuchs beziehen, ist in §. 107 Nr. 1 d. G. unter Strafe gestellt. Vgl. auch §. 107 Abs. 2, §. 114 Nr. 4 und Abs. 2. Die Konsuln können Seefahrtsbücher nicht ausfertigen, jedoch können sie im Falle des Verlustes auf Antrag des Schiffsmanns die Erlangung eines neuen Seefahrtsbuches bei einem Seemannsamt vermitteln. (v. König S. 400.)

3) Im allgemeinen gelten die Vorschriften des B.G. über die Geschäftsfähigkeit (§§. 104 ff.) auch für die Fähigkeit zum Abschlusse von Verträgen über Schiffsdienste. Abweichend von diesen Vorschriften darf jedoch der minderjährige Deutsche erst nach vollendetem vierzehnten Lebensjahre und nach erfolgtem Ausweis über seine Militärverhältnisse, sowie über die Ermächtigung seines gesetzlichen Vertreters zur Übernahme von Schiffsdiensten zu dieser Übernahme zugelassen werden. Die Seemannsämter haben dies zu kontrollieren, insbesondere auch bei Ausfertigung der Musterrollen dafür Sorge zu tragen, daß Personen über die Zeit hinaus, zu welcher sie gestellungspflichtig sind, oder für welche sie Ausstandsbewilligung haben, zur Anmusterung nicht zugelassen werden (v. König S. 403); vgl. Anm. 1 zu §. 74. Da bei der Festsetzung der Altersgrenze

Mit dem Seefahrtsbuch ist dem Schiffsmanne zugleich ein Abdruck der Seemannsordnung, des Gesetzes, betreffend die Verpflichtung der Kauffahrteischiffe zur Mitnahme heimzuschaffender Seeleute, des Gesetzes, betreffend die Stellenvermittelung für Schiffsleute, und einer amtlichen Zusammenstellung der Bestimmungen über die Militärverhältnisse der seemännischen und halbseemännischen Bevölkerung auszuhändigen.[4])

Der Bundesrath bestimmt, inwieweit als Schiffsleute nur solche Personen angemustert werden dürfen, welche nach Untersuchung ihres körperlichen Zustandes für den zu übernehmenden Dienst geeignet sind.[5])

Minderjähriger Schiffsmann. **§. 8. [§. 6.]**

Die für einen einzelnen Fall ertheilte Ermächtigung des gesetzlichen Vertreters (§. 7) gilt im Zweifel als ein für allemal ertheilt.[1])

---

von 14 Jahren Gründe öffentlich-rechtlicher Art bestimmend waren, so wird der von einer jüngeren Person, wenn auch unter Einwilligung des gesetzlichen Vertreters, geschlossene Vertrag betreffend Übernahme von Schiffsdiensten als nichtig zu erachten sein. Vgl. §. 134 B.G. Eine allgemeine Ermächtigung des gesetzlichen Vertreters für den Minderjährigen zur Dienst- oder Arbeitsübernahme ist nicht ausreichend, es muß die spezielle Erlaubnis zur Übernahme von Schiffsdiensten vorhanden sein. Der Vertrag wird jedoch als giltig zu erachten sein, wenn diese Erlaubnis nur erteilt, ein Ausweis hierüber aber nicht vorgelegt worden ist. Auch ist nicht notwendig, daß die Ermächtigung für eine bestimmte Reise oder für bestimmte Zeit erteilt ist. Wird die Ermächtigung für einen unter Vormundschaft stehenden Minderjährigen seitens des Vormundes verweigert, so kann sie auf Antrag des Minderjährigen durch das Vormundschaftsgericht ersetzt werden, wenn sie im Interesse des Mündels liegt; für einen unter elterlicher Gewalt stehenden Minderjährigen ist dieser Rechtsbehelf nicht gegeben (§. 113 Abs. 3 B.G.). Die Vorschriften der Gew.O. (§§. 107 ff.) über das Arbeitsbuch und über Ergänzung der Erklärung betreffs Ausstellung eines solchen Buches durch die Gemeindebehörden findet hier keine Anwendung.

Eine Erleichterung gegenüber den Vorschriften des B.G. ist insofern getroffen, als es der nach §. 1822 Nr. 7 B.G. erforderlichen Genehmigung des Vormundschaftsgerichts für den Fall des Abschlusses eines Vertrages mit längerer als einjähriger Dienstpflicht hier nicht bedarf. Zur Begründung ist angeführt worden (Begr. S. 42), daß sich von vornherein nicht immer übersehen lasse, wie lange eine Reise dauern wird, und daß die Beibringung der vormundschaftsgerichtlichen Genehmigung mit Zeitverlust verknüpft sei, welcher der Anheuerung des Schiffsmanns hinderlich sein könne.

4) Hierdurch und durch die Vorschriften der §§. 133, 114 Ziff. 16 soll die Bekanntschaft des Schiffsmanns mit den für ihn maßgebenden Bestimmungen gesichert werden.

5) Durch die Fassung „der Bundesrat bestimmt" wollte die Reichstagskommission zum Ausdruck bringen, daß die Erlassung der hier erwähnten Bestimmungen seitens des Bundesrats erfolgen muß. Ein unter Außerachtlassung solcher Bundesratsbestimmungen geschlossener Vertrag wird wegen des vorwaltenden öffentlichen Interesses als nichtig zu behandeln sein. Bisher bildete nur die Farbenblindheit und nur für Kapitäne und Steuerleute einen Ausschlußgrund (vgl. Bekanntm. v. 11. Juni 1891 [R.G.Bl. S. 348], und Grundsätze für die Untersuchung der Seeschiffer und Seesteuerleute auf Farbenblindheit [Ctbl. 1891 S. 156]). Siehe jetzt unten Nachtrag VII.

Zu §. 8.

1) Nach §. 6 Abs. 1 der bisherigen S.O. galt die väterliche oder vormundschaftliche Genehmigung, sofern ihr eine Einschränkung nicht beigefügt war, als ein für allemal erteilt. Hieraus war beim Fehlen eines Vorbehalts in der Genehmigungserklärung selbst deren Unwiderruflichkeit

Kraft derselben ist der Minderjährige für solche Rechtsgeschäfte unbeschränkt geschäftsfähig, welche die Eingehung oder Aufhebung von Heuerverträgen oder die Erfüllung der sich aus einem solchen Vertrag ergebenden Verpflichtungen betreffen.[2])

§. 9. [§. 7.] Anderweites Seefahrtsbuch.

Wer bereits ein Seefahrtsbuch ausgefertigt erhalten hat, muss behufs Erlangung eines neuen Seefahrtsbuchs das ältere vorlegen oder dessen Verlust glaubhaft machen. Dass dies geschehen, wird von dem Seemannsamt in dem neuen Seefahrtsbuche vermerkt.[1])

Wird der Verlust glaubhaft gemacht, so ist diesem Vermerke zugleich eine Bescheinigung des Seemannsamts über die früheren Rang- und Dienstverhältnisse, sowie über die Dauer der Dienstzeit und über die dem Schiffsmann anzurechnenden Beitrags-

---

und Uneinschränkbarkeit zu folgern. Das neue Gesetz will nach der Begründung (S. 42) hiervon insofern abweichen, als die Vorschrift des §. 113 Abs. 2 B.G., daß die Ermächtigung von dem gesetzlichen Vertreter zurückgenommen oder (nachträglich) eingeschränkt werden kann, hier Anwendung finden soll. Der Wortlaut des jetzigen Gesetzes steht dem nicht entgegen. Denn mit der Bestimmung des §. 8 Abs. 1, daß

> die für einen einzelnen Fall erteilte Ermächtigung im Zweifel als ein für allemal erteilt gilt,

ist nur die für einen einzelnen Fall erteilte Ermächtigung herausgehoben und im Zweifel als ein für allemal giltig hingestellt. Es ist damit dasselbe bestimmt, was in §. 113 Abs. 4 B.G. mit den Worten ausgedrückt ist:

> „Die für einen einzelnen Fall erteilte Ermächtigung gilt im Zweifel als allgemeine Ermächtigung zur Eingehung von Verhältnissen der bezeichneten Art.“

Dagegen ist mit der Bestimmung des §. 8 Abs. 1 nichts darüber gesagt, ob die für einen einzelnen Fall oder allgemein erteilte Ermächtigung nachträglich von dem gesetzlichen Vertreter eingeschränkt oder zurückgenommen werden kann. Es greift daher die allgemeine Bestimmung des §. 113 Abs. 2 B.G. Platz, daß die Ermächtigung von dem Vertreter zurückgenommen oder eingeschränkt werden kann. Hat der gesetzliche Verteter die Ermächtigung, selbst gegen den Willen des Minderjährigen, zurückgenommen, so kann er das Dienstverhältnis kündigen, soweit solches nach Vertrag oder Gesetz (vgl. §§. 66, 67 d. G.) zulässig ist, beim Vorliegen wichtiger Gründe (vgl. §. 74 d. G., §. 626 B.G.) auch die sofortige Entlassung des minderjährigen Schiffsmanns fordern. Entsprechend der Vorschrift des §. 113 Abs. 3 kann aber das Vormundschaftsgericht auf Antrag des minderjährigen Mündels die Zurücknahme oder Einschränkung der Ermächtigung des Vormundes wieder aufheben, wenn dies im Interesse des Mündels liegt.

Auf Verträge, die vor dem 1. April 1903 mit vorbehaltloser väterlicher oder vormundschaftlicher Genehmigung geschlossen sind, findet die Rücknahme- oder Einschränkungsbefugnis aus §. 8 d. G. keine Anwendung, weil sie die Rechtsbeständigkeit eines Vertrages angreifen würde, welcher nach dem zur Zeit seiner Schließung maßgebenden Rechte in dieser Beziehung unangreifbar war. Vgl. Vorbemerkung III vor §. 1.

2) Diese Vorschrift entspricht der des §. 113 Abs. 1 Satz 1 B.G. Danach ist der minderjährige Schiffsmann, insoweit nicht die ihm erteilte Ermächtigung eine Einschränkung enthält, insbesondere auch zur Empfangnahme, Stundung und gerichtlichen Geltendmachung (§. 52 Abs. 1 C.P.O.) der Heuerforderung befugt.

Zu §. 9.

1) Das Seemannsamt entscheidet nach freiem Ermessen, ob der Verlust des Seefahrtsbuches glaubhaft gemacht ist; ob er verschuldet oder unverschuldet ist, ist unerheblich.

wochen für die Invalidenversicherung, soweit derselbe sich hierüber genügend ausweist, beizufügen.[2])

Neue Anmusterung. **§. 10. [§. 8.]**

Wer nach Inhalt seines Seefahrtsbuchs angemustert ist, darf nicht von neuem angemustert werden, bevor er sich über die Beendigung des früheren Dienstverhältnisses durch den in das Seefahrtsbuch einzutragenden Vermerk (§§. 22, 25) ausgewiesen hat. Kann nach dem Ermessen des Seemannsamts ein solcher Vermerk nicht beigebracht werden, so dient statt desselben, sobald die Beendigung des Dienstverhältnisses auf andere Art glaubhaft gemacht ist, ein vom Seemannsamte hierüber einzutragender Vermerk im Seefahrtsbuche.

§. 11. [§. 9.]

Einrichtung und Preis des Seefahrtsbuchs.

Einrichtung und Preis des Seefahrtsbuchs bestimmt der Bundesrath. Die Ausfertigung erfolgt kosten- und stempelfrei.

Das Seefahrtsbuch muss über die Militärverhältnisse und die Invalidenversicherung des Inhabers Auskunft geben.

§. 12. [§. 10.]

Veranlassung der Musterung, Beteiligung dabei.

Der Kapitän hat die Musterung (Anmusterung, Abmusterung) der Schiffsmannschaft nach Massgabe der folgenden Bestimmungen (§§. 13 bis 26) zu veranlassen.[1])

---

2) Für die Feststellung der Alters- und Invalidenrente der Seeleute wird die Dauer der anrechnungsfähigen Dienstzeit und die Stellung, in welcher sie zugebracht ist, auf Grund der Eintragungen in den Seefahrtsbüchern ermittelt. Vgl. §. 167 Abs. 2 Invalidenversicherungsgesetz vom 13. Juli 1899 (R.G.Bl. S. 523) und Ctbl. 1894 S. 481. Um nun im Falle des Verlustes des Seefahrtsbuches den Seemann wieder in den Besitz des Nachweises über diese Verhältnisse zu setzen, soll auch die Zahl der anzurechnenden Beitragswochen, soweit der Schiffsmann sich hierüber genügend ausweist, in dem neuen Seefahrtsbuch von Amtswegen vermerkt werden (Begr. S. 43).

Zu §. 10.

Das Seefahrtsbuch dient als Grundlage für die Musterungsverhandlungen. Vgl. Anm. 2 zu §. 7. Über die Musterung, sowie über die eine solche unter Umständen ersetzende Anzeige ist ein Vermerk in dieses Buch einzutragen (§§. 13, 16, 22, 25). Dieser Bedeutung des Seefahrtsbuches ist in §. 10 dadurch Rechnung getragen, daß in der Regel der Vermerk über die geschehene Abmusterung zur Voraussetzung für eine neue Anmusterung (nicht Anheuerung) innerhalb des Reichsgebiets erhoben ist. Damit jedoch nicht lediglich infolge Fehlens des ordnungsmäßigen Nachweises über die Dienstbeendigung das Fortkommen des Seemanns erschwert werde, darf das zwecks neuer Anmusterung angegangene Seemannsamt den Vermerk ersetzen, wenn die Beendigung des früheren Dienstverhältnisses auf andere Art glaubhaft gemacht ist. Vgl. §. 107 Nr. 1. Daß aber §. 10 nur von einer neuen Anmusterung *innerhalb des Reichsgebiets* (vgl. Anm. zu §. 6) handelt, ergibt sich aus §§. 13 und 16, da hiernach die Vorlegung des Seefahrtsbuches nur bei einer Anmusterung innerhalb des Reichsgebiets obligatorisch ist. Indessen waren auch unter der Herrschaft der in dieser Beziehung inhaltlich übereinstimmenden §§. 11 und 14 S.O. die Konsuln durch die Allg. Dienstinstruktion zu §. 32 G.O.B. angewiesen, ihre Mitwirkung bei der Anmusterung bis zur Beseitigung der Anstände zu versagen, wenn ein Schiffsmann die Beendigung des früheren Dienstverhältnisses nicht glaubhaft nachweisen konnte.

Zu §. 12.

1) Strafvorschrift §. 114 Nr. 3.

Der Kapitän oder ein zum Abschlusse von Heuerverträgen bevollmächtigter Vertreter der Rhederei und der Schiffsmann müssen bei der Musterung zugegen sein; gewerbsmässige Stellenvermittler für Schiffsleute dürfen als Vertreter nicht bestellt werden.[2])

§. 13. [§. 11.] **Anmusterung.**

Die Anmusterung besteht in der Verlautbarung des mit dem Schiffsmanne geschlossenen Heuervertrags vor einem Seemannsamte. Sie muss vor Antritt oder Fortsetzung der Reise, wenn dies aber ohne Verzögerung der Reise unausführbar ist, sobald ein Seemannsamt angegangen werden kann, erfolgen; die Gründe für die Verzögerung oder Unterlassung der Anmusterung sind in das Schiffstagebuch einzutragen.[1]) **Geschieht**

---

2) In der Regierungsvorlage war entsprechend §. 10 S.O. nur die persönliche Anwesenheit des Schiffsmanns bei der Musterung als erforderlich bezeichnet. Die Reichstagskommission erachtete jedoch auch die Anwesenheit des Kapitäns oder eines zum Abschluß von Heuerverträgen ermächtigten Vertreters der Reederei für notwendig, der Reichstag beschloß ferner, daß gewerbsmäßige Stellenvermittler für Schiffsleute nicht als solche Vertreter bestellt werden dürfen. Der erstere Zusatz soll die Möglichkeit schaffen, daß die Schiffsleute bei der Anmusterung etwaige Modalitäten des Heuervertrages durch Verhandlung mit einer über die Verhältnisse auf dem Schiffe unterrichteten Person feststellen können. Vgl. §. 76 Abs. 2. Hieraus und aus dem Wortlaut des Gesetzes folgt, daß der Kapitän nicht verhindert zu sein braucht, wenn ein Vertreter der Reederei bezw. der Einzelreeder selbst oder der Korrespondentreeder bei der Musterung mitwirken will; die Auswahl zwischen dem Kapitän und einem Vertreter der Reederei ist freigegeben. Statt des Kapitäns kann im Falle seiner Verhinderung auch sein Vertreter (§. 2 Abs. 1, §. 3 Abs. 1) bei der Musterung mitwirken.

Die Vertreter der von den Schiffahrtsgesellschaften oder Reedereien eingerichteten Heuerbureaus sind nicht *gewerbsmäßige* Stellenvermittler und dürfen deshalb bei der Musterung mitwirken.

Der Schiffsmann, welcher sich nicht zur Musterung stellt, wird nach §. 107 Nr. 2 bestraft, vorausgesetzt, daß er nicht berechtigt ist, auf Grund des §. 74 oder sonst von dem Heuervertrage sofort zurückzutreten. Vgl. Anm. 1b zu §. 74.

Zu §. 13.

1) §. 13 handelt in Satz 1 und 2 von Begriff, Ort und Zeit der Anmusterung.

a. **Begriff.** Wie nach der bisherigen S.O. besteht die Anmusterung in der Verlautbarung des mit dem Schiffsmanne geschlossenen Heuervertrags vor einem Seemannsamte. Die Anmusterung setzt demnach den Abschluß des Heuervertrags (§. 27) voraus und gibt diesem bereits perfekten privatrechtlichen Akte öffentliche Beglaubigung und öffentlich-rechtliche Wirkungen. Vgl. R.O.H. Bd. 18 S. 415. Zugleich ist sie ein zweckmäßiges Mittel, um Bedrückungen des Schiffsmanns und unzulässige Abreden (§. 1 Abs. 2) fernzuhalten, da die einzelnen Vertragsbestimmungen vor dem Seemannsamte verlautbart und zum Teil in die Musterrolle (§. 14) aufgenommen werden müssen, das Seemannsamt auch verpflichtet ist, unzulässige Abreden von der Aufnahme in die Musterrolle auszuschließen (§. 14 Abs. 2). Wahrheitswidriges, auf Täuschung des Seemannsamts abzielendes Verhalten des Kapitäns oder Schiffsmanns vor dem Seemannsamte wird nach §§. 114 Nr. 4, 107 Nr. 1 bestraft.

b. **Zeit.** Nach §. 11 S.O. mußte die Anmusterung für die innerhalb des Bundesgebiets liegenden Schiffe stets vor Antritt oder Fortsetzung der Reise erfolgen. Das neue Gesetz berücksichtigt, daß häufig im Hafen der Ausreise, namentlich in den kleineren Nordseehäfen, kein Seemannsamt vorhanden ist und somit, wenn die Anmusterung stets vor Antritt oder Fortsetzung der Reise erfolgen muß, Verzögerungen und Kosten verursacht werden. Deshalb ist jetzt vor-

die Anmusterung innerhalb des Reichsgebiets, so ist dabei das Seefahrtsbuch vorzulegen.[2])

Musterrolle. **§. 14. [§. 12.]**

Die Anmusterungsverhandlung wird vom Seemannsamt als Musterrolle ausgefertigt. Wenn die gesammte Schiffsmannschaft nicht gleichzeitig mittelst Einer Verhandlung angemustert wird, so erfolgt die Ausfertigung auf Grund der ersten Verhandlung.

Die Musterrolle muss enthalten: Namen und Nationalität des Schiffes, Namen und Wohnort des Kapitäns, Namen, Wohnort und dienstliche Stellung jedes Schiffsmanns, den Hafen der Ausreise, die Bestimmungen des Heuervertrags, namentlich auch den Ueberstundenlohnsatz (§. 35 Abs. 3, §. 37 Abs. 3) und etwaige besondere Verabredungen. Insbesondere muss aus der Musterrolle erhellen, was dem Schiffsmanne für den Tag an Speise und Trank gebührt. Bei besonderen Verabredungen mit Schiffsoffizieren kann die Eintragung auf die Wiedergabe des wesentlichen Inhalts beschränkt werden. Abreden, welche nach §. 1 Abs. 2 unzulässig sind, dürfen nicht aufgenommen werden.[1])

Im Uebrigen wird die Einrichtung der Musterrolle vom Bundesrathe bestimmt.

---

geschrieben, daß die Anmusterung zwar in der Regel vor Antritt oder Fortsetzung der Reise erfolgen muß, daß sie aber ausnahmsweise, wenn dadurch die Reise verzögert werden würde, bis zu dem Zeitpunkte ausgesetzt werden darf, in welchem ein Seemannsamt angegangen werden kann. Die drohende Verzögerung der Reise braucht nach dem Wortlaute des Gesetzes keine erhebliche zu sein. Die Anmusterung muß aber bei dem ersten Seemannsamt, welches angegangen werden kann, nachgeholt und die Gründe für die Verzögerung oder Unterlassung der Anmusterung müssen in das Schiffstagebuch eingetragen werden. Vgl. §. 114 Nr. 3. Daß der Kapitän, wie solches in §§. 43, 57, 70, 89, 92, 98, 99 d. G. vorgeschrieben ist, diese Eintragung selbst bewirken muß (vgl. Knitschky zu §. 13), ist hier nicht bestimmt (vgl. §. 114 Nr. 12), es verbleibt daher bei der in §. 519 H.G.B. festgesetzten Regel, daß der Steuermann und im Falle seiner Verhinderung der Kapitän oder unter dessen Aufsicht ein von ihm zu bestimmender geeigneter Schiffsmann diese Eintragung zu bewirken hat.

c. **Ort.** Schon bei der Beratung der bisherigen S.O. war die Frage erörtert und entgegen der damaligen Regierungsvorlage verneint worden, ob nicht wenigstens für die Anmusterungen im Inlande dasjenige Seemannsamt ausschließlich zuständig sein solle, in dessen Bereiche das Schiff liegt. Das jetzige Gesetz hat sich dem angeschlossen und die Wahl des Seemannsamts für die Anmusterung sowohl für die im Auslande wie für die im Inlande liegenden Schiffe freigegeben.

Die Anmusterung kann auch an Bord des Schiffes, wenn der Beamte des Seemannsamtes sich dorthin begiebt, vorgenommen werden.

Betreffs der Anmusterung vor einer ausländischen Behörde vgl. §. 136.

2) Wie zu § 10 ausgeführt, ist die Vorlegung des Seefahrtsbuchs nur bei einer Anmusterung innerhalb des Reichsgebiets erforderlich, weil nach §. 7 außerhalb des Reichsgebiets Seefahrtsbücher nicht ausgestellt werden. Die Vorlegung des Seefahrtsbuchs ist aber auch bei einer Anmusterung an Bord obligatorisch, wenn solche innerhalb deutscher Hoheitsgewässer vorgenommen wird (Perels zu §. 13).

Zu §. 14.

1) Die **Musterrolle** besteht aus einer Ausfertigung der Anmusterungsverhandlung; das Formular hierzu war bisher durch Bekanntmachung vom 18. Juli 1891 (Ctbl. S. 218) bestimmt. Diese öffentliche Urkunde dient zunächst dazu, die Nationalität der Schiffsbesatzung darzutun und ist als Beweisdokument hierüber sowohl in Kriegsfällen, um das Schiff gegen Aufbringen zu schützen, als im Frieden, um demselben die Teilnahme an den vertragsmäßigen Vorteilen zu sichern, von Wichtigkeit. Die Aufnahme der dienstlichen Stellung jedes Schiffs-

Die Musterrolle muss sich während der Reise an Bord befinden; auf Erfordern ist sie dem Seemannsamte vorzulegen.[2])

§. 15. [§. 13.] **Nachmusterung.**

Wird ein Schiffsmann erst nach Ausfertigung der Musterrolle angemustert, so hat das Seemannsamt eine solche Musterung in die Musterrolle einzutragen.

§. 16. [§. 14.]

Anmusterungsvermerk im Seefahrtsbuch; Verwahrung des Buches.

Bei jeder innerhalb des Reichsgebiets erfolgenden Anmusterung wird vom Seemannsamte hierüber und über die Zeit des Dienstantritts in das Seefahrtsbuch jedes Schiffsmanns ein Vermerk eingetragen, welcher zugleich als Ausgangs- oder Seepass dient. Ausserhalb des Reichsgebiets erfolgt eine solche Eintragung nur, wenn das Seefahrtsbuch zu diesem Zwecke vorgelegt wird.[1])

---

manns, des Hafens der Ausreise, des Inhalts des Heuervertrags und des Überstundenlohnsatzes verleiht ihr auch eine besondere civilrechtliche Bedeutung, da sie bei vorkommenden Streitigkeiten eine Grundlage für die Entscheidung bietet. Vgl. Prot. 1965—1969 zu Art. 529 A.D.H. Die Giltigkeit des Heuervertrags ist allerdings weder von der Anmusterung noch von der Aufnahme in die Musterrolle abhängig (§. 27). Vgl. Anm. 1a zu §. 13.

Die nach der bisherigen S.O. in der Musterrolle fehlende Angabe des Hafens der Ausreise ist namentlich aus dem Grunde wichtig, weil sich auf diesen in der Regel die Rückbeförderungsansprüche des Schiffsmanns beziehen (§§. 59 Abs. 6, 60). Neu eingefügt in die Musterrolle zwecks Feststellung etwaiger Ansprüche des Schiffsmanns ist auch der Vergütungssatz für Überstundenarbeit (§. 35 Abs. 3, §. 37 Abs. 3); die bisherige S.O. enthielt keine Vorschrift über eine solche Vergütung. Wenn mit dem Schiffsmann statt der Naturalverpflegung eine Geldentschädigung vereinbart ist (§. 54), so wird auch dies in der Musterrolle zu vermerken sein (vgl. auch §§. 56, 57, 133).

Damit die Musterrolle nicht mit der wörtlichen Wiedergabe ausführlicherer Vertragsabreden belastet werde, ist bestimmt, daß die besonderen Abreden mit Schiffsoffizieren (vgl. §. 3 Abs. 1) nur in ihrem wesentlichen Inhalte eingetragen zu werden brauchen.

2) Nach §. 513 H.G.B. hat der Schiffer (Kapitän) dafür zu sorgen, daß die zum Ausweise für die Besatzung erforderlichen Papiere an Bord sind. Hierzu gehört in erster Linie die Musterrolle. Dementsprechend ist hier bestimmt und in §. 114 Nr. 3 d. G. durch Strafandrohung gegen den Kapitän gesichert, daß die Musterrolle während der Reise sich an Bord befindet. Neben der hier ferner festgesetzten Pflicht, die Musterrolle auf Erfordern dem Seemannsamt vorzulegen, besteht nach §. 2 der Verordnung betr. die Schiffsmeldungen bei den Konsulaten (R.G.Bl. 1880 S. 183) die Verpflichtung des Kapitäns, im Anlaufhafen dem Konsul, wenn dieser dort seinen Wohnsitz hat, die Musterrolle vorzulegen und zur Aufbewahrung zu übergeben.

Etwaige ausländische Vorschriften, welche im Zollinteresse die Hinterlegung der Musterrolle bis zur Ausklarierung des Schiffes verlangen, kommen auch fernerhin in Betracht (Begr. S. 46).

Zu §. 15.

Die hier geregelte sog. **Nachmusterung**, d. i. die nach Ausfertigung der Musterrolle erfolgende Anmusterung einzelner Schiffsleute, fällt im allgemeinen unter den Begriff der Anmusterung überhaupt. Nur unterbleibt hier eine besondere Ausfertigung der Anmusterungsverhandlung (§§. 13, 14), an ihre Stelle tritt ein bloßer Vermerk in der Musterrolle. Vgl. §. 31.

Zu §. 16.

1) Der Zusammenhang zwischen dem Seefahrtsbuche und der Musterung (vgl. Anm. 2 zu §. 7) wird durch die nach §§. 16, 22, 25 (vgl. auch §. 10) in die Seefahrtsbücher aufzunehmenden

Das Seefahrtsbuch ist demnächst vom Kapitän für die Dauer des Dienstverhältnisses in Verwahrung zu nehmen.[2])

Verhinderung des Dienstantritts. §. 17. [§. 15.]

Wird ein angemusterter Schiffsmann durch ein unabwendbares Hinderniss ausser Stande gesetzt, den Dienst anzutreten, so hat er sich hierüber sobald wie möglich gegen den Kapitän und das Seemannsamt, vor welchem die Anmusterung erfolgt ist, auszuweisen.[1]) Der Kapitän hat das Seefahrtsbuch dem Schiffsmann oder dem Seemannsamte, vor welchem die Anmusterung erfolgt ist, sobald als thunlich zu übersenden.[2])

Abmusterung. §. 18. [§. 16.]

Die Abmusterung besteht in der Verlautbarung der Beendigung des Dienstverhältnisses seitens des Kapitäns und der aus diesem Verhältniss ausscheidenden Mannschaft vor einem Seemannsamte. Sie muss, sobald das Dienstverhältniss beendigt ist, erfolgen, und zwar, wenn nicht ein Anderes vereinbart wird, vor dem Seemannsamte desjenigen Hafens, wo das Schiff liegt, und nach Verlust des Schiffes vor demjenigen Seemannsamte, welches zuerst angegangen werden kann.

An- und Abmusterungsvermerke hergestellt. Da aber nach §§. 7 und 13 das Seefahrtsbuch nur bei einer Anmusterung innerhalb des Reichsgebiets vorgelegt werden muß, so wird über die außerhalb des Reichsgebiets erfolgenden Anmusterungen ein Vermerk nur dann eingetragen, wenn das Seefahrtsbuch dort freiwillig vorgelegt wird. Vgl. auch Anm. 1 zu §. 32. — Wahrheitswidriges, auf Täuschung des Seemannsamts abzielendes Verhalten des Kapitäns oder Schiffsmanns bei den Verhandlungen vor dem Seemannsamt wird nach §§. 114 Nr. 4, 107 Nr. 1 bestraft.

2) Diese Bestimmung bezweckt eine Sicherung des Kapitäns gegen die Desertion der Schiffsleute und legt ihm zugleich im öffentlichen Interesse die Pflicht zur Verwahrung des Seefahrtsbuches auf. Eine Bestrafung des Kapitäns wegen mangelnder Verwahrung ist im Gegensatz zu den Folgen der Nichtrückgabe des Buchs im Falle des §. 17 nicht vorgesehen (§. 114 Nr. 10). Nach erfolgter Abmusterung (§§. 22, 10) erhält der Schiffsmann das Seefahrtsbuch zurück. — Soll der durch §. 7 Abs. 3 erstrebte Zweck, daß der Schiffsmann sich jederzeit über die für ihn wichtigen Vorschriften unterrichten könne, nicht teilweise vereitelt werden (vgl. §. 133), so wird der dort erwähnte Abdruck nicht dem Seefahrtsbuch einverleibt werden dürfen.

Zu §. 17.

1) Die Vorschrift bezweckt, den Kapitän zu den erforderlichen anderweitigen Dispositionen und das Seemannsamt zu der unerläßlichen Kontrolle in den Stand zu setzen. In ersterer Beziehung ist sie überwiegend privatrechtlicher Natur, in letzterer dagegen berührt sie das öffentliche Recht; ihre Beobachtung ist deshalb durch eine Strafbestimmung (§. 107 Nr. 3) gesichert. Vgl. §§. 33, 93 Abs. 1, 61 Nr. 1, 70 Nr. 1.

2) Satz 2 war in der bisherigen S.O. nicht enthalten und beruht auf einem Beschluß der Reichstagskommission, welche den ohne seine Schuld vom Dienstantritt zurückgehaltenen Schiffsmann möglichst bald wieder in den Besitz des Seefahrtsbuches gesetzt sehen wollte. Vorbedingung für die Rücksendungspflicht des Kapitäns ist aber, daß der Schiffsmann dem Kapitän die Verhinderung zum Dienstantritt nachgewiesen hat, weil der Kapitän sonst nicht in der Lage ist, zu beurteilen, durch welche Art von Hindernis der Schiffsmann zurückgehalten worden ist. — Strafvorschrift §. 114 Nr. 10.

Zu §. 18.

Wie die Anmusterung den Abschluß des Heuervertrages (vgl. Anm. 1a zu §. 13), so setzt die Abmusterung die erfolgte Beendigung des Dienstverhältnisses voraus und stellt nur die im

§. 19. [§. 17.]

Dienstbescheinigung und Führungszeugnis.

Vor der Abmusterung hat der Kapitän dem abzumusternden Schiffsmann im Seefahrtsbuche die bisherigen Rang- und Dienstverhältnisse und die Dauer der Dienstzeit zu bescheinigen, auf Verlangen auch ein Führungszeugniss zu ertheilen. Das Zeugniss darf in das Seefahrtsbuch nicht eingetragen werden. Dasselbe ist kosten- und stempelfrei.

§. 20. [§. 18.]

Beglaubigung der Dienstbescheinigungen und Zeugnisse.

Die Unterschriften des Kapitäns unter der Bescheinigung und dem Zeugnisse (§. 19) werden von dem Seemannsamte, vor welchem die Abmusterung stattfindet, kosten- und stempelfrei beglaubigt.

öffentlich-rechtlichen Interesse vorzunehmende Verlautbarung dieser Beendigung dar. Vgl. R.O.H. Bd. 18 S. 417; Hans.Ger. 1901 S. 51. Indessen kann es nicht zweifelhaft sein, daß die formelle Abmusterung eine Aufhebung des Dienstvertrages begründet (Abraham S. 31). Die Abmusterung gibt dem Seemannsamte Gelegenheit, die vom Kapitän den ausscheidenden Schiffsleuten zu erteilenden Bescheinigungen und Zeugnisse zu kontrollieren (§. 21), schwebende Streitigkeiten mittels Vergleichs beizulegen oder zu entscheiden (§§. 128, 129), von der Handhabung der Schiffsdisziplin sich zu überzeugen (§. 110), Anzeigen über etwaige auf der Reise begangene strafbare Handlungen entgegenzunehmen (§§. 122ff.) und auch in anderen Beziehungen (vgl. z. B. bezüglich der Mitwirkung bei der Auszahlung der Heuer §. 46) ebenso öffentliche Interessen wie die der Beteiligten wahrzunehmen. Sie muß erfolgen, sobald das Dienstverhältnis beendigt ist.

Auch hier ist, wie bei der Anmusterung (vgl. §. 13), die Wahl des Seemannsamts der freien Vereinbarung anheimgegeben; nur mangels solcher Vereinbarung ist das Seemannsamt desjenigen Hafens zuständig, in welchem das Schiff liegt. Ist das Schiff verloren gegangen, so muß vor demjenigen Seemannsamte, welches zuerst angegangen werden kann, abgemustert werden. — Strafvorschrift §. 114 Nr. 3.

Hinsichtlich der Abmusterung vor einer ausländischen Behörde vgl. §. 136.

Zu §. 19.

Das Seefahrtsbuch hat neben der in den Bemerkungen zu §§. 7 und 10 hervorgehobenen Bedeutung die fernere Bestimmung, den Schiffsleuten einen sowohl ihrem eigenen wie der Anheuernden Interesse entsprechenden, vollständigen und beglaubigten Ausweis über die gesamten bisherigen Rang- und Dienstverhältnisse und über die bereits zurückgelegte Dienstzeit zu bieten. (Vgl. auch §. 43 Abs. 4.) Demgemäß ist der Kapitän zu einer hierauf bezüglichen Bescheinigung und das Seemannsamt zur Beglaubigung verpflichtet (Motive zu §§. 17 und 18 S.O.). Dagegen ist die Erteilung eines Führungszeugnisses nicht obligatorisch; wird es auf Verlangen des Schiffsmanns erteilt, so darf es in das Seefahrtsbuch nicht eingetragen werden. Auch die in §. 4 des Preußischen Gesetzes vom 12. März 1864 vorgeschriebene Eintragung gerichtlicher Bestrafungen ist fortgefallen. Der Schiffsmann kann die Löschung unzulässiger Eintragungen bei dem Seemannsamt erwirken. (Vgl. Knitschky zu §. 19.) Vgl. auch §. 21.

Da der Kapitän nach §. 3 Abs. 1 sich in einzelnen Dienstzweigen vertreten lassen darf, so ist er auch befugt, die Ausstellung der Dienstbescheinigungen und Führungszeugnisse ganz oder teilweise z. B. hinsichtlich des Maschinenpersonals einem solchen Stellvertreter zu übertragen, der dann hierfür die Verantwortung trägt.

§. 21. [§. 19.]

Verweigerung des Führungszeugnisses. Streit über Zeugnis oder Dienstbescheinigung.

Verweigert der Kapitän die Ausstellung des Zeugnisses (§. 19), oder enthält dieses oder die Bescheinigung im Seefahrtsbuche (§. 19) Angaben, deren Richtigkeit der Schiffsmann bestreitet, so hat auf dessen Antrag das Seemannsamt den Sachverhalt zu untersuchen und das Ergebniss der Untersuchung dem Schiffsmanne zu bescheinigen.

§. 22. [§. 20.]

Abmusterungsvermerk.

Die erfolgte Abmusterung wird vom Seemannsamt in dem Seefahrtsbuche des abgemusterten Schiffsmanns und in der Musterrolle vermerkt.

§. 23 [neu].

Beglaubigter Auszug aus der Musterrolle.

Sind seit der Ausfertigung der Musterrolle mindestens zwei Jahre verflossen, so ist auf Antrag des Kapitäns diesem vom Seemannsamt ein dem gegenwärtigen Bestande der

---

Zu §. 21.

Eine Strafvorschrift oder eine Zwangsmaßregel gegen den Kapitän, dessen Verhalten in Bezug auf die Vorschriften des §. 19 nach geschehener Untersuchung durch das Seemannsamt als unbegründet befunden wird, ist nicht vorgesehen. Er wird daher zur Ausstellung eines Führungszeugnisses oder zur Änderung desselben oder der Dienstbescheinigung durch das Seemannsamt nicht angehalten werden können. Der entgegenstehenden Ansicht in der Begründung (S. 46) ist nicht beizutreten. Denn mangels einer hierüber lautenden Vorschrift erscheint es ausgeschlossen, den Kapitän, welcher von der Richtigkeit der Angaben in den beiden Urkunden überzeugt ist, auf Grund einer Ermittelung im Verwaltungsverfahren, als welches sich die dem Seemannsamt hier zugewiesene Untersuchung darstellt, zur Ausstellung eines anderen Zeugnisses oder einer anderen Bescheinigung zu zwingen. Für den Schiffsmann ist es zunächst genügend, wenn er eine Bescheinigung des Seemannsamts über das Ergebnis der Untersuchung erhält. (Vgl. A.D.J. zu §. 32 G.O.B.) Der Weg der Klage gegen den Kapitän auf Ersatz des etwa entstandenen Schadens oder auf Ausstellung zutreffender Urkunden, letzteres mit der in §. 888 C.P.O. vorgesehenen Folge, bleibt daneben offen. Vgl. §§. 113 Gew.O., 73 H.G.B., 630 B.G.

Zu §. 22.

Der Zusammenhang zwischen Seefahrtsbuch und Musterung äußert seine Wirkung auch darin, daß, wie die Anmusterung (§. 16), so auch die Abmusterung im Seefahrtsbuch amtlich vermerkt wird. Nur ist hier eine Beschränkung auf die im Reichsgebiet bewirkte Abmusterung nicht vorgesehen, der Abmusterungsvermerk ist daher bei jeder Abmusterung in das Seefahrtsbuch einzutragen. Ein gleicher Vermerk muß in die Musterrolle aufgenommen werden, damit aus ihr der jederzeitige Bestand der Mannschaft zu ersehen ist. Diese Vermerke behalten auch später ihre Bedeutung, da sie für die Fälle späterer Ermittelungen einen Ausweis über die Abwickelung aller in die Musterrolle aufgenommenen Dienstverhältnisse gewähren. Dem Kapitän werden deshalb auf Verlangen Abschriften der Musterrolle zu Zwecken der Rechnungslegung zu erteilen sein (Mot. S. 40).

Zu §. 23.

Dieser Paragraph ist neu eingefügt, um dem Kapitän die Möglichkeit zu schaffen, eine nach längerer Fahrt infolge vielfacher Beurkundung von An- und Abmusterungen und von Einsichtnahmevermerken der Konsulate unübersichtlich und unhandlich gewordene Musterrolle durch einen dem

Schiffsmannschaft entsprechender beglaubigter Auszug aus der Musterrolle zu ertheilen, welcher fernerhin als Musterrolle zu benutzen ist.

§. 24. [§. 21.]

Verbleib von Musterrolle und Auszug.

Die Musterrolle sowie der etwa nach §. 23 ertheilte Auszug sind nach Beendigung derjenigen Reise oder derjenigen Zeit, auf welche die als Musterrolle ausgefertigte Anmusterungsverhandlung (§. 14) sich bezieht, dem Seemannsamte, vor welchem abgemustert wird, zu überliefern.[1]

Letzteres übersendet die Schriftstücke dem Seemannsamte des Heimathshafens und in Ermangelung eines solchen dem Seemannsamte des Registerhafens.[2]

§. 25. [§. 22.] Nachträgliche Musterung.

Erfährt der Bestand der Mannschaft Aenderungen, bei welchen eine Musterung (§. 12) nach Massgabe vorstehender Bestimmungen ohne Verzögerung der Reise unausführbar ist, so hat der Kapitän, sobald ein Seemannsamt angegangen werden kann, bei demselben unter Darlegung der Hinderungsgründe die Musterung nachzuholen,[1] **oder,**

---

jeweiligen Bestande der Mannschaft entsprechenden beglaubigten Auszug zu ersetzen. Zuständig für die Erteilung eines solchen Auszuges ist jedes Seemannsamt, welchem der Kapitän die Musterrolle vorzulegen imstande ist (Begr. S. 47). Die Konsulate werden hierfür Gebühren nach dem Tarif zum Gesetze vom 1. Juli 1872 (R.G.Bl. S. 245) zu erheben haben. Die ursprüngliche Musterrolle verbleibt einstweilen in den Händen des Kapitäns (§. 24).

Zu §. 24.

1) Die Musterrolle wird immer nur für eine bestimmte Reise oder auf bestimmte Zeit ausgefertigt. Nach Beendigung der Reise oder der Zeit muß der Kapitän sie dem Seemannsamte, vor welchem abgemustert wird, abliefern.

2) Heimatshafen, d. h. derjenige Hafen, von welchem aus die Seefahrt mit dem Schiffe betrieben wird (§. 480 H.G.B.), und

Registerhafen, d. h. der Hafen, bei welchem das Schiffsregister über das Schiff geführt wird,

sind in der Regel identisch, da das Schiff nur in das Register desjenigen Hafens eingetragen werden kann, von welchem aus, als dem Heimatshafen, die Seeschiffahrt betrieben werden soll. Vgl. Anm. 1 zu §. 6 Flg Ges. Nur für diejenigen deutschen Schiffe, deren Seefahrt von einem Hafen außerhalb des Reichsgebiets oder von keinem bestimmten Hafen oder vom Binnenlande aus betrieben wird, die also einen Heimatshafen im Sinne von §. 480 H.G.B. nicht haben, ist die Wahl des inländischen Registers frei und damit der Begriff eines besonderen Registerhafens gegeben. Für solche Schiffe soll nach §. 24 Abs. 2 d. G. die Übersendung der erledigten Musterrolle an das Seemannsamt des Registerhafens erfolgen. Ihnen reihen sich solche ausschließlich auf ausländischen Gewässern verkehrende Binnenschiffe an, welche das Recht, die Reichsflagge zu führen, ausüben dürfen (§. 26a Flg.Ges.), insoweit auf sie die Vorschriften der Seemannsordnung für anwendbar erklärt worden sind (§. 1 Abs. 2 d. G.); für sie wird nach §. 26a Flg.Ges. das Register bei den durch den Reichskanzler bestimmten Konsulaten geführt, diesen Konsulaten werden demgemäß die erledigten Musterrollen zu übersenden sein. (Vgl. unten Nachtrag V.)

Für alle übrigen Schiffe ist die Musterrolle dem Seemannsamte des Heimathafens zu übersenden.

Zu §. 25.

1) Die hier geregelte sog. **nachträgliche Musterung** ist vorzunehmen, wenn während der Reise Änderungen in dem Bestande der Mannschaft eintreten und durch die sofortige Beobachtung

sofern auch diese nachträgliche Musterung nicht mehr möglich ist,[2]) den Sachverhalt anzuzeigen. Ein Vermerk über die Anzeige ist vom Seemannsamt in die Musterrolle und in die Seefahrtsbücher der betheiligten Schiffsleute einzutragen.[3])

§. 26. [§. 23.]

Kosten der Musterungsverhandlungen.

Die Kosten der Musterungsverhandlungen, einschliesslich der Ausfertigung der Musterrolle, fallen dem Rheder zur Last

Die Bestimmungen über die in gleicher Höhe für alle Seemannsämter innerhalb des Reichsgebiets festzustellenden Kosten erfolgen durch den Bundesrath.

---

der Musterungsvorschriften eine Verzögerung der Reise herbeigeführt werden würde. Hinsichtlich des Zeitpunktes der nachträglichen Musterung gilt das in Anm. 1b zu §. 13 Gesagte. Vgl. §. 114 Nr. 3.

2) Z. B. in Todes- oder Entweichungsfällen. Vgl. §. 94.

3) Selbstverständlich unterbleibt der Vermerk, wenn die betreffenden Schiffsleute keine Seefahrtsbücher besitzen (z. B. bei Anheuerung außerhalb des Reichsgebiets) oder bereits wieder entlassen worden sind. Betreffs der Meldung des Kapitäns von der Entweichung eines Schiffsmanns vgl. §. 94.

Zu §. 26.

Maßgebend für die Kosten war bisher der Tarif vom 22. Februar 1873 (Ctbl. S. 62). Die zutreffende Bekanntmachung des Bundesrats lautet:

„Auf Grund des *§. 23 der Seemannsordnung vom 27. Dezember 1872 (Reichs-Gesetzblatt S. 413)* [jetzt §. 26, vgl. §. 138 d. G.] hat der Bundesrat den nachfolgenden **Tarif** der Kosten, welche für die Musterungs-Verhandlungen von den Seemanns-Ämtern innerhalb des Bundesgebiets zu erheben sind, festgestellt:

Nr.	Bezeichnung des Amtsgeschäfts.	Kosten Mk.	Kosten Pf.
1.	Ausfertigung einer neuen Musterrolle:		
	a. für ein Schiff von mehr als 300 cbm = 105,9 britischen Register-Tons Netto-Raumgehalt	6	—
	b. für ein kleineres Schiff	3	—
2.	Anmusterung eines Schiffsmanns	—	75
3.	Abmusterung eines Schiffsmanns	—	75
4.	Abänderung der Musterrolle außerhalb des Falles einer An- oder Abmusterung:		
	a. für ein Schiff von mehr als 300 cbm = 105,9 britischen Register-Tons Netto-Raumgehalt	3	—
	b. für ein kleineres Schiff	1	50

Anmerkung:

a. Die Beträge zu 2. und 3. sind für jeden Schiffsmann und für jede Person, welche, ohne zur Schiffsmannschaft zu gehören, auf einem Schiffe als Maschinist, Aufwärter oder in anderer Eigenschaft angestellt ist *(Seemannsordnung vom 27. Dezember 1872 §. 3)* [jetzt §. 2 d. G.] besonders zu entrichten.

b. Die vorstehenden Tarifsätze schließen zugleich etwaige Stempelkosten in sich."

Nach den Bekanntmachungen, betreffend die Musterungsgebühren für Hochseefischerei-Fahrzeuge vom 24. November 1885 (Ctbl. S. 525) und vom 17. November 1899 (S. 395) ist

Dritter Abschnitt.

Vertragsverhältniss.

für Hochseefischerei-Segelfahrzeuge für die Musterungsverhandlungen vor den Seemannsämtern innerhalb des Bundesgebiets eine feste Gebühr von fünf Mark jährlich für jedes auf den Fang ausgehende Fahrzeug ohne Rücksicht auf die Zahl der angemusterten Personen zu erheben. Fischereidampfer haben die Musterungsgebühr nach dem Tarif vom 22. Februar 1873 zu entrichten.

Vorbemerkung zum dritten Abschnitt.

Die Grundlage der rechtlichen Beziehungen zwischen dem Reeder und dem Schiffsmann (§. 2 Abs. 3, §. 3 Abs. 2) bildet der Heuervertrag.

I. **Begriff und rechtliche Natur des Heuervertrags.** Durch den Heuervertrag verpflichtet sich der Schiffsmann dem Reeder zu seemännischen Diensten für ein bestimmtes Schiff. Der Vertrag stellt sich demnach als ein Dienstvertrag dar, besonders qualifiziert durch die aus dem Aufenthalte des Schiffsmanns auf dem Schiffe sich ergebenden Gegenleistungen an Beköstigung und Logis, durch die weitgehende Fürsorgepflicht des Reeders, durch den zwingenden Charakter vieler civilrechtlicher Vorschriften der Seemannsordnung (§. 1 Abs. 2) und durch die disziplinaren und obrigkeitlichen Befugnisse des Kapitäns und des Seemannsamts. Er ist auf seiten des Reeders Handelsgeschäft, weil er für den Betrieb des Handelsgewerbes des Reeders (§§. 343, 1 Nr. 5 H.G.B.) notwendig ist. Vgl. Z.f.H. Bd. 8 S. 630. Die rechtlichen Folgen des Heuervertrages sind nicht in allen Beziehungen durch die Seemannsordnung geregelt, vielmehr greifen vielfach die Bestimmungen des Handelsgesetzbuchs und ergänzend die Vorschriften des B.G. ein.

II. **Form.** Der Heuervertrag ist entsprechend §. 24 S.O. und dem Grundsatze des B.G. über die Formfreiheit der Dienstverträge an keine Form gebunden. Er wird perfekt durch den mündlichen Abschluß und erhält durch die Anmusterung nur die öffentlich-rechtliche Sanktion, insbesondere wird durch die Anmusterung das Gewaltsverhältnis zwischen Kapitän und Schiffsmann hergestellt und in einzelnen Beziehungen die Kompetenz des Seemannsamts begründet (vgl. §§. 33 u. 130). Bei Konkurrenz mehrerer Heuerverträge erhält derjenige den Vorrang, auf Grund dessen eine Anmusterung stattgefunden hat (§. 30).

III. **Vertragschließende Personen.** Vertragsparteien sind bei dem Heuervertrage der Reeder bezw. Ausrüster (§. 510 H.G.B.) und der Schiffsmann. Stellvertretung beim Vertragsabschluß ist auf beiden Seiten zulässig, auf seiten des Reeders bildet sie die Regel, da außerhalb des Heimatshafens der Reeder meistens nicht persönlich tätig sein kann, und auch im Heimatshafen der Kapitän zur Annahme der Schiffsmannschaft befugt ist (§§. 527, 526 Abs. 2 H.G.B.). — Vor vollendetem vierzehnten Lebensjahre darf ein Deutscher nicht zur Übernahme von Schiffsdiensten zugelassen werden (§. 7 Abs. 2); der minderjährige Schiffsmann bedarf nach §. 8 der Ermächtigung seines gesetzlichen Vertreters. Hat eine in häuslicher Gemeinschaft mit dem Ehemanne lebende Ehefrau ohne erfolgte oder ersetzte Zustimmung des Ehemannes sich zu Schiffsdiensten verpflichtet (§. 2 Abs. 3), so kann der Ehemann das Dienstverhältnis ohne Einhaltung einer Kündigungsfrist kündigen, wenn er auf seinen Antrag von dem Vormundschaftsgericht dazu ermächtigt worden ist (§. 1358 B.G.).

IV. **Arten des Vertrages.** Der Heuervertrag kann für eine Reise oder auf Zeit abgeschlossen werden (§. 28).

V. **Wirkungen.**

A. Pflichten und Rechte des Schiffsmanns.

1) Durch den Heuervertrag wird der Schiffsmann zu seemännischen Diensten für das Schiff und die Ladung, zu Schiff und auf dem Lande (§. 34 Abs. 1 u. 2), verpflichtet und muß sich auf Veranlassung des Kapitäns zur Musterung stellen (§§. 12, 107 Nr. 2). Seine Dienstpflicht

erstreckt sich nicht nur auf die übernommenen, sondern auf alle Dienste, die der Kapitän, ein Schiffsoffizier oder sonstiger Vorgesetzter innerhalb des diesen zugewiesenen Dienstbereichs von ihm fordert (§§. 32, 34, 85, 94, 96). Hinsichtlich seiner Verpflichtung bei Seegefahr und Schiffbruch s. §. 41, hinsichtlich der Beistandsleistung zur Aufrechthaltung der Ordnung s. §. 91 Abs. 3. Er ist, außer in dem Falle des §. 74 Nr. 5, nicht befugt, einen Ersatzmann zu stellen (§. 613 B.G.). Erweist er sich vor dem Antritt der Reise als zu dem übernommenen Dienst untauglich, so kann er von dem Kapitän sofort entlassen werden (§. 70 Nr. 1). Stellt sich die Untauglichkeit nach dem Antritt der Reise heraus, so muß er sich eine Herabsetzung in Rang und Heuer gefallen lassen (§. 43). Auch nach Beendigung der Reise muß er bei Reinigung und Festmachen des Schiffes, bei der Löschung der Ladung und der etwaigen Verklarung mitwirken (§. 68). Er ist der Disziplinargewalt des Kapitäns unterworfen, hat ihm und allen Vorgesetzten mit Achtung zu begegnen und ihren dienstlichen Befehlen unweigerlich Folge zu leisten (§§. 84, 85). Er darf den Kapitän, wenn gegen diesen ein Gerichtsstand im Inlande begründet ist, weder strafrechtlich noch civilrechtlich vor einem ausländischen Gerichte belangen (§. 129 Abs. 1, vgl. jedoch §. 129 Abs. 4). Die Entscheidung des Seemannsamts hat er einstweilen zu befolgen, vorbehaltlich der Befugnis, seine Rechte vor der zuständigen Behörde geltend zu machen (§. 129 Abs. 3).

2) Der Schiffsmann hat Anspruch auf den vereinbarten und mangels Vereinbarung auf den üblichen (§. 29) Entgelt (Heuer) und auf Gewinnanteil, falls ein solcher vereinbart ist (§§. 81, 135 Nr. 3). Überstundenarbeit ist dem Schiffsmann, aber nicht ohne weiteres dem Schiffsoffizier, zu vergüten (§§. 35 Abs. 3, 37 Abs. 3, 40). Er hat Anspruch auf Beköstigung (§§. 54, 56, 57, 58) und im Falle besonderer Abrede auf Geldentschädigung dafür (§. 54), sowie auf angemessenen Logisraum und eintretenden Falles auf angemessenes anderweitiges Unterkommen (§§. 55, 56 Abs. 2). Im Falle der Beschädigung oder Tötung des Schiffsmanns bei Verteidigung des Schiffes ist ihm bezw. seinen Erben eine angemessene Belohnung zu gewähren (§§. 61 Abs. 3, 64 Abs. 4). Bei Erkrankung, auch geschlechtlicher Art, oder Verletzung hat er Anspruch auf Verpflegung und Heilbehandlung und Fortbezug der Heuer nach Maßgabe der §§. 59—62. Schließlich hat er Anspruch auf freie Zurückbeförderung (§§. 60, 78, 79).

Die aus dem Heuervertrage herrührenden Forderungen der Schiffsleute gewähren die Rechte eines Schiffsgläubigers mit gesetzlichem Pfandrecht an dem Schiffe, dessen Zubehör und an der Fracht nach Maßgabe der §§. 754 Nr. 3, 755—758, 760—765, 767—769, 770—776 H.G.B., sie verjähren in einem Jahre, und wenn die Entlassung jenseits des Vorgebirgs der guten Hoffnung oder des Kap Horn erfolgt ist, in zwei Jahren (§§. 901—903 H.G.B.).

Die Heuerforderung der Schiffsmannschaft kann nicht versichert werden (§. 780 H.G.B.).

B. Pflichten und Rechte des Reeders

entsprechen den vorstehend unter A. aufgeführten Rechten und Pflichten des Schiffsmanns. Bei Annahmeverzug des Reeders greift §. 615 des B.G. ein. Im Falle der Zurücklassung eines Schiffmanns außerhalb des Reichsgebiets ist auf Erfordern des Seemannsamts Sicherstellung gegen Hilfsbedürftigkeit für einen Zeitraum von drei Monaten — aus den Mitteln des Reeders — zu leisten (§. 83). Außerdem trägt der Reeder die baren Auslagen des Seemannsamts für die Übermittelung der Heuer eines abgemusterten deutschen Schiffsmanns an auswärts wohnende Angehörige desselben oder an Sparkassen oder sonstige Verwahrungsstellen (§. 46), sowie die Kosten der Bestattung eines verstorbenen Schiffsmanns nach näherer Maßgabe des §. 64 Abs. 1.

Für die Forderungen der Schiffsleute aus den Heuerverträgen haftet der Reeder nicht nur mit Schiff und Fracht, sondern persönlich (§. 487 H.G.B.).

Der Reeder ist berechtigt, die Rechte aus dem Heuervertrage durch Veräußerung des Schiffes zu übertragen, da der Schiffsmann, außer im Falle des Flaggenwechsels, nicht das Recht hat, dieserhalb vom Vertrage zurückzutreten (§. 74 Nr. 2 u. Abs. 2).

C. Pflichten und Rechte des Kapitäns.

1) a. Der Kapitän (§. 3 Abs. 1) als solcher handelt beim Abschluß des Heuervertrages nur als Vertreter des Reeders (§§. 533, 526, 527 H.G.B.). Er wird selbst persönlich nur verpflichtet, wenn er eine Gewährleistung für die Erfüllung übernimmt oder seine Befugnisse überschreitet oder bei der Erfüllung des Vertrages die Sorgfalt eines ordentlichen Kapitäns außer Acht läßt (§§. 533 Abs. 2, 511, 512 H.G.B.). Da jedoch die gehörige Erfüllung der Heuerverträge größtenteils (Gewährung von Heuer, Beköstigung, Logis) zu den dem Kapitän durch die Seemannsordnung zugewiesenen Obliegenheiten gehört, so haftet er der Schiffsmannschaft im Falle der Außerachtlassung der erforderlichen Sorgfalt bei der Erfüllung dieser Pflichten persönlich.

Die dem Kapitän in §. 65 Abs. 2 und 3 der Seemannsordnung zugewiesene Fürsorge für den Nachlaß eines verstorbenen Schiffsmanns wird als seine persönliche Verpflichtung anzusehen sein, da er insoweit gewissermaßen als Nachlaßbeamter fungiert.

Die Ausstellung der Dienstbescheinigungen und Führungszeugnisse (§. 19) bildet eine persönliche Pflicht des Kapitäns.

b. Die regelmäßige Loslösung des Schiffes von der Heimat und die naturgemäß gebotene Schleunigkeit der Erledigung von Streitfällen zwischen Kapitän und Schiffsleuten bringen es mit sich, daß die vorgeschriebene (§. 130) und die zulässige (§. 129) Anrufung des Seemannsamts seitens der Schiffsleute sich nur gegen den Kapitän richtet, obwohl dieser auch insoweit Pflichten und Rechte des Reeders wahrnimmt.

Auch für die gerichtliche Klage der Schiffsleute aus dem Heuervertrage kann der Kapitän — selbst im Heimatshafen — die Passivlegitimation nicht ablehnen (§. 761 H.G.B.); allerdings ist die Zwangsvollstreckung aus dem gegen ihn erlassenen Urteile nur in das Schiffsvermögen, nicht auch in das übrige Vermögen des Reeders vollstreckbar. (§§. 761, 762 H.G.B., Lewis S. 88, P. 1894, 1909, 2928, 4173; H.G.Z. 1874 S. 233, 237, 240.)

2) Die Rechte aus dem Heuervertrage nimmt der Kapitän, insoweit nicht seine öffentlichrechtlichen Befugnisse eingreifen (vgl. Anm. 2 zu §. 3) als Vertreter des Reeders wahr. Er ist legitimiert, die Entscheidung des Seemannsamts anzurufen (§§. 129, 130) und außerhalb des Heimatshafens gerichtliche Klagen aus dem Heuervertrage anzustellen (§. 527 Abs. 2 H.G.B.).

VI. **Beendigung des Heuervertrags.** Der Heuervertrag endet in den Fällen des §. 69 d. G. Der Kapitän kann den Schiffsmann in den Fällen des §. 70 vor Ablauf der Dienstzeit entlassen, der Schiffsmann kann seine vorzeitige Entlassung in den Fällen des §. 74, nach näherer Maßgabe der §§. 75 und 77, fordern. Daneben besteht das Recht eines jeden Teiles, das Dienstverhältnis ohne Einhaltung einer Kündigungsfrist zu kündigen, wenn ein wichtiger Grund, z. B. Geisteskrankheit des Schiffsmanns oder Kapitäns vorliegt. Vgl. Anm. 1 zu §. 74. Ein Rücktrittsrecht ist dem Kapitän gegeben, wenn der Schiffsmann den Dienstantritt länger als 24 Stunden verzögert (§. 32 Abs. 2). Bei Seeuntüchtigkeit des Schiffes wird dem Schiffsmann, auch abgesehen von dem Falle des §. 58 Abs. 3, das Rücktrittsrecht nicht versagt werden können. (§. 119 Abs. 2 B.G.) Der Wechsel des Kapitäns gibt dem Schiffsmann nach ausdrücklicher Vorschrift des Gesetzes (§. 74 Abs 2) kein Rücktrittsrecht. Tatsächlich wird den Schiffsleuten der Rücktritt bei der Anmusterung meistens freigelassen, wenn ihnen die dabei bekannt gegebenen Bedingungen des Dienstverhältnisses (vgl. §. 14 Abs. 2) nicht gefallen. Rechtlich würden in solchem Falle die §§. 626, 119 B.G. zur Beurteilung des Rücktrittsanspruchs herangezogen werden müssen.

VII. **Zuständigkeit.** Bei Streitigkeiten über Antritt oder Fortsetzung des Dienstes nach erfolgter Anmusterung hat im Inlande zunächst das Seemannsamt, in dessen Bezirke das Schiff liegt, zu entscheiden. Vgl. §. 130 und Anm. dazu. Im übrigen ist die Anrufung des Seemannsamts bei civilrechtlichen Streitigkeiten nicht obligatorisch (§. 129 Abs. 2). Im Fall

§. 27. [§. 24.]

Heuervertrag. Heuerschein. Kündigungsfristen.

Die Gültigkeit des Heuervertrags ist durch schriftliche Abfassung und durch den nachfolgenden Vollzug der Anmusterung nicht bedingt. Jedoch ist dem Schiffsmanne bei der Anheuerung ein von dem Kapitän oder dem Vertreter der Rhederei (§. 12 Abs. 2) unterschriebener Ausweis (Heuerschein)[1]) zu geben, welcher enthält:

Namen des Schiffes,
Angabe der Dienststellung,
Angabe der Reise oder Dauer des Vertrags,
Höhe der Heuer,
Zeit und Ort der Anmusterung.

Aufkündigungsfristen und sonstige die Lösung des Heuervertrags betreffende Zeitbestimmungen sollen für beide vertragschliessende Theile gleich sein. Bei entgegenstehender Vereinbarung kann der Schiffsmann die dem anderen Theile zugestandene Frist oder Zeitbestimmung für sich in Anspruch nehmen.[2])

---

eines Zwangsverkaufs des Schiffes darf der Schiffsmann Rechte aus dem Heuervertrage gegen den Kapitän auch vor einem ausländischen Gerichte geltend machen (§. 129 Abs. 4). Vgl. ferner G.V.G. §§. 23, 101 Nr. 3f., 109 Abs. 3.

Zu §. 27.

1) Damit der Schiffsmann bei der Anmusterung und, da ihm die Musterrolle nicht ausgehändigt wird, auch später einen Ausweis über die erfolgte Anmusterung und über einzelne wesentlich erscheinende Teile des Vertrages habe, ist hier neu bestimmt worden, daß der Kapitän oder der zum Abschluß der Heuerverträge bevollmächtigte Vertreter der Reederei — selbstverständlich auch der anheuernde Reeder oder Korrespondentreeder — dem Schiffsmann den sog. Heuerschein geben muß. Dieser Ausweis muß die in §. 27 Abs. 1 d. G. aufgeführten Angaben enthalten. Die Unterlassung der Aushändigung des vorgeschriebenen Heuerscheins wird nach §§. 114 Nr. 2, 119, 120 bestraft, macht aber den Vertrag nicht unwirksam. Zu bemerken ist, daß der vorgeschriebene Heuerschein wesentliche Bestimmungen, z. B. den Zeitpunkt des Dienstantritts, der schon bei der Anheuerung angegeben werden muß (§. 32 Abs. 1), den Namen des Kapitäns, den Überstundenlohnsatz sowie das Quantum der Beköstigung, die als wesentliche Teile des Vertrages in die Musterrolle aufgenommen werden müssen (§. 14 Abs. 2), nicht zu enthalten braucht. In Bezug auf die Wiedergabe der Essentialien des Vertrages ist der Heuerschein demnach als lückenhaft und den damit verfolgten Zwecken nicht voll entsprechend zu bezeichnen. — Die Ausstellung des Heuerscheins in einer fremden Sprache kann der Schiffsmann nicht verlangen (Perels Anm. 3 zu §. 27).

2) Die Vereinbarung von Aufkündigungsfristen und sonstigen, die Lösung des Heuervertrags betreffenden Zeitbestimmungen ist freigegeben (§. 66 Abs. 1, §. 67 Abs. 1). Diese Fristen und Zeitbestimmungen sollen jedoch für die Reederei und den Schiffsmann gleich sein, und der Schiffsmann darf bei entgegenstehender Vereinbarung die — für ihn in der Regel dann günstigere — Frist oder Zeitbestimmung, die er dem anderen Teile zugestanden hatte, für sich beanspruchen. Damit ist eine Abweichung von der Vorschrift des §. 122 Gew.O. getroffen, nach welcher für die Arbeitsverhältnisse zwischen Arbeitnehmer und Arbeitgeber die vereinbarten Kündigungsfristen für beide Teile gleich sein müssen und entgegenstehende Abreden nichtig sind, so daß dann die gesetzliche Kündigungsfrist von 14 Tagen eintritt. Die Seemannsämter werden wegen der instruktionellen Natur der Vorschrift des §. 27 Abs. 2 Satz 1 auf die Beobachtung dieser Vorschrift bei der Anmusterung hinzuwirken und auf die in §. 27 Abs. 2 Satz 2 ausgesprochene gesetzliche Folge hinzuweisen haben.

§. 28 [neu]. Dauer des Heuervertrags.

Der Heuervertrag kann für eine Reise oder auf Zeit abgeschlossen werden.

Ist bei der Anheuerung für eine Reise deren Endziel nicht angegeben, so läuft in Ermangelung anderweitiger Vereinbarung, unbeschadet der Vorschrift des §. 69, der Heuervertrag bis zur Rückkehr in den Hafen der Ausreise (§. 14).

Bei Anheuerung auf unbestimmte Zeit soll im Heuervertrag eine Kündigungsfrist angegeben oder in anderer Weise über die Beendigung des Dienstverhältnisses Bestimmung getroffen werden. Ist dies nicht geschehen, so kann jeder Theil in jedem Hafen, welchen das Schiff zum Löschen oder Laden anläuft, vom Vertrag unter Einhaltung einer Kündigungsfrist von vierundzwanzig Stunden zurücktreten.

§. 29. [§. 25.]

Betrag der Heuer mangels Vereinbarung.

Ist bei dem Abschlusse des Heuervertrags die Vereinbarung über den Betrag der Heuer nicht durch ausdrückliche Erklärung getroffen worden, so wird im Zweifel die Heuer als vereinbart angesehen, die das Seemannsamt des Hafens, in welchem der Schiffsmann angemustert wird, für die daselbst zur Zeit der Anmusterung übliche erklärt.

Zu §. 28.

Die bisherige S.O. regelte nur die Heuerung für eine Reise und überließ die Regelung der Heuerung auf Zeit, welche allerdings dort in §. 62 Nr. 1 erwähnt ist, der freien Vereinbarung. Die Anheuerung auf Zeit hat jedoch, namentlich in der Ostseefahrt, der Bremer und Hamburger Passagierfahrt und in der ostasiatischen Küstenfahrt eine solche Ausdehnung gewonnen, daß ihre gesetzliche Regelung geboten erschien (Begr. S. 46). Über die Dauer des Vertragsverhältnisses bei beiden Arten der Heuerung bestimmen die §§. 66 und 67; vgl. auch §§. 69, 74 Nr. 3, 75, 77, 83 und Anm. 2 zu §. 27. Im §. 28 sind in Absatz 2 und 3 gesetzliche Vorschriften über die Beendigung beider Arten von Anheuerung nur für den Fall gegeben, daß der Vertrag selbst hierüber keine klare Bestimmung enthält. Zu bemerken ist für den Fall der Anheuerung auf unbestimmte Zeit (Abs. 3), daß die Festsetzung einer Kündigungsfrist nur instruktionell („soll") vorgeschrieben ist. Die Seemannsämter werden bei der Anmusterung auf die Befolgung dieser Vorschrift hinzuwirken und dabei zu beachten haben, daß nach §. 27 Abs. 2 die Aufkündigungsfristen oder sonstigen die Lösung des Heuervertrags betreffenden Zeitbestimmungen für beide Teile gleich sein sollen, widrigenfalls der Schiffsmann die dem anderen Teile zugestandene Frist oder Zeitbestimmung für sich in Anspruch nehmen darf. Ist keine Kündigungsfrist oder sonstige die Beendigung des Dienstverhältnisses regelnde Bestimmung vereinbart worden, so tritt bei einer Anheuerung auf unbestimmte Zeit, um die speziell es sich hier handelt, die 24stündige Kündigungsfrist des Abs. 3 Satz 2 in Kraft. — Hinsichtlich der Fälligkeit der Heuer bei beiden Arten des Heuervertrags s. §. 45 Abs. 1 und 3.

Zu §. 29.

Die Feststellung des Betrages der Heuer braucht nicht durch ausdrückliche Willenserklärung der Kontrahenten zu erfolgen; entsprechend §. 612 B.G. gilt in Ermangelung einer solchen Bestimmung die übliche Heuer als stillschweigend vereinbart. Daß die Feststellung dieser üblichen Heuer dem anmusternden Seemannsamt (§. 13) zusteht, war bereits in §. 25 S.O., mit welchem §. 29 d. G. auch sonst übereinstimmt, verordnet. Vgl. auch §. 31.

Konkurrenz mehrerer Heuerverträge. §. 30. [§. 26.]

Hat ein Schiffsmann sich durch mehrere Verträge für ein und dieselbe Zeit verheuert, so geht, falls auf Grund eines der Verträge eine Anmusterung stattgefunden hat, dieser, sonst der zuerst abgeschlossene Vertrag vor.

§. 31. [§. 27]

Heuerung nach Anfertigung der Musterrolle.

Wird ein Schiffsmann erst nach Anfertigung der Musterrolle geheuert, so gelten für ihn in Ermangelung anderer Vertragsbestimmungen die nach Inhalt der Musterrolle mit der übrigen Schiffsmannschaft getroffenen Abreden.

Dienstantritt und seine Verzögerung. §. 32. [§. 28.]

Die Verpflichtung des Schiffsmanns, sich mit seinen Sachen an Bord einzufinden und Schiffsdienste zu leisten, beginnt, wenn nicht ein Anderes bedungen ist, mit der Anmusterung. Der Zeitpunkt, zu welchem der Dienstantritt erfolgen soll, ist dem Schiffsmanne bei der Anheuerung, der Liegeplatz oder ein Meldeort ist ihm bei der Anmusterung anzugeben.[1])

Zu §. 30.

Dieser Paragraph handelt wie §. 26 S.O., von dem er sachlich nicht abweichen will (Begr. S. 51), nur von dem Anspruch auf Erfüllung der mehreren Heuerverträge. Der Anspruch auf Schadensersatz wegen Nichterfüllung infolge mehrfacher Verheuerung bleibt unberührt (Knitschky zu §. 29). Das um Anmusterung auf Grund eines jüngeren Vertrages angegangene Seemannsamt wird die Anmusterung abzulehnen haben, wenn es von einem noch nicht erfüllten älteren Vertrage Kenntnis erlangt hat.

Zu §. 31.

Der nach Anfertigung der Musterrolle geheuerte Schiffsmann wird in Ermangelung anderer Vertragsbestimmungen namentlich auch dieselbe Heuer zu beanspruchen haben, welche nach Inhalt der Musterrolle (vgl. §. 15) den übrigen Schiffsleuten seines Ranges gebührt. Vgl. §. 27 S.O. und Art. 530 A.D.H. Zwar hat die Reichstagskommission eine entsprechende Bestimmung in §. 29 des Entwurfs gestrichen, „weil nicht einzusehen ist, warum nicht unter besonderen Verhältnissen einer besonderen Heuerung dem Schiffsmann die Möglichkeit einer über den Regelfall hinausgehenden Heuer geboten werden soll" (Kom.Ber. S. 16). Da aber die Vereinbarung der Heuer unter „die nach Inhalt der Musterrolle mit der übrigen Schiffsmannschaft getroffenen Abreden" fällt, und diese Abreden nach dem Wortlaut des §. 31 in Ermangelung anderer Vertragsbestimmungen allgemein auch für den nachträglich angeheuerten Schiffsmann gelten, so ist mangels einer anderen Abrede auch die mit der übrigen Schiffsmannschaft seines Ranges vereinbarte Heuer für ihn maßgebend.

Zu §. 32.

1) Vielfach kommt die sog. **„Anmusterung auf Ordre"** vor, bei welcher sich der Kapitän oder Reeder die Mannschaft durch vorzeitige Anmusterung für die Fahrt, sobald die Witterungs- insbesondere die Eisverhältnisse sie gestatten, sichert. Deshalb ist in §. 32 die Vereinbarung, daß der Dienstantritt erst später erfolgen soll, für zulässig erklärt. — Die Heuer ist dann schon von der Anmusterung an zu zahlen (§. 44). Vgl auch Anm. 1a zu §. 59. — Mit dieser Hinausschiebung des Dienstantritts auf unbestimmte Zeit ist aber nicht gut in Einklang zu bringen die in §. 32 dem Anheuernden auferlegte Pflicht, dem Schiffsmann schon bei der der Anmusterung

Wenn der Schiffsmann den Dienstantritt länger als vierundzwanzig Stunden verzögert, ist der Kapitän oder der Rheder zum Rücktritte von dem Heuervertrage befugt.[2]) Die Ansprüche wegen etwaiger Mehrausgaben für einen Ersatzmann und wegen sonstiger aus der Verzögerung erwachsener Schäden werden hierdurch nicht berührt.[3])[4])

§. 33. [§. 29.] Erzwingung der Diensterfüllung.

Der Schiffsmann, welcher nach der Anmusterung, ohne einen genügenden Entschuldigungsgrund, dem Antritt oder der Fortsetzung des Dienstes sich entzieht, kann

---

noch voraufgehenden Anheuerung den Zeitpunkt des Dienstantritts anzugeben. Diese Zeitangabe wird daher bei der Anmusterung auf Ordre naturgemäß nur eine ganz ungefähre sein können. Gänzlich muß aber dabei unterbleiben die nach §. 16 bei der Anmusterung einzutragende Vermerkung des Dienstantritts in dem Seefahrtsbuche, weil das Seemannsamt dann von der Zeit des Dienstantritts noch keine Kenntnis haben kann.

2) Die Bestimmung des Abs. 2 soll den Kapitän oder Reeder von der Gefahr befreien, die Reise mit unvollständiger Mannschaft anzutreten. Deshalb soll ihnen, gleichviel ob der Verspätung ein Verschulden des Schiffsmanns zu Grunde liegt oder nicht, die Möglichkeit verschafft werden, rechtzeitig einen Ersatzmann anzuheuern, ohne dem Ausgebliebenen aus dem Heuervertrage verhaftet zu bleiben. Der Kapitän oder Reeder bezw. der Vertreter des letzteren (§. 12 Abs. 2) müssen jedoch, da hier von einer Befugnis zum Rücktritt die Rede ist, diesen Rücktritt gemäß §§. 349, 130ff. B.G. dem säumigen Schiffsmann gegenüber erklären. Bei einer etwaigen nicht auf Fahrlässigkeit beruhenden Unkenntnis seines Aufenthalts müßten sie gemäß §. 132 Abs. 2 B.G. die Bewilligung zur öffentlichen Zustellung der Rücktrittserklärung bei dem Amtsgerichte des letzten Wohnsitzes oder in Ermangelung eines inländischen Wohnsitzes bei dem Amtsgerichte des letzten Aufenthaltsorts nachsuchen. In den Konsulargerichtsbezirken würde für diese Bewilligung nach §. 7 Abs. 2 G.K.G. der Konsul zuständig sein. Der Bewilligung müßte die öffentliche Zustellung der Rücktrittserklärung gemäß §. 204 Abs. 2 C.P.O. folgen. Bei den eigenartigen Verhältnissen der Seeschiffahrt läßt sich voraussehen, daß der Rücktritt vielfach nicht in der gesetzlich vorgeschriebenen Form erklärt werden wird. Der Entwurf wollte diese Umständlichkeiten dadurch beseitigen, daß an die Stelle der im Gesetze befindlichen, dem früheren §. 28 Abs. 2 S.O. entsprechenden, Worte: „ist zum Rücktritt von dem Heuervertrage befugt" die Worte treten sollten: „ist an den Vertrag nicht mehr gebunden". Die Reichstagskommission stellte aber den jetzigen gesetzlichen Wortlaut wieder her, weil „nicht für richtig gehalten wurde, daß die Wahrnehmung des Rücktrittsrechts stets eine formelle Rücktrittserklärung voraussetze, der Rücktritt vielmehr auch durch konkludente Handlungen erfolgen könne". Dabei ist jedoch übersehen worden, daß bei empfangsbedürftigen Willenserklärungen, und um eine solche handelt es sich hier, der Erklärende, auch wenn er sie durch konkludente Handlungen bewirkt, zwecks ihrer Wirksamkeit das Erforderliche tun muß, um sie zur Kenntnis des anderen Teils zu bringen. Vgl. Dernburg Bd. I S. 398 insbes. Anm. 7.

3) Auch bei einer Dienstverzögerung um 24 Stunden oder weniger können Schadensansprüche begründet sein (Perels Anm. 6 zu §. 32).

4) Kommt der Dienstberechtigte mit der Annahme der Dienste in Verzug, so kann der Schiffsmann die vereinbarte Vergütung verlangen ohne zur Nachleistung verpflichtet zu sein. Er muß sich jedoch anrechnen lassen, was er infolge des Unterbleibens der Dienstleistung erspart oder durch anderweitige Verwendung seiner Dienste erwirbt oder zu erwerben böswillig unterläßt (§. 615 B.G.).

Zu §. 33.

Die privatrechtliche Besonderheit des Paragraphen ist die, daß bezüglich der Heuerverträge, ähnlich wie nach §§. 51, 167 der Preußischen Gesindeordnung vom 8. November 1810, nach

auf Antrag des Kapitäns vom Seemannsamte, wo aber ein solches nicht vorhanden ist, von der Ortspolizeibehörde zwangsweise zur Erfüllung seiner Pflicht angehalten werden.

Die daraus erwachsenden Kosten hat der Schiffsmann zu ersetzen.

§. 34. [§. 30]

Verpflichtung zu Gehorsam und Arbeit. Urlaub.

Der Schiffsmann ist verpflichtet, in Ansehung des Schiffsdienstes den Anordnungen des Kapitäns, der Schiffsoffiziere und seiner sonstigen Dienstvorgesetzten unweigerlich Gehorsam zu leisten und zu jeder Zeit alle für Schiff und Ladung ihm übertragene Arbeiten zu verrichten.[1])

Er hat diese Verpflichtung zu erfüllen, sowohl an Bord des Schiffes und in dessen Booten, als auch in den Leichterfahrzeugen und auf dem Lande, sowohl unter gewöhnlichen Umständen, als auch unter Havarie.

Ohne Erlaubniss des Kapitäns oder eines Schiffsoffiziers darf er das Schiff bis zur Abmusterung nicht verlassen, doch darf ihm in einem Hafen des Reichsgebiets in seiner dienstfreien Zeit, wenn nicht triftige Gründe vorliegen, die Erlaubniss nicht verweigert werden.[2]) Ist ihm eine solche Erlaubniss ertheilt, so muss er zur festgesetzten Zeit zurückkehren.

---

geschehener Anmusterung (vorher greifen §§. 12, 107 Nr. 2 ein), der Zwang zum Antritt und zur Fortsetzung des Dienstes zugelassen ist. — Nach §. 888 Abs. 2 C.P.O. findet sonst nicht einmal ein indirekter Zwang zur Leistung von Diensten aus einem Dienstvertrage statt. Vgl. auch §. 51 Gewerbegerichtsgesetz (Fassung vom 29. September 1901, R.G.Bl. 1901 S. 365). — Der Zwang wird nur in einer Zuführung des Schiffsmanns auf das Schiff bestehen können; er hat zu unterbleiben, wenn die Versagung des Antritts oder der Fortsetzung des Dienstes aus einem als gerechtfertigt anzusehenden Grunde erfolgt. Vgl. §. 74 und Vorbem. VI zu Abschn. III. Allerdings ist in der Reichstagskommission ein Antrag, dem Schiffsmann vor dem Eingreifen des Seemannsamts oder der Polizeibehörde Gelegenheit zur Äußerung zu geben und die Entscheidung darüber schriftlich, eventuell mit Gründen, ergehen zu lassen, abgelehnt worden. Der Wortlaut des Gesetzes schließt aber selbstverständlich nicht aus, daß die von dem Kapitän angerufene Behörde den Schiffsmann hört und das Verlangen des Kapitäns, wenn sie es als offenbar unbegründet erachtet, ablehnt. Im Zweifel wird dem Antrage des Kapitäns stattzugeben sein. Beiden Teilen steht im Inlande (§. 6 Abs. 1) die Anrufung der Entscheidung des Seemannsamts nach §. 130 offen. Dieses hat dann, auch über die von dem zwangsweise zugeführten Schiffsmann zu erstattenden Kosten, unter Vorbehalt des Rechtsweges zu entscheiden. Auch im Auslande kann nach §. 129 Abs. 2 die vorläufige Entscheidung des Seemannsamts nachgesucht werden. — Strafvorschriften §§. 93, 129 Abs. 1.

Zu §. 34.

1) Die Verpflichtung des Schiffsmanns zur Dienstleistung erstreckt sich auf alle für Schiff und Ladung ihm übertragene Arbeiten, nicht bloß auf diejenigen, für welche er durch den Heuervertrag angenommen ist. Doch muß der den Befehl Erteilende, abgesehen von dem Kapitän, innerhalb des ihm zugewiesenen Dienstzweiges handeln. Vgl. Anm. 4 zu §. 3 und §§. 41, 91 Abs. 3.

Über den Begriff der Dienstvorgesetzten vgl. §. 3 und Anm. 3 und 7 dazu.

2) Der Schiffsmann hat in seiner dienstfreien Zeit in den Häfen des Reichsgebiets, wenn nicht triftige Verweigerungsgründe vorliegen, das Recht auf Entfernung vom Schiffe. Triftige Gründe (nicht gleichbedeutend mit dringenden Gründen, s. §. 37 Abs. 4) sind nach dem Sprachgebrauche (vgl. Sanders, Wörterbuch der Deutschen Sprache) inhaltsvolle, schwere, so beschaffene,

§. 35.[1]) [§. 31.]

Werktag im Hafen. Vergütung der Überstundenarbeit.

Liegt das Schiff im Hafen oder auf der Rhede, so ist der Schiffsmann nur in dringenden Fällen schuldig, länger als zehn Stunden täglich zu arbeiten. In den Tropen wird diese Zeit, soweit es sich nicht ausschliesslich um Aufsichtsdienst oder Arbeiten zur Verpflegung und Bedienung der an Bord befindlichen Personen handelt, auf acht Stunden beschränkt. Bei Berechnung dieser Arbeitsdauer ist der Wachtdienst in Rechnung zu bringen.[2])

---

daß man damit durchdringen muß. Zur Angabe der Gründe für die Urlaubsverweigerung ist der Kapitän im Hinblick auf die Schiffsdisziplin nicht verpflichtet. Hat er die Erlaubnis ohne Vorliegen eines triftigen Grundes verweigert, so wird er nach §. 114 Nr. 5 bestraft, wenn der Schiffsmann dies binnen drei Tagen nach der Verweigerung beantragt. Der Kapitän wird daher zweckmäßig die ihn bestimmenden Gründe aufzuzeichnen haben. Ein im Reichstag gestellter Antrag, daß der Kapitän verpflichtet sein soll, die Gründe in das Schiffstagebuch einzutragen, ist abgelehnt worden. Ist die Urlaubsverweigerung als Disziplinarmaßregel geschehen, so ist sie gemäß §. 92 einzutragen (Perels Anm. 3 zu §. 34).

Von der korrespondierenden Bestimmung des §. 30 Abs. 3 S.O. ist hier insofern abgewichen worden, als eine Verpflichtung des Schiffsmanns, unter allen Umständen noch vor 8 Uhr abends zurückzukehren, nicht festgesetzt worden ist. Er muß daher lediglich zu der vom Kapitän oder Schiffsoffizier festgesetzten Zeit zum Schiff zurückkehren. Vgl. §§. 33, 96 Nr. 4.

Hinsichtlich des Urlaubs zur Teilnahme am Gottesdienst an Sonn- und Festtagen s. §. 37 Abs. 4 und §. 39.

Zu §. 35.

1) §. 35 regelt in Abs. 1 und 2 für Schiffsmannschaft und Schiffsoffiziere die **Arbeitszeit an Werktagen im Hafen** und bestimmt in Abs. 3 den Begriff der **Überstundenarbeit**. Eine anderweite Vereinbarung der Arbeitszeit ist nicht zulässig, auch ein Vertrag über Herabsetzung der Arbeitszeit würde keine rechtliche Wirksamkeit haben (§. 1 Abs. 2). — Auf Seeschlepper und auf Bergungsfahrzeuge in Tätigkeit findet §. 35 keine Anwendung (§. 135 Nr. 1 und 2).

2) a. Die Schiffsmannschaft ist, von den in diesem Absatz erwähnten Ausnahmen abgesehen, an jedem Kalendertage im Hafen oder auf der Reede nur verpflichtet, zehn bezw. acht Stunden zu arbeiten. Die „dringenden Fälle", in welchen der Schiffsmann zur Mehrarbeit verpflichtet ist, brauchen nicht Fälle der Not (vgl. §. 41) zu sein. Auch steht die Beurteilung, ob ein solcher dringender Fall vorliegt, dem anordnenden Vorgesetzten des Schiffsmanns zu, der letztere ist nicht befugt, die Arbeit um deswillen zu verweigern, weil ein Fall der Dringlichkeit oder des Aufsichtsdienstes oder einer Arbeit zur Verpflegung und Bedienung an Bord befindlicher Personen nicht vorliege. Denn der Schiffsmann ist nach §. 34 zur unweigerlichen Gehorsams- und Arbeitsleistung verpflichtet, er darf zutreffenden Falles nur den Überstundenlohn gemäß §. 35 Abs. 3 fordern. (Vgl. §. 96 Nr. 2.) — Perels (Anm. 2 zu §. 35) rechnet das Seeklarmachen des Schiffes regelmäßig zu den dringenden Arbeiten. — Über den Fall, daß die Anordnung außerhalb des Dienstzweiges des Vorgesetzten liegt s. §§. 34 und 3.

b. Was unter Aufsichtsdienst im Sinne des Abs. 1 zu verstehen sei, ist aus dem Gesetze nicht zu entnehmen. Da es sich hier aber nur um eine Aufsicht seitens der Schiffsmannschaft im engeren Sinne handelt, so wird darunter wohl die Aufsicht über Landarbeiter, die mit der Beladung, Verstauung und Löschung beschäftigt sind, zu verstehen sein. Hat der Schiffsmann in den Tropen einschließlich des Aufsichts-, Bedienungs- und Verpflegungsdienstes an einem Tage zehn Stunden gearbeitet, so ist eine weitere Arbeitsleistung nach Abs. 1 Satz 1 und Abs. 3 zu beurteilen.

c. Der Wachtdienst ist bei Berechnung der Arbeitszeit in vollem Umfange anzurechnen.

Die Vorschriften des Abs. 1 finden auf Schiffsoffiziere keine Anwendung. Den Schiffsoffizieren ist im Hafen oder auf der Rhede eine Ruhezeit von mindestens acht Stunden innerhalb jeder vierundzwanzig Stunden zu gewähren.[3])

Arbeit, welche über die im Abs. 1 bestimmte Dauer von zehn oder acht Stunden geleistet wird, ist als Ueberstundenarbeit zu vergüten, soweit sie nicht zur Verpflegung und Bedienung der an Bord befindlichen Personen oder zur Sicherung des Schiffes in dringender Gefahr erforderlich ist.[4])

Werktag auf See. **§. 36**[1]) **[neu].**

Auf See geht die Mannschaft des Decks- und Maschinendienstes Wache um Wache.[2]) **Die abgelöste Wache darf nur in dringenden Fällen zu Schiffsdiensten verwendet werden.**

---

3) Die den Schiffsoffizieren im Hafen oder auf der Reede zu gewährende Ruhezeit muß innerhalb jeder der auf das Eintreffen des Schiffes oder des Offiziers folgenden 24 Stunden (nicht innerhalb jedes Kalendertages) 8 Stunden betragen.

4) a. Als **Überstundenarbeit** im Sinne von §. 35 Abs. 3 ist jede über die Normal-arbeitszeit von zehn bezw. acht Stunden geleistete Arbeit anzusehen, es sei denn, daß es sich um einen der Ausnahmefälle des Abs. 3 handelt. Insbesondere fällt eventl. unter den Begriff der Überstundenarbeit auch der Aufsichtsdienst, der Wachtdienst und die Arbeit zum „Seeklarmachen" des Schiffes. In letzterer Hinsicht ist folgendes zu bemerken: Nachdem der Reichstag in dritter Lesung (Sten. Ber. S. 5082) es abgelehnt hat, das Seeklarmachen des Schiffes von der Vergütung als Überstundenarbeit auszuschließen und einen entsprechenden Passus in Abs. 3 dieses Paragraphen gestrichen hat, muß die über die normale Werktags-Arbeitszeit hinaus geleistete Arbeit, auch wenn sie das Seeklarmachen betraf, als Überstundenarbeit vergütet werden, es sei denn, daß einer der Ausnahmefälle des Abs. 3 vorliegt.

Unerheblich ist, ob die zu vergütende Überstundenarbeit freiwillig übernommen ist.

b. Die Vergütung für die Überstundenarbeit darf nach §. 14 Abs. 2 nicht als erhöhte Heuer, sondern muß als Stundenlohnsatz festgesetzt werden und ist unter Zugrundelegung dieses Maßstabes zu entrichten. — Hinsichtlich der regelmäßigen Berechnung der Überstunden und des Lohnes vgl. §. 49.

c. Die Schiffsoffiziere erhalten mangels besonderer Abrede keine Vergütung für Überstundenarbeit (§. 40).

Zu §. 36.

1) Die bisherige S.O. enthielt keine Vorschriften über die Ruhezeit der Schiffsmannschaft auf See. Das neue Gesetz entbehrt für den Werktag auf See, im Gegensatze zum Werktag im Hafen, zwar einer Bestimmung über das Höchstmaß der Arbeitszeit, es hat aber für die Mannschaft des Decks- und Maschinendienstes einschließlich der Offiziere (§. 3 Abs. 2) das „Wache um Wachegehen" eingeführt, dergestalt, daß die abgelöste Wache nur in dringenden Fällen zu Schiffsdiensten angehalten werden kann. Eine anderweite Vereinbarung ist nach §. 1 Abs. 2 ausgeschlossen. Jedoch findet alles Vorstehende keine Anwendung für Fahrten von nicht mehr als zehnstündiger Dauer (§. 36 Abs. 1 Satz 4), für Seeschlepper, Bergungsfahrzeuge in Tätigkeit, sowie für Hochseefischereifahrzeuge (§. 135), und kann auch für kleinere Fahrzeuge (Küstenfahrer u. s. w.) durch Verordnung des Bundesrats ganz oder teilweise ausgeschlossen werden (§. 134).

Für das Aufwartepersonal ist eine gesetzliche Bestimmung über die Diensteinteilung nicht getroffen, hier unterliegt alles der Vereinbarung bezw. der Schiffsordnung.

2) Beim **„Wache um Wachegehen"** ist die Mannschaft in Wachen eingeteilt, von denen die eine den regelmäßigen Dienst hat, während die andere dienstfrei ist. Die Zeitdauer der einzelnen Wache ist im Gesetze nicht bestimmt, also der Schiffsordnung überlassen. Als selbst-verständlich ist zu erachten, daß die abgelöste Wache die Reinigung der von ihr benutzten Räume

Auf Dampfschiffen ist die ablösende Maschinenwache verpflichtet, das vor der Ablösung erforderliche Aschehieven zu besorgen. Diese Vorschriften gelten nicht für Fahrten von nicht mehr als zehnstündiger Dauer.

Auf Dampfschiffen in transatlantischer Fahrt wird für das Maschinenpersonal der Dienst in drei Wachen eingetheilt.[3])

Unter welchen Umständen im Uebrigen eine Mannschaft in mehr als zwei Wachen zu gehen hat, bestimmt der Bundesrath.

§. 37[1]) [neu]. **Sonntag im Hafen.**

An Sonn- und Festtagen dürfen, solange das Schiff im Hafen oder auf der Rhede

---

und Sachen zu besorgen hat, nur das Aschehieven auf Dampfschiffen hat die ablösende Maschinenwache zu bewirken — Nachlässigkeit im Wachtdienste ist strafbar, wenn sie in gröblicher Weise erfolgt (§. 96 Nr. 1).

3) a. Das Dreiwachensystem ist gesetzlich nur für das Maschinenpersonal in transatlantischer Fahrt vorgeschrieben, der Bundesrat kann jedoch auch für andere Fahrten und für die übrige Schiffsmannschaft einschließlich der Offiziere bestimmen, daß sie in mehr als zwei Wochen zu gehen hat (§. 36 Abs. 4, §. 4).

b. Die transatlantische Fahrt wurde im Reichstage von dem Regierungsvertreter dahin definiert (Sten. Ber. S. 2842), daß sie eine Zusammenfassung dessen sei, was in den See-Unfallverhütungsvorschriften unter atlantischer und langer Fahrt verstanden wird. Nach diesen Vorschriften (§. 94 für Dampfer und §. 82 für Segelschiffe) ist:

Wattfahrt die Fahrt auf Watten, Haffen, Bodden, Föhrden und ähnlichen Gewässern, wo hoher Seegang ausgeschlossen ist;

Kleine Küstenfahrt die Fahrt längs den Küsten des Festlandes und den Inseln der Nordsee vom Kap Gris-Nez bis zum Agger-Kanal, einschließlich Fahrten vom Festlande nach Helgoland, im Kattegat, südlich von Frederikshavn und Gothenburg, in den Belten und im Sund, sowie längs den Küsten der Ostsee;

Große Küstenfahrt die Fahrt zwischen allen Häfen Europas und im Mittelländischen und Schwarzen Meere, sowie die Fahrt in überseeischen Gewässern ähnlicher Art;

Atlantische Fahrt die Fahrt innerhalb des Atlantischen Ozeans und die Fahrt innerhalb des Indischen und Stillen Ozeans;

Lange Fahrt diejenige Fahrt, welche die für die vorstehenden Fahrten festgesetzten Grenzen überschreitet.

(Vgl. amtliche Nachrichten des Reichs-Versicherungsamts 1899 S. 169ff.) Danach ist z. B. die Fahrt von einem europäischen Hafen nach einem Hafen des Mittelländischen oder Schwarzen Meeres nicht als eine transatlantische zu erachten.

Zu §. 37.

1) Die bisherige S.O. gab keine Vorschriften über **Sonntagsruhe** für die Schiffsmannschaft. §. 37 des neuen Gesetzes stellt in Abs. 1 das Prinzip auf, daß an Sonn- und Festtagen (über den Begriff der letzteren s. §. 39), so lange das Schiff im Hafen oder auf der Reede liegt, von der Schiffsmannschaft Arbeiten, einschließlich des Wachtdienstes, nur gefordert werden dürfen, soweit sie durch den Personenverkehr bedingt oder unumgänglich oder unaufschieblich sind. Von diesen Ausnahmen abgesehen, kann demnach die Verweigerung der Sonntagsarbeit im Hafen oder auf der Reede keine Dienstpflichtverletzung im Sinne des §. 96 Nr. 2 bilden. Eine Abänderung der Vorschrift des §. 37 durch Vertrag ist ausgeschlossen (§. 1 Abs. 2). Da jedoch ein Verbot der Sonntagsarbeit im Hafen, mit Ausnahme des Löschens und Ladens nach näherer Maßgabe des Abs. 2, nicht statuiert und nur bestimmt ist, daß die Arbeiten nicht gefordert

liegt, Arbeiten, einschliesslich des Wachtdienstes, nur gefordert werden, soweit sie unumgänglich oder unaufschieblich oder durch den Personenverkehr bedingt sind.[2])

Mit Löschen und Laden dürfen, solange das Schiff innerhalb des Reichsgebiets im Hafen oder auf der Rhede liegt, die zur Schiffsmannschaft gehörigen Personen an Sonn- und Festtagen nicht beschäftigt werden. Diese Vorschrift gilt nicht für die Ladung derjenigen Dampfschiffe, welche in regelmässigem Fahrplane die Kaiserlich deutsche Post befördern und für die zum Löschen und Laden dieser Dampfschiffe dienenden Fahrzeuge sowie für das Gepäck der Reisenden und für leicht verderbende Güter. Ausserdem können von einer durch die Zentralbehörde des Bundesstaats zu bestimmenden Behörde in Nothfällen Ausnahmen von dieser Vorschrift auf jedesmaligen Antrag gestattet werden.[3])

Sonn- und Festtagsarbeit (Abs. 1, 2) ist als Ueberstundenarbeit zu vergüten, soweit sie nicht zur Verpflegung und Bedienung der an Bord befindlichen Personen oder zur Sicherung des Schiffes in dringender Gefahr erforderlich ist.[4])

Soweit nicht dringende Gründe entgegenstehen, ist an Sonn- und Festtagen im

---

werden dürfen, so können auch andere Arbeiten als die in Abs. 1 bezeichneten von der Schiffsmannschaft freiwillig geleistet werden. Die Schiffsoffiziere stehen hinsichtlich der Verpflichtung zur Sonntagsarbeit und ihrer freiwilligen Leistung der Schiffsmannschaft gleich (§. 3 Abs. 2). Betreffs der Vergütung für geleistete Sonntagsarbeit s. Abs. 3 und Anm. 4.

Die Vorschrift des §. 37 findet keine Anwendung auf Seeschlepper (§. 135 Nr. 1), auf Bergungsfahrzeuge, soweit diese in Tätigkeit sind (§. 135 Nr. 2), und kann durch Verordnung des Bundesrats für kleinere Fahrzeuge ganz oder teilweise ausgeschlossen werden (§. 134). Auf Hochseefischereifahrzeuge findet §. 37 Abs. 2 keine Anwendung.

2) Ob die geforderten Arbeiten unumgänglich oder unaufschieblich oder durch den Personenverkehr bedingt sind, entscheidet der zuständige Vorgesetzte des Schiffsmanns. Vgl. Anm. 3 zu §. 3. Reparaturarbeiten werden vielfach zu den unaufschieblichen zu rechnen sein.

3) a. **Löschen und Laden** seitens der zur Schiffsmannschaft gehörigen Personen ist in den Häfen und Reeden des Reichsgebiets (nicht der Schutzgebiete, s. §. 6) an Sonn- und Festtagen verboten, soweit nicht §. 37 Abs. 2 Ausnahmen zuläßt. Kapitän und Reeder, die diesem Verbote zuwiderhandeln, werden bestraft (§. 114 Nr. 6, §. 118). Außer den regelmäßigen Ausnahmen von diesem Verbote, die in Abs. 2 Satz 2 aufgeführt sind, können von einer durch die Zentralbehörde des Bundesstaats zu bestimmenden Behörde in Notfällen auf Antrag Ausnahmen zugelassen werden. Als solche Notfälle kommen namentlich Eisgang, fallendes Wasser, aber auch kommerzielle Ereignisse, Strikes u. s. w. in Betracht.

Auf Hochseefischereifahrzeuge findet das Verbot des Löschens und Ladens an Sonn- und Festtagen keine Anwendung (§. 135 Nr. 3). Die Lösch- und Ladearbeiten der sogen. Landarbeiter (Stauer- und Schauerleute) werden nicht durch die Seemannsordnung, sondern durch die Gew.O. und durch die zu dieser erlassenen Polizeivorschriften geregelt.

b) Das von der Reichstagskommission beschlossene Verbot des Ausfahrens von Dampfschiffen in transatlantischer Fahrt an Sonntagen ist vom Reichstag gestrichen worden.

4) Abs. 3 handelt von der **Vergütung für geleistete Sonn- und Festtagsarbeit** und stellt das Prinzip auf, daß jede Sonn- und Festtagsarbeit, gleichviel ob sie gefordert werden durfte (Abs. 1 und Abs. 2 Satz 2 und 3) oder lediglich freiwillig geleistet worden ist, mit Überstundenlohn zu vergüten ist, es sei denn, daß die Arbeiten zur Verpflegung und Bedienung der an Bord befindlichen Personen oder zur Sicherung des Schiffes in dringender Gefahr erforderlich waren. Darüber, ob diese Ausnahmefälle vorliegen und deshalb keine Vergütung zu entrichten ist, ist im Streitfalle im Wege Rechtens zu entscheiden. Betreffs der regelmäßigen Berechnung der Überstunden und des Lohnes dafür vgl. §. 49.

Die Schiffsoffiziere haben mangels besonderer Vereinbarung keine Vergütung für geleistete Sonn- und Festtagsarbeit zu fordern (§. 40).

Hafen und auf der Rhede der Schiffsmannschaft Gelegenheit zur Theilnahme am Gottesdienst ihrer Konfession zu geben und der hierzu erforderliche Urlaub zu ertheilen.[5])

§. 38 [neu]. **Sonntag auf See.**

Auf See darf an Sonn- und Festtagen über das hinaus, was zur Sicherheit und zur Fahrt des Schiffes, zur Bedienung der Maschine, zum Segeltrocknen, Bootsdienst und zur Verpflegung und Bedienung der an Bord befindlichen Personen unbedingt erforderlich ist, der Schiffsmannschaft Arbeit nur in dringenden Fällen auferlegt werden.[1])

Die Vorschrift des §. 37 **Abs.** 4 **findet auf See entsprechende Anwendung. Auch ist dem Schiffsmanne, der es verlangt, die Theilnahme an gemeinschaftlichen Andachten seiner Konfession zu gestatten.[2])**

§. 39[1]) [neu]. Festtage.

Als Festtage im Sinne der §§. 37, 38 **gelten im Inlande[2]) die von der Landes-**

---

5) Da nach §. 39 Satz 2 als Festtage im Auslande auch die kirchlich gebotenen Festtage des Liegeorts gelten, so ist den Schiffsleuten, soweit nicht dringende Gründe entgegenstehen, Urlaub zur Teilnahme an dem Gottesdienst ihrer Konfession auch dann zu erteilen, wenn ein am Liegeort kirchlich gebotener Festtag im Heimatshafen des Schiffes nicht als gebotener Festtag zu erachten ist.

Auch hier ist, wie im Falle des §. 34, eine Eintragung der Urlaubsverweigerung in das Tagebuch nicht vorgeschrieben; der Kapitän wird aber zweckmäßig eine Aufzeichnung der Gründe zu bewirken haben, da er beim Fehlen dringender Gründe nach §. 114 Nr. 6 bestraft wird. Vgl. Anm. 2 zu §. 34. Hinsichtlich der Bestrafung des Reeders s. §. 118.

Zu §. 38.

1) §. 38 regelt die **Sonntagsarbeit auf See** und gibt in Abs. 1 die Vorschrift, daß an Sonn- und Festtagen der Schiffsmannschaft und den Schiffsoffizieren außer demjenigen, was zur Sicherheit und zur Fahrt des Schiffes u. s. w. unbedingt erforderlich ist, Arbeiten nur in dringenden Fällen auferlegt werden dürfen. Diese Bestimmung lehnt sich an §. 44 des norwegischen Gesetzes vom 20. Juli 1893 an und ist von der Reichstagskommission eingefügt worden. Darüber, ob ein Fall der Sonntagsarbeit gegeben ist, entscheidet der anordnende zuständige Vorgesetzte des Schiffsmanns; der Schiffsmann hat einer solchen Anordnung nachzukommen, aber es tritt Bestrafung nach §. 114 Nr. 6 und §. 118 ein, wenn die gesetzlichen — allerdings sehr unbestimmten — Voraussetzungen für die Arbeitsforderung nicht vorgelegen haben. Vgl. §. 135 Nr. 1—3.

Ein Anspruch auf Überstundenlohn für Sonntagsarbeit auf See ist nicht gegeben.

2) Nicht erforderlich ist, daß die gemeinschaftlichen Andachten von einem Geistlichen abgehalten werden. Aus dringenden Gründen kann hier wie im Falle des §. 37 Abs. 4 das Verlangen des Schiffsmanns abgelehnt werden, da §. 37 Abs. 4 hier entsprechende Anwendung finden soll.

Zu §. 39.

1) Über Beginn und Ende der Festtage ist hier, abweichend von §. 105 b Gew.O., nichts bestimmt. Ein in der Reichstagskommission gestellter Antrag auf Einfügung des Satzes:

> „Die Sonn- und Festtage beginnen um 12 Uhr nachts und dauern, wenn zwei Sonn- und Festtage aufeinander folgen, bis 6 Uhr abends des zweiten Tages"

fand nicht die Billigung der Kommission. Die Sonn- und Festtage werden daher auf dem Schiffe in ihrer kirchlich gebotenen oder sonst allgemein üblichen Dauer zu beachten sein.

2) Vgl. §. 6 Abs. 1.

regierung des Liegeorts bestimmten Tage, im Ausland und auf See die Festtage des inländischen Heimathshafens; in Ermangelung eines solchen werden die Festtage durch Anordnung des Reichskanzlers bestimmt.[3]) Im Sinne des §. 37 Abs. 4 gelten als Festtage im Ausland auch die kirchlich gebotenen Festtage des Liegeorts.[4])

§. 40 [neu].

Überstundenarbeit der Schiffsoffiziere.

Die Vorschriften des §. 35 Abs. 3 und des §. 37 Abs. 3 finden auf Schiffsoffiziere keine Anwendung, sofern nicht ein Anderes vereinbart ist.

§. 41. [§. 32.]

Arbeit bei Seegefahr und Schiffbruch.

Bei Seegefahr, besonders bei drohendem Schiffbruche, sowie bei Gewalt und Angriff gegen Schiff oder Ladung hat der Schiffsmann alle befohlene Hülfe zur Erhaltung von Schiff und Ladung unweigerlich zu leisten und darf ohne Einwilligung des Kapitäns, solange dieser selbst an Bord bleibt, das Schiff nicht verlassen.

Er bleibt verbunden, bei Schiffbruch für Rettung der Personen und ihrer Sachen sowie für Sicherstellung der Schiffstheile, der Geräthschaften und der Ladung, den Anordnungen des Kapitäns gemäss, nach besten Kräften zu sorgen und bei der Bergung gegen Fortbezug der Heuer und der Verpflegung Hülfe zu leisten.

---

3) Da es vorkommen kann (vgl. Anm. 2 zu §. 24), daß deutsche Schiffe, auf welche die Seemannsordnung Anwendung findet, keinen inländischen Heimatshafen haben, so ordnet für sie der Reichskanzler die Festtage an.

4) Diese Bestimmung sichert, falls nicht dringende Gründe entgegenstehen, den dentschen Schiffsleuten im ausländischen Liegeort die Teilnahme an einem dort stattfindenden Festtagsgottesdienste ihrer Konfession, auch wenn der im Liegeort kirchlich gebotene Festtag im inländischen Heimatshafen oder sonst nicht geboten ist. In solchem Falle aber wird die Schiffsmannschaft zu Arbeiten, welche den am Liegeort bestehenden Vorschriften nicht zuwiderlaufen, angehalten werden können.

Zu §. 40.

Während für die Schiffsmannschaft der Überstundenlohn vertragsmäßig nicht ausgeschlossen werden kann, haben die Schiffsoffiziere nur im Falle besonderer Abrede einen Anspruch auf Vergütung für Sonn- und Festtagsarbeit und für Leistungen über die Maximalarbeitszeit (§. 35 Abs. 2) hinaus.

Zu §. 41.

Nach §. 69 endet der Heuervertrag, wenn das Schiff durch einen Zufall verloren geht, insbesondere wenn es verunglückt. Die Bestimmung des §. 41 Abs. 2, welche im wesentlichen bereits im Art. 542 Abs. 3 A.D.H. enthalten war, war daher erforderlich um klarzustellen, daß der Schiffsmann noch nach dem Schiffbruche bei der Bergung mitzuwirken schuldig ist, und welche Vergütung er für solche Dienste zu fordern habe. Berge- oder Hilfslohn steht dem Schiffsmann in diesem Falle nicht zu (§. 740 Abs. 3 H.G.B.). Hinsichtlich des Kapitäns vgl. §. 517 H.G.B. Im Falle der Rettung oder Bergung eines fremden Schiffes, sei es auch derselben Reederei, hat die Mannschaft Anspruch auf besondere Entlohnung (H.G.Z. 1872 S. 162).

§. 42. [§. 33.] Mitwirkung bei der Verklarung.

Der Schiffsmann ist, auch wenn der Heuervertrag in Folge eines Verlustes des Schiffes beendigt ist (§. 69), verpflichtet, auf Verlangen bei der Verklarung mitzuwirken und seine Aussage eidlich zu bestärken.[1])

Dieser Verpflichtung hat er gegen Zahlung der etwa erwachsenden Versäumniss-, Reise- und Verpflegungskosten, deren Höhe im Streitfalle die Verklarungsbehörde, im Auslande der Konsul, festzusetzen hat, nachzukommen. Auf Verlangen des Schiffsmanns ist ihm für die Versäumniss-, Reise- und Verpflegungskosten ein angemessener Vorschuss zu zahlen.[2])

§. 43. [§. 34.] Herabsetzung in Rang und Heuer.

Stellt sich nach Antritt der Reise heraus, dass der Schiffsmann zu dem Dienste, zu welchem er sich verheuert hat, untauglich ist, so ist der Kapitän befugt, ihn im Range herabzusetzen und seine Heuer verhältnissmässig zu verringern. Diese Befugniss besteht nicht gegenüber Schiffsoffizieren.[1])

Zu §. 42.

1) Zur Ablegung der Verklarung ist nach §. 522 H.G.B. (vgl. §. 555) der Kapitän und, wenn dieser gestorben oder behindert ist, der im Range nächste Schiffsoffizier berechtigt und verpflichtet. Hinsichtlich der Mannschaft ist eine Pflicht, auch ohne Aufforderung nach dem Wegfallen des Schiffers und der Schiffsoffiziere selbständig Verklarung abzulegen, nicht anerkannt worden (P. S. 1876); die Mannschaft hat nur die Pflicht, auf Verlangen bei der Verklarung mitzuwirken und, soweit sie eidesmündig ist, solche eidlich zu bestärken. Vgl. §. 15 G.fr.G., §. 485 C.P.O., §. 68 d. G.

2) a. Abs. 2 spricht zur Vermeidung hervorgetretener Zweifel dem Schiffsmann auch Verpflegungskosten zu und trifft über die Festsetzung der ihm zustehenden Gebührnisse Bestimmung. Für diese Gebührnisse ist ebenso wie für die aus den Dienst- und Heuerverträgen entspringenden Forderungen der Reeder persönlich verpflichtet (§. 487 H.G.B.). Vgl. §. 754 Nr. 3 H.G.B. und Artikel 542 Abs. 3 A.D.H. Da jedoch nach dem Wortlaute des §. 42 Abs. 2 der Schiffsmann die Verpflichtung zur Mitwirkung bei der Verklarung nur gegen Zahlung der Versäumnis-, Reise- und Verpflegungskosten zu erfüllen hat, so ist zu dieser Zahlung ebenso wie zu der in Satz 2 erwähnten Vorschußleistung zunächst der Kapitän verbunden; dieser hat dann den Rückgriff gegen den Reeder. Der Schiffsmann wird seine Mitwirkung bis zur Leistung des Vorschusses ablehnen dürfen (§. 15 G.fr.G., §. 401 C.P.O., §. 166 Abs. 3 G.V.G.).

b. Verklarungsbehörde ist im Reichsgebiete das Amtsgericht des Bestimmungshafens bezw. des Nothafens oder desjenigen Ortes, wo die Reise endet (§§. 524, 522 Abs. 2 H.G.B., §. 145 G.fr.G.), in den Schutzgebieten der von dem Reichskanzler zur Ausübung der Gerichtsbarkeit ermächtigte Beamte (§. 2 Sch.G.G., §. 7 Nr. 2 G.K.G.), im Auslande der Konsul (§. 36 G.O.B, §. 7 Nr. 2 G.K.G.). Im Fall eines Streites über die Höhe des Vorschusses wird die Verklarungsbehörde, welcher die endgültige Festsetzung der dem Schiffsmann zuzubilligenden Gebührnisse zusteht, zunächst über den Betrag des Vorschusses zu befinden haben (§. 15 G.fr.G, §. 379 C.P.O.).

Zu §. 43.

1) Da der Kapitän Schiffsleute, die sich nach Antritt der Reise als zu dem übernommenen Dienst untauglich erweisen, bis zur Rückkehr behalten muß (vgl. §. 70 Nr. 1), so ist ihm das Recht der Degradation und der Verringerung der Heuer eingeräumt. Die Durchführung dieser Maßregel setzt eine Fortdauer des Dienstverhältnisses und eine weitere Verwendung des Schiffsmanns auf dem Schiffe voraus. Wird der Schiffsmann wegen mangelnder Tauglichkeit entlassen, so kann seinem Ersatzanspruche nicht der Einwand aus §. 43 entgegengesetzt werden

Wird von dieser Befugniss Gebrauch gemacht, so hat der Kapitän die getroffene Anordnung und die die Anordnung begründenden Thatsachen, sobald thunlich, in das Schiffstagebuch einzutragen, die Eintragung dem Schiffsmanne vorzulesen und in dem Tagebuche zu vermerken, dass und wann dies geschehen ist.[2]) Vor der Eröffnung und Eintragung tritt die Verringerung der Heuer nicht in Wirksamkeit.

Dem Schiffsmann ist auf Verlangen eine vom Kapitän unterzeichnete Abschrift der Eintragung auszuhändigen.

Gegen die getroffene Anordnung kann der Schiffsmann die Entscheidung des Seemannsamts anrufen, welches zuerst angegangen werden kann. Erst nach Entscheidung des Seemannsamts, falls aber ein solches nicht angerufen ist, bei der Abmusterung, dürfen Eintragungen über den Sachverhalt in das Seefahrtsbuch, und zwar nur durch das Seemannsamt, vorgenommen werden.

§. 44. [§. 35.]

Beginn des Anspruchs auf Heuer.

Die Heuer ist vom Tage der Anmusterung, falls diese dem Dienstantritte vorangeht, sonst vom Tage des Dienstantritts an zu zahlen.

Als Dienstzeit gilt auch die zur Erreichung des Meldeorts (§. 32) erforderliche Reisezeit.

(H.G.Z. 1882 S. 153). Die Schiffsoffiziere kann der Kapitän zwar nicht degradieren, weil ihre Befähigung durch einen staatlichen Nachweis festgestellt ist (§. 1 Abs. 2), er darf auch ihre Heuer nicht herabsetzen, aber das Recht, sie bei hervortretender Untauglichkeit ihrer Funktionen zu entheben, kann dem Kapitän aus Rücksicht auf die Sicherheit von Schiff und Mannschaft nicht abgesprochen werden, obwohl es im Gesetze nicht ausdrücklich erwähnt ist. Vgl. P. 1992 zu Art. 543 A.D.H.

Der Fall, daß der Schiffsmann oder Schiffsoffizier noch vor Antritt der Reise sich als zu dem übernommenen Dienst untauglich erweist, ist in §. 70 behandelt. Vgl. auch §. 134.

2) Die hier und in Abs. 3 dem Kapitän auferlegten Verpflichtungen, insbesondere die Eintragung in das Schiffstagebuch, sind von ihm persönlich zu erfüllen; insofern liegt die Führung des Schiffstagebuchs, abweichend vom §. 519 Abs. 2 H.G.B. dem Kapitän bezw. dessen Stellvertreter (§. 3 Abs. 1) persönlich ob.

Zu §. 44.

Nach den Grundsätzen des bürgerlichen Rechtes über den Dienstvertrag ist die Vergütung in der Regel von dem Zeitpunkte des Dienstantritts ab zu leisten. Mit Rücksicht jedoch auf den häufig vorkommenden Fall, daß die Schiffsmannschaft im voraus für die Zeit der Wiedereröffnung der Schiffahrt angeheuert und zur Sicherheit auch angemustert wird (vgl. §. 32 und Anm. 1), ist hier aus Gründen der Billigkeit bestimmt, daß der Schiffsmann ausnahmsweise, falls die Anmusterung dem Dienstantritt vorangeht, die Heuer schon vom Tage der Anmusterung an zu beanspruchen hat. Auf Gründen der Billigkeit beruht auch die Bestimmung des Abs. 2, daß der Schiffsmann, welcher für ein im auswärtigen Hafen liegendes Schiff angeheuert ist, eine Vergütung für die zur Erreichung des Meldeorts erforderliche Reisezeit in Form der Heuerzahlung erhält. Die Anmusterung braucht in diesem Falle nicht voraufgegangen zu sein.

Hinsichtlich des Zeitpunktes, bis zu welchem die Heuer zu berechnen und an welchem sie zu zahlen ist, vgl. §§. 45, 46, 53.

Einen in der Zeit von der Anmusterung bis zum Dienstantritt durch anderweitige Verwendung seiner Dienste erlangten Lohn braucht der Schiffsmann sich nicht anrechnen zu lassen. Vgl. §. 134.

§. 45. [§. 36.]

Fälligkeit der Heuer. Abschlagszahlungen.

Die Heuer hat der Schiffsmann, sofern keine andere Vereinbarung getroffen ist, erst nach Beendigung der Reise oder des Dienstverhältnisses zu beanspruchen.[1])

Der Schiffsmann kann jedoch in einem Hafen, in welchem das Schiff ganz oder zum grösseren Theil entlöscht wird, die Auszahlung der Hälfte der bis dahin verdienten Heuer (§. 80) verlangen, sofern bereits drei Monate seit der Anmusterung verflossen sind. In gleicher Weise ist der Schiffsmann bei Ablauf je weiterer drei Monate nach der früheren Auszahlung wiederum die Auszahlung der Hälfte der seit der letzten Auszahlung verdienten Heuer zu fordern berechtigt.[2])

Ist die Anheuerung auf Zeit erfolgt (§. 28), so kann der Schiffsmann bei Rückkehr in den Hafen der Ausreise die bis dahin verdiente Heuer beanspruchen.

§. 46 [neu].

Heuerzahlung bei Beendigung des Dienstverhältnisses.

Die Auszahlung des dem Schiffsmanne bei der Beendigung des Dienstverhältnisses zustehenden Heuerguthabens muss an ihn persönlich und, soweit nicht im Auslande die dortigen Gesetze eine andere Behörde bestimmen, vor dem abmusternden Seemannsamt oder durch dessen Vermittelung geschehen und von diesem in der Abmusterungsverhandlung bescheinigt werden. Bei Verhinderung des Schiffsmanns ist mit dessen Zustimmung die Auszahlung an ein Familienmitglied zulässig. In einer Gast- oder Schankwirthschaft darf die Auszahlung nicht vorgenommen werden.[1])

Zu §. 45.

1) Es beruht auf Rücksichten der Disziplin, daß der Schiffsmann die Heuer in Ermangelung einer anderen Verabredung erst nach Beendigung der Reise oder sonstiger Beendigung des Dienstverhältnisses zu *beanspruchen* hat. Frühere Zahlung der Heuer ist jedoch zulässig (§§. 271 Abs. 2, 299 B.G.).

2) Nach §. 36 S.O. konnte der Schiffsmann Abschlagszahlungen erst nach Verlauf von *sechs* Monaten seit der Anmusterung verlangen. Er kann aber auch jetzt die Abschlagszahlungen nicht in jedem Hafen, der angelaufen wird, sondern nur dort fordern, wo das Schiff ganz oder zum größten Teil entlöscht wird, weil sonst der Kapitän vielfach nicht über genügende Zahlungsmittel gebieten würde. — Die Abschlagszahlungen sind an keine Beschränkungen gebunden. (Vgl. §. 46.) Betreffs der Zahlungsmittel vgl. §. 48. Vgl auch Anm. zu §. 80.

Zu §. 46.

1) Die in der bisherigen S.O. nicht enthaltene Vorschrift des §. 46 soll verhindern, daß Fremde, insbesondere Stellenvermittler, Schlafwirte und Agenten das Heuerguthaben des Schiffsmanns in Empfang nehmen und an sich bringen. Sie ist der Bestimmung der Merchant Shipping Act. 1894 Sect. 131 nachgebildet und betrifft die Auszahlung des dem Schiffsmann *bei der Beendigung des Dienstverhältnisses* zustehenden Heuerguthabens. Die danach an den Schiffsmann *persönlich* und, soweit nicht im Auslande die dortigen Gesetze eine andere Behörde bestimmen, vor dem Seemannsamte bezw. durch dessen Vermittelung zu bewirkende Zahlung findet natürlich nicht statt, wenn ihr eine gerichtliche Beschlagnahme oder eine sonstige behördliche Anordnung entgegensteht. Als Vertreter des Schiffsmanns, wenn dieser an der Empfangnahme verhindert ist, sind nach dem Wortlaute des Gesetzes nur seine Familienmitglieder zuzulassen, auch ist hierzu seine Zustimmung erforderlich, die aber nachträglich erteilt werden kann. Der Begriff der „Familienmitgliedschaft" ist nicht näher definiert; nach den Erklärungen in der Reichstagskommission (Kom.Ber. S. 33) soll er nicht bloß die Verwandtschaft im recht-

Von der Mitwirkung des Seemannsamts darf abgesehen werden, wenn sie ohne Verzögerung der Reise nicht herbeigeführt werden kann.[2])

Das Seemannsamt ist verpflichtet, bei der Abmusterung die dem Schiffsmann auszuzahlende Heuer auf dessen Antrag ganz oder theilweise in Empfang zu nehmen und nach Angabe des Schiffsmanns an auswärts wohnende Angehörige desselben oder an Sparkassen oder sonstige Verwahrungsstellen gebührenfrei zu übermitteln. Die durch die Uebermittelung entstehenden baaren Auslagen werden, sofern der Schiffsmann ein Deutscher ist, von dem Rheder getragen.[3])

Heuervorschuß. Handgeld. §. 47. [§. 37.]

Inwieweit vor dem Antritte der Reise Vorschusszahlungen auf die Heuer zu leisten oder Handgelder zu zahlen sind, bestimmt in Ermangelung einer Vereinbarung der Ortsgebrauch des Hafens, in welchem der Schiffsmann angemustert wird.

---

lichen Sinne sondern alles umfassen, was landläufig als zur Familie gehörig bezeichnet wird, z. B. auch die Braut. Ob diese Auslegung des Begriffs „Familienmitglied" zulässig ist, kann zweifelhaft sein, er wird aber sicherlich die Angehörigen im Sinne des §. 52 St.G.B. umfassen. Vgl. auch Abs. 3 und Anm. 1 zu §. 61. Einen Vertreter, der nicht Familienmitglied des Schiffsmanns ist, werden der Kapitän und das abmusternde Seemannsamt zurückweisen müssen. Das Seemannsamt wird zur Klarlegung des Sachverhalts für etwaige spätere Streitigkeiten in der Abmusterungsverhandlung nicht bloß die geschehene Zahlung, sondern auch ihre näheren Modalitäten zu bescheinigen haben. Eine den Vorschriften des §. 46 zuwiderlaufende Auszahlung macht den Kapitän strafbar (§. 114 Nr. 7), sie muß auch, entgegen der in der Begründung S. 62 ausgesprochenen Ansicht, civilrechtlich als nicht geschehen behandelt werden, wenn sie z. B. an einen gewerbsmäßigen Stellenvermittler bewirkt wird. Denn eine solche Auszahlung widerspricht dem zwingenden Wortlaut des §. 46 Abs. 1 und läuft dem erstrebten sozialen Zweck so sehr zuwider, daß ihr das Recht die Anerkennung versagen muß. A. M. Perels Anm. 3 zu §. 16. Gegen eine Klage des Schiffsmanns auf nochmalige Zahlung des Heuerguthabens, weil die erste an einen von ihm bestellten unzulässigen Vertreter geschehen ist, wird allerdings, wenn der Kapitän gutgläubig war, mit einer Schadenersatzforderung aus §§. 309, 307 B.G. aufgerechnet werden können, auch darf eine solche Klage nicht zur Bereicherung des Schiffsmanns führen.

Betreffs der Abschlagszahlungen (§. 45 Abs. 2 und 3) sind solche Kautelen wie in §. 46 nicht vorgesehen.

2) Da nach §. 25 bei einer während der Reise erfolgten Änderung im Mannschaftsbestande die Abmusterung unterbleiben kann, wenn durch sie die Reise verzögert werden würde, so darf in solchem Falle im Inlande und im Auslande von der Mitwirkung des Seemannsamts bei der Auszahlung abgesehen werden. Die übrigen Vorschriften des §. 46 Abs. 1 bleiben aber zu beachten.

3) Die in Abs. 3 vorgesehene Mitwirkung des Seemannsamts erfolgt nur auf Antrag des Schiffsmanns, die Übermittelung an Sparkassen und Verwahrungsstellen allgemein, an Angehörige nur wenn sie auswärts wohnen. Die Gebührenfreiheit der Mitwirkung des Seemannsamts kommt allen Schiffsleuten, gleichviel ob sie Deutsche oder Ausländer sind, zu gute.

Zu §. 47.

Betreffs der Zahlungsmittel bei Vorschußleistungen s. §. 48. Ob das Handgeld auf die Heuer anzurechnen ist, und ob es als Reugeld angesehen werden kann, ist in Ermangelung besonderer Vereinbarung zunächst nach dem Ortsgebrauch des Anmusterungshafens zu beantworten, da die Vorschriften der §§. 336 Abs. 2, 337 Abs. 1 B.G. nur im Zweifel gelten, solche

§. 48. [§. 38.]

Art der Heuerzahlung. Anweisungen.

Alle Zahlungen an Schiffsleute müssen nach Wahl derselben, Vorschusszahlungen jedoch nach Wahl des Kapitäns, entweder in baar oder mittelst einer auf den Rheder ausgestellten Anweisung geleistet werden. Die Zahlbarkeit der Anweisungen darf bei Vorschusszahlungen an die Bedingung geknüpft werden, dass der Schiffsmann sich bei der Abfahrt des Schiffes an Bord befindet. Im Uebrigen muss die Anweisung unbedingt und auf Sicht gestellt sein.

§. 49. [§. 39.]

Abrechnungsbuch. Heuerbuch. Schlußabrechnung.

Vor Antritt der Reise ist ein Abrechnungsbuch anzulegen, in welchem die verdiente Heuer und der verdiente Ueberstundenlohn in regelmässigen Zeitabschnitten zu berechnen sowie alle auf die Heuer geleisteten Vorschuss- und Abschlagszahlungen und die etwa gegebenen Handgelder, bei Zahlung in fremder Währung auch der zu Grunde gelegte Kurs, einzutragen sind. In dem Abrechnungsbuch ist von dem Schiffsmann über den Empfang jeder Zahlung zu quittiren. Die Zahl der geleisteten Ueberstunden sowie der danach verdiente Ueberstundenlohn ist wöchentlich und spätestens am Tage nach dem jedesmaligen Verlassen eines Hafens in dem Abrechnungsbuche zu vermerken; sodann ist dieser Vermerk dem Schiffsmanne zur unterschriftlichen Anerkennung vorzulegen. Verweigert er die Anerkennung, so ist auch dies und der hierfür angegebene Grund im Abrechnungsbuche zu vermerken.

Zweifel aber nicht bestehen, wenn ein unzweideutiger Ortsgebrauch gilt. Vgl. Anm. 1 C. zu Art. 2 Einf.Ges. Vgl. auch §. 72 d. G., wo die Anrechnung der Handgelder auf die Heuer vorgeschrieben ist.

Zu §. 48.

Nach §. 38 S.O. unterlag die Art der Heuerzahlung insbesondere auch der Vorschußleistung grundsätzlich der freien Vereinbarung. Dies führte namentlich hinsichtlich der Vorschußleistungen zu Mißständen, weil die Vorschüsse vielfach in Anweisungen auf die Heuerbaase gewährt wurden und die Schiffsleute genötigt waren, diese Anweisungen mit Verlust zu versilbern. Andererseits ist dem Schiffsmann häufig mit einer Anweisung gedient, wenn er an seine zurückgelassenen Angehörigen Geld zu schicken hat, er bedarf auch des Vorschusses, um sich auszurüsten und um etwaige Angehörige sicherzustellen, da er erst einige Zeit nach der Anmusterung eine Abschlagszahlung auf die Heuer verlangen kann (§. 45 Abs. 2 und 3). Deshalb schreibt §. 48 vor, daß Anweisungen stets auf den Reeder und auf Sicht lauten müssen, gibt auch — außer bei Vorschußleistungen — dem Schiffsmann die Wahl, ob er die Zahlung in bar oder in einer Anweisung haben will. Eine anderweite Vereinbarung ist ausgeschlossen. Die Zahlbarkeit der Anweisungen darf bei Vorschußleistungen nur an die eine Bedingung geknüpft werden, daß der Schiffsmann sich bei der Abfahrt des Schiffes an Bord befindet. Vorschußnoten auf Stellenvermittler sind nicht mehr zulässig, den Vermittlern ist auch nach §§. 3 und 8 St.V.G. bei Strafe und Verlust der Konzession untersagt, gewerbsmäßig Vorschuß-Anweisungen zu beleihen oder einzuwechseln. Verlustbringend wird für den Schiffsmann auch fernerhin wohl die Veräußerung der bedingten Anweisung sein, da der Erwerber das Risiko trägt, daß der Schiffsmann den Dienst nicht antritt und die Anweisung dann nicht honoriert wird. — Strafvorschrift §. 114 Nr. 7.

Zu §. 49.

Damit das jeweilige Guthaben der Schiffsmannschaft ordnungsmäßig berechnet werde, muß für jede Reise und für die ganze Schiffsmannschaft einschließlich der Schiffsoffiziere ein Abrechnungsbuch angelegt werden, welches in der in Abs. 1 bezeichneten Weise zu führen

Ferner ist jedem Schiffsmanne, der es verlangt, noch ein besonderes Heuerbuch zu übergeben und darin ebenfalls die verdiente Heuer, der verdiente Ueberstundenlohn sowie jede auf die Heuer des Inhabers geleistete Zahlung, bei Zahlung in fremder Währung auch der zu Grunde gelegte Kurs, einzutragen. Vor der Abmusterung ist dem Schiffsmann in diesem Heuerbuche sein Gesammtguthaben zu berechnen.

§. 50. [§. 40.]

Verminderung der Mannschaft. Verteilung ersparter Heuergelder.

Wenn die Zahl der Mannschaft des Decks- oder Maschinendienstes sich während der Reise vermindert und der weitere Verlauf der Reise eine Verminderung der Arbeitsanforderungen nicht in Aussicht stellt, so muss der Kapitän die Mannschaft ergänzen, soweit die Umstände es gestatten.[1]) Solange eine Ergänzung nicht erfolgt, sind die während der Fahrt ersparten Heuergelder unter diejenigen Schiffsleute desselben Dienstzweigs, welchen dadurch eine Mehrarbeit erwachsen ist, nach Verhältniss dieser und der Heuer zu vertheilen.[2]) Ein Anspruch auf die Vertheilung findet jedoch nicht statt, wenn

---

ist. Zur Vermeidung von Streitigkeiten betreffs der geleisteten Überstundenarbeit der Schiffsleute (§§. 35 Abs. 3, 37 Abs. 3, 40) ist vorgeschrieben, daß die Zahl der geleisteten Überstunden und der dadurch verdiente Lohn wöchentlich und spätestens am Tage nach dem jedesmaligen Verlassen eines Hafens im Abrechnungsbuche zu vermerken ist. Gibt der Schiffsmann keinen Grund für die Verweigerung der Anerkennung des Vermerkes an, so ist auch diese Tatsache einzutragen.

Außer dem Abrechnungsbuche ist für jeden Schiffsmann, der es verlangt, ein Heuerbuch anzulegen, ihm zu übergeben und in der in Abs. 2 beschriebenen Weise zu führen. Die vor der Abmusterung darin vorzunehmende Berechnung des Gesamtguthabens ist geeignet, die bei der Abmusterung vorkommenden Streitigkeiten über das Guthaben des Schiffsmanns zu verringern.

Der Kapitän (§. 3 Abs. 1) hat für die Anlegung und ordnungsmäßige Führung der hier bezeichneten Bücher Sorge zu tragen (§. 114 Nr. 8). Vgl. §. 134.

Zu §. 50.

1) §. 50 stellt „den Grundsatz an die Spitze, daß die während der Reise verminderte Mannschaft des Decks- und Maschinendienstes zu ergänzen ist, soweit die Umstände erfordern und gestatten." (Begr. S. 64). Betreffs der übrigen Mannschaft, insbesondere des Aufwartepersonals besteht keine gesetzliche Ergänzungspflicht. Eine Verminderung der Arbeitsanforderungen, welche den Kapitän von der Ergänzungspflicht befreit, steht in Aussicht, wenn z. B. das Schiff auf eine Linie mit geringerer Geschwindigkeit übergeht und infolgedessen weniger Maschinenpersonal gebraucht wird. Als Umstände, welche die Ergänzung nicht gestatten, kommen namentlich unverhältnismäßige Schwierigkeiten der Ersatzbeschaffung und Fahrtverzögerungen in Betracht. Der Kapitän, welcher der Vorschrift des §. 50 zuwider die Mannschaft nicht ergänzt (vgl. §§. 526 Abs. 2, 527, 534 H.G.B.), wird nach §. 114 Nr. 9 bestraft. Ein Verlangen der Mannschaft nach Ergänzung, welches laut §. 40 Abs. 2 S.O. ausschlaggebend war, ist jetzt weder erforderlich noch erheblich, jedoch wird das Seemannsamt auf Antrag eines Schiffsmanns, dem infolge der Verminderung des Bestandes Mehrarbeit angesonnen wird, auf die Ergänzung der Mannschaft hinwirken können. Vgl. Wagner S. 439.

2) Billigkeitsgründe erfordern, daß der Mannschaft, welche trotz Verminderung der Zahl die gesamte Arbeit verrichtet, ein Anspruch auf die infolge der Verringerung ersparte Heuer gewährt wird. Deshalb ist hier in Satz 2 die Verteilung der seit der Verminderung ersparten (nicht der von den fortgefallenen Schiffsleuten bereits verdienten [H.G.Z. 1875 S. 369]) Heuer-

die Verminderung der Mannschaft durch Entweichung herbeigeführt ist und die Sachen des entwichenen Schiffsmanns nicht an Bord zurückgeblieben sind.[3])

§. 51 [neu]. **Vermißter Schiffsmann.**

Wird ein Schiffsmann bei Abfahrt des Schiffes vermisst, so hat der Kapitän demjenigen Seemannsamt, in dessen Bezirke zuerst diese Wahrnehmung gemacht wird, behufs Ermittelung sobald als thunlich Anzeige zu erstatten und das Seefahrtsbuch des Vermissten zu übermitteln.

§. 52.[1]) **[§. 41.]** **Erhöhung von Heuer und Rang.**

In allen Fällen, in welchen ein Schiff mehr als zwei Jahre auswärts verweilt, tritt

---

geldern vorgeschrieben. Abweichende Vereinbarung ist unzulässig (§. 1 Abs. 2). Aus dem Zusammenhange mit Satz 1 ergibt sich aber, daß diese Verteilung nur für das Decks- und Maschinenpersonal, nicht auch bei einer Verringerung der sonstigen Mannschaft stattfindet. Ob eine Möglichkeit der Ergänzung vorlag und nicht benutzt wurde, ist für den Anspruch auf Verteilung unerheblich, entscheidend ist allein die Tatsache der Verminderung des Decks- oder Maschinenpersonals und die Leistung der unverminderten Arbeit. Maßgebend für die Zahl der Mannschaft ist die ursprüngliche Anmusterung, doch rechnen auch nachgemusterte Schiffsleute mit, falls sie zur Ergänzung der unzureichenden ursprünglichen Mannschaft angenommen worden sind. (H.G.Z. 1874 S. 265, 1875 S. 241 und 369; Wagner S. 439.) Andererseits ist der Begriff „Zahl" nicht rein mechanisch zu nehmen; so wird eine Verteilung ersparter Heuergelder vorzunehmen sein, wenn ein Maschinist fortgefallen und ein Heizer neu angestellt, die frühere Zahl des Maschinenpersonals also wieder erreicht ist. (Hans.Ger. 1896 S. 138; Seuffert Archiv Bd. 53 S. 182.) An den ersparten Heuergeldern partizipieren nur diejenigen Schiffsleute bezw. Offiziere des in Betracht kommenden Dienstzweiges, welchen eine Mehrarbeit erwachsen ist, gegebenen Falles also nur die Heizer, wenn ein Heizer, und die Maschinisten, wenn ein Maschinist fortgefallen ist. Auch werden nur die während der Fahrt ersparten Heuergelder verteilt, weil die Arbeitszeit im Hafen schon beschränkt ist und die Überstundenarbeit dort besonders vergütet wird. (§. 35 Abs. 3, §. 37 Abs. 3.) Vgl. Begr. S. 65.

3) Der Zweck dieser Bestimmung ist, die Desertionen einzuschränken. Man ging davon aus, daß eine Mitwissenschaft von Schiffsleuten anzunehmen ist, wenn ein Schiffsmann unter Mitnahme seiner Sachen entweicht, so daß durch eine trotzdem erfolgende Heuerverteilung die Mitwisser begünstigt werden würden. Ist wenigstens der größere Teil der Sachen des entwichenen Schiffsmanns an Bord zurückgeblieben, so bleibt der Verteilungsanspruch bestehen (H.G.Z. 1875 S. 241). Hinsichtlich der bis zur Entweichung verdienten Heuer des entwichenen Schiffsmanns vgl. §. 94.

Zu §. 51.

Diese Bestimmung ist von der Reichstagskommission eingefügt worden. Vgl. Kom.Ber. S. 37. Hinsichtlich der an Bord zurückgebliebenen Sachen des vermißten Schiffsmanns wird der Kapitän, da er die Aufsicht über das Schiff und alle dort befindlichen Sachen hat (vgl. §§. 87, 88, 90) und in jeder Beziehung zur Sorgfalt verpflichtet ist (§. 511 H.G.B.), jedenfalls ordnungsmäßig handeln, wenn er für die Verzeichnung und sorgfältige Aufbewahrung, nötigenfalls auch für öffentliche Versteigerung oder Beseitigung Sorge trägt. Vgl. §. 675 H.G.B. und Anm. 1a dazu; P. 4036.

Zu §. 52.

1) Nach §. 66 ist der für eine Reise geheuerte Schiffsmann mangels besonderer Vereinbarung verpflichtet, bis zur Beendigung der Rückreise, einschließlich etwaiger Zwischenreisen,

für den seit zwei Jahren im Dienste befindlichen Schiffsmann eine Erhöhung der Heuer ein, wenn diese nach Zeit bedungen ist.

Diese Erhöhung wird, wie folgt, bestimmt:

1. **der Schiffsjunge tritt mit Beginn des dritten Jahres in die in der Musterrolle bestimmte oder aus derselben als Durchschnittsbetrag sich ergebende Heuer der Leichtmatrosen und mit Beginn des vierten Jahres in die in der Musterrolle bestimmte Heuer der Vollmatrosen ein;**
2. **der Leichtmatrose erhält mit Beginn des zweiten[2]) Jahres die in der Musterrolle bestimmte Heuer der Vollmatrosen und mit Beginn des vierten Jahres ein Fünftel derselben mehr an Heuer;**
3. **für die übrige Schiffsmannschaft steigt die in der Musterrolle angegebene Heuer mit Beginn des dritten Jahres um ein Fünftel und mit Beginn des vierten Jahres um ein ferneres Fünftel ihres ursprünglichen Betrags.**

In den Fällen des Abs. 2 Nr. 1, 2 tritt der Schiffsmann mit der Erhöhung der Heuer zugleich in die entsprechende Rangklasse ein.

---

im Dienste zu verbleiben (vgl. jedoch §. 74 Nr. 3). Da dies zu einer Dienstleistung führen kann, welche über die ursprünglich beabsichtigte Dauer hinausgeht, bestimmt §. 52 — unter Ausschluß jeder anderweiten Vereinbarung — für die gesamte seit zwei Jahren im Dienste befindliche Schiffsmannschaft einschließlich der Schiffsoffiziere (Ziff. 3) eine Erhöhung der nach Zeit bedungenen Heuer. Die Schiffsjungen und Leichtmatrosen treten nach Abs. 3 zugleich in die der erhöhten Heuer entsprechende Rangklasse ein. Da auf größeren Schiffen Leichtmatrosen von verschiedener Abstufung und Heuer vorhanden zu sein pflegen, so ist in Ziff. 1 neben der in der Musterrolle bestimmten auch die aus derselben als Durchschnittsbetrag sich ergebende Heuer erwähnt.

Hinsichtlich des auf Zeit geheuerten Schiffsmanns und der für ihn zur Anwendung kommenden Erhöhung der Heuer s. §. 67 Abs. 2.

2) Hier liegt ein Redaktionsfehler vor. Denn die Reichstagskommission (Kom.Ber. S. 37) hat an dieser Stelle das frühere Gesetz, welches in §. 40 Nr. 2 das Wort „dritten" enthielt, nicht ändern wollen; offensichtlich ist nur durch einen Druckfehler in dem Kommissionsbericht (S. 110) das Wort „zweiten" statt „dritten" in den Entwurf gelangt. Nun haben allerdings der Reichstag und der Bundesrat den Entwurf mit diesem Fehler angenommen, dementsprechend ist auch das Gesetz verkündet worden. Es liegt also nicht ein Druckfehler bei Verkündung des Gesetzes vor, der zu berichtigen wäre (vgl. R.G. Bd. 41 S. 34), vielmehr ist der Sinn des verkündeten Textes nach den gewöhnlichen Regeln zu interpretieren. (Vgl. Binding Handbuch des Strafrechts S. 460 ff.) Da nun nach Abs. 1 dieses Paragraphen der Heuererhöhung ein Dienst von zwei Jahren voraufgegangen sein muß, so kann diese Erhöhung füglich nicht von Beginn des zweiten Jahres ab eintreten. Und wenn es auch bei Respektierung des Wortlauts des Textes zuzulassen wäre, daß der Leichtmatrose, welcher nach Vollendung des zweiten Jahres noch in Dienst bleiben muß, die erhöhte Heuer für das zweite Dienstjahr nachgezahlt erhalten soll, so würde es doch, da nach Abs. 3 die Erhöhung der Heuer und die Rangerhöhung parallel gehen sollen, keinen Sinn ergeben, daß der Leichtmatrose für die Dauer des abgelaufenen zweiten Jahres nachträglich als Vollmatrose angesehen werden soll. Demnach ist, da sowohl nach Abs. 1 wie im übrigen nach Abs. 2 (vgl. Nr. 1 und 3) und nach Abs. 3 der Beginn des dritten Jahres für die Rang- und Heuererhöhung maßgebend ist, auch im Falle der Nr. 2 der Beginn des dritten Jahres als für die Rang- und Heuererhöhung des Leichtmatrosen maßgebend zu erachten.

§. 53. [§. 42.]

Forderungen der Seeleute bei Verschollenheit des Schiffes.

Die aus den Dienst- und Heuerverträgen herrührenden Forderungen des Kapitäns und der zur Schiffsmannschaft gehörigen Personen, welche auf einem nach den §§. 862, 863 des Handelsgesetzbuchs als verschollen anzusehenden Schiffe sich befunden haben, werden fällig mit Ablauf der Verschollenheitsfrist. Das Dienstverhältniss gilt sodann einen halben Monat nach dem Tage für beendet, bis zu welchem die letzte Nachricht über das Schiff reicht.

Der Betrag der Forderungen ist dem Seemannsamte des Heimathshafens und in Ermangelung eines solchen dem Seemannsamte des Registerhafens zu übergeben. Das Seemannsamt hat die Aushändigung an die Empfangsberechtigten zu vermitteln.

§. 54.[1]) [§. 43.] Beköstigung.

Dem Schiffsmanne gebührt Beköstigung für Rechnung des Schiffes[2]) von dem Zeitpunkte des Dienstantritts an bis zur Abmusterung, jedoch wenn diese ohne Verzögerung der Reise unausführbar ist, bis zur Beendigung des Dienstverhältnisses. Er darf die verabreichten Speisen und Getränke nur zu seinem eigenen Bedarfe verwenden und nichts davon veräussern, vergeuden oder sonst bei Seite bringen. Anstatt der Beköstigung kann auf Grund besonderer Abrede eine entsprechende Geldentschädigung gewährt werden.

Zu §. 53.

§. 53 regelt die Berechnung und Fälligkeit der Forderungen des Kapitäns und der Schiffsmannschaft einschließlich der Offiziere im Falle der Verschollenheit des Schiffes sowie die Aushändigung dieser Forderungen an die Empfangsberechtigten. Der Ablauf der Verschollenheitsfrist, welche gemäß §. 863 H.G.B. zu berechnen ist, ist nur maßgebend für die Feststellung der Fälligkeit der Forderungen. Die Heuer ist für die Zeit von der Abreise des Schiffes bis zum Herausgehen der letzten Nachricht und außerdem noch für einen halben Monat zu entrichten; ist aber seit der Abreise überhaupt keine Nachricht von dem Schiffe eingegangen, so gilt nur die Heuer für einen halben Monat (§. 189 B.G.) als verdient. Hinsichtlich der Berechnung der Heuer im Falle der Vereinbarung einer Pauschalheuer s. §. 80. Vorschüsse, Abschlagszahlungen und Überstundenlohn sind zu berücksichtigen, insoweit zuverlässige Unterlagen hierfür vorhanden sind. Der Reeder haftet nach §. 487 H.G.B. für alle Forderungen aus den Dienst- und Heuerverträgen nicht nur mit Schiff und Fracht, sondern auch persönlich. Betreffs des Registerhafens s. Anm. 2 zu §. 24.

Zu §. 54.

1) Die Beköstigung bildet einen Teil der Vergütung für die Dienstleistungen des Schiffsmanns und würde deshalb eigentlich mit der Beendigung des Dienstes aufzuhören haben. Da aber häufig, insbesondere wenn das Schiff kurz vor einem Feiertage zurückkehrt, die Abmusterung und Heuerzahlung nicht unmittelbar der Dienstbeendigung folgen, so ist hier bestimmt, daß die Beköstigung in der Regel bis zur Abmusterung zur gewähren ist. Nur in denjenigen Fällen, in welchen die Beendigung des Dienstverhältnisses während der Reise erfolgt und durch die Abmusterung die Reise verzögert werden würde (vgl. §. 25), hört die Pflicht zur Beköstigung schon mit der Beendigung des Dienstverhältnisses auf. In der Regel ist Naturalverpflegung zu gewähren — betreffs ihrer vergleiche §§. 14 Abs. 2, 56, 57, 96 Nr. 8, 113 Nr. 3, 74 Nr. 1 — jedoch ist die Vereinbarung einer Geldentschädigung zulässig.

2) In der Reichstagskommission (vgl. Kom.Ber. S. 40) hat man den Ausdruck „für Rechnung des Schiffes" dahin verstanden wissen wollen, daß der Reeder für die Beköstigung nur mit dem Schiffsvermögen hafte. Dem steht aber die hier nicht aufgehobene Regel des §. 487 H.G.B.

Logis. **§. 55. [§. 44.]**

Die Schiffsmannschaft hat an Bord des Schiffes vom Zeitpunkte des Dienstantritts an bis zur Abmusterung, jedoch wenn diese ohne Verzögerung der Reise unausführbar ist, bis zur Beendigung des Dienstverhältnisses Anspruch auf einen, ihrer Zahl und der Grösse des Schiffes entsprechenden, nur für sie und ihre Sachen bestimmten wohlverwahrten und genügend zu lüftenden Logisraum.

Kann dem Schiffsmann in Folge eines Unfalls oder aus anderen Gründen zeitweilig ein Unterkommen auf dem Schiffe nicht gewährt werden, so ist ihm **ein anderweitiges angemessenes Unterkommen zu verschaffen.**

§. 56. [§. 45.]

Regelung der Beköstigung. Wasch- und Badeeinrichtung. Heilmittel.

Die dem Schiffsmanne für den Tag mindestens zu verabreichenden Speisen und Getränke (§ 54) bestimmen sich, soweit nicht ein Anderes vereinbart ist, nach dem örtlichen Rechte des Heimathshafens und in Ermangelung eines solchen nach dem örtlichen Rechte des Registerhafens. Der Erlass näherer Bestimmungen steht den Landesregierungen im Verordnungswege und, sofern es an einem inländischen Heimathshafen oder Registerhafen fehlt, dem Reichskanzler zu.[1])

Ueber Grösse und Einrichtung des Logisraums (§. 55), über die Einrichtung von Wasch- und Baderäumen und Aborten an Bord der Schiffe und die mindestens mitzunehmenden Heilmittel beschliesst der Bundesrath. Die Beschlüsse des Bundesraths sind dem Reichstage bei seinem nächsten Zusammentritte zur Kenntnissnahme vorzulegen.[2])

---

entgegen, nach welcher der Reeder für die Forderungen der zur Schiffsbesatzung gehörenden Personen aus den Dienst- und Heuerverträgen nicht nur mit Schiff und Fracht, sondern persönlich haftet. Auch ist nicht abzusehen, weshalb die Beköstigung rechtlich anders behandelt werden soll als das Logis, bezüglich dessen in §. 55 Abs. 2 nichts auf eine beschränkte Haftung des Reeders hindeutet. Wagner (S. 439) erläutert die entsprechende Bestimmung des §. 43 S.O. dahin, daß der Kapitän, außer wenn er Alleinreeder ist, die Beköstigung nicht für eigene Rechnung besorgen darf, sondern dem Reeder darüber spezifizierte Rechnung abzulegen hat.

Zu §. 55.

Betreffs des Logis gilt das zu §. 54 Ausgeführte. Nähere Bestimmung über Größe und Einrichtung des Logisraums erläßt der Bundesrat (§. 56 Abs. 2). Vgl. §. 117. Zu Abs. 2 vgl. §. 706 Nr. 4 H.G.B.

Zu §. 56.

1) §. 56 läßt hinsichtlich der Bemessung der dem Schiffsmanne für den Tag zu gewährenden Beköstigung grundsätzlich die freie Vereinbarung zu. Vgl. §§. 54, 14, 58. Erst in Ermangelung einer Abrede entscheidet über das Mindestquantum der zu verabreichenden Speisen und Getränke das örtliche Recht des Heimatshafens, eventuell des Registerhafens (§. 24). Vgl. §. 133.

2) Die in Abs. 2 vorgesehenen Anordnungen des Bundesrats stellen zwingendes Recht dar. Reeder und Kapitän, die ihnen zuwiderhandeln, werden nach §. 117 bezw. §. 113 Nr. 1 bestraft. Die Heilmittel sind in der vorgeschriebenen Menge bei der Ausreise mitzunehmen, eine Pflicht zur Ergänzung der Vorräte während der Reise ist nicht vorgeschrieben. Hinsichtlich der auf Auswandererschiffen mitzunehmenden Heilmittel vgl. §. 36 Gesetz vom 9. Juni 1897 (R.G.Bl. S. 463), §. 32 der Bekanntmachung vom 14. März 1898 und Anhang C dazu (R.G.Bl. 1898 S. 57); s. Makower, Bd. II Anhang 15 und 17.

§. 57. [§. 46.]

Kürzung der Rationen. Änderung der Beköstigung.

Der Kapitän ist berechtigt, bei ungewöhnlich langer Dauer der Reise oder wegen eingetretener Unfälle, eine Kürzung der Rationen oder eine Aenderung hinsichtlich der Wahl der Speisen und Getränke eintreten zu lassen.

Er hat im Schiffstagebuche zu vermerken, wann, aus welchem Grunde und in welcher Weise eine Kürzung oder Aenderung eingetreten ist.

Dem Schiffsmanne gebührt eine den erlittenen Entbehrungen entsprechende Vergütung. Ueber diesen Anspruch entscheidet unter Vorbehalt des Rechtswegs das Seemannsamt, vor welchem abgemustert wird.

§. 58. [§. 47.]

Beschwerde wegen Seeuntüchtigkeit des Schiffes oder Mängel des Proviants.

Wenn ein Schiffsoffizier oder nicht weniger als drei Schiffsleute bei einem Seemannsamte Beschwerde darüber erheben, dass das Schiff, für welches sie angemustert sind, nicht seetüchtig ist, oder dass die Vorräthe, welche das Schiff für den Bedarf der Mannschaft an Speisen und Getränken mit sich führt, ungenügend oder verdorben sind, so hat das Seemannsamt mit möglichster Beschleunigung unter Hinzuziehung von erreichbaren Sachverständigen und der ortsanwesenden Beschwerdeführer eine Untersuchung des Schiffes oder der Vorräthe zu veranlassen und das Ergebniss in das Schiffstagebuch einzutragen. Auch hat das Seemannsamt, falls die Beschwerde sich als begründet erweist, für die geeignete Abhülfe Sorge zu tragen.

Zu §. 57.

Nach §. 513 H.G.B. hat der Kapitän vor Antritt der Reise für die gehörige Verproviantierung des Schiffes zu sorgen; nach §. 112 d. G. liegt ihm diese Pflicht auch während der Reise ob. Selbst wenn aber diesen Verpflichtungen, deren Erfüllung die Vorschrift des §. 112 sicherzustellen sucht, vollständig genügt ist, kann eine nicht vorauszusehende Verlängerung der Reise oder der Eintritt von Unfällen eine Verkürzung der Rationen oder eine Änderung in Betreff der Gattung der Speisen und Getränke erforderlich machen. Im Fall eines solchen Notstandes muß die Mannschaft sich die Kürzung oder Änderung gefallen lassen, sie hat aber nach Absatz 3 dieses Paragraphen Anspruch auf eine den erlittenen Entbehrungen entsprechende Vergütung. Zur Herbeiführung einer möglichst schleunigen Entscheidung über einen derartigen Anspruch ist das abmusternde Seemannsamt berufen; mit Rücksicht jedoch auf die privatrechtliche Natur des Anspruchs ist der Rechtsweg gegen diese Entscheidung zugelassen (Mot. S. 49). Nach §. 46 S.O. stand die Vergütung dem Schiffsmann nur zu, wenn die Anordnung des Kapitäns nicht in das Schiffsjournal eingetragen oder von ihm verschuldet war oder sich als ungerechtfertigt erwies. Die Reichstagskommission hat diese Einschränkung gestrichen. — Betreffs der Verpflichtung des Kapitäns zum Schadensersatz, falls ihn ein Verschulden an der mangelhaften Verproviantierung trifft, vgl. §§. 513, 511, 512 H.G.B. Von dieser Haftung wird der Kapitän auch nicht dadurch befreit, daß er auf Anweisung des Reeders gehandelt hat (§. 512 Abs. 2).

Zu §. 58.

§. 58 Abs. 1 entspricht im wesentlichen dem §. 47 S.O.; neu ist nur die Vorschrift, daß das Seemannsamt die Untersuchung „mit möglichster Beschleunigung unter Hinzuziehung von erreichbaren Sachverständigen und der ortsanwesenden Beschwerdeführer“ zu veranlassen hat.

Kommt der Kapitän den zu diesem Behufe getroffenen Anordnungen nicht nach, so kann jeder Schiffsoffizier und jeder Schiffsmann seine Entlassung mit der für den Fall des §. 74 Nr. 1 vorgesehenen Wirkung (§. 76) fordern.

I. **Entstehungsgeschichte.** Die Einführung der Untersuchung auf die Beschwerde eines Schiffsoffiziers oder dreier Schiffsleute hin beruht auf einem Beschlusse der Reichstagskommission vom Jahre 1872. (Hinsichtlich des englischen und nordamerikanischen Rechtes vgl. Wagner S. 443.) Den dagegen im Bundesrat erhobenen Bedenken trat damals der preußische Bevollmächtigte mit der Ausführung entgegen, daß die Absicht des Paragraphen, die Schiffsmannschaft gegen die Fahrt mit einem seeuntüchtigen oder mit verdorbenem oder ungenügendem Proviant versehenen Schiffe zu schützen, unbestreitbar berechtigt sei; daß der Paragraph bei richtiger Auffassung aber auch hinreichenden Anhalt biete, um nicht frivolen Beschwerden stattgeben zu müssen; die letzteren müßten eine spezielle Angabe der ihnen zu Grunde liegenden Tatsachen und die Beweismittel zur Feststellung der letzteren enthalten. Die Behörde müsse, bevor sie etwas weiteres veranlasse, prüfen, ob die der Beschwerde zu Grunde liegenden Tatsachen, wenn sie erwiesen würden, die Seeuntüchtigkeit des Schiffes oder die vorschriftswidrige Beschaffenheit des Proviants dartun würden und, wenn es sich um die Beschwerde dreier Seeleute handelt, ob die angeführten Tatsachen identisch seien, also in der Tat eine Beschwerde dreier Seeleute vorliege. Eine Instruktion endlich, welche den Seemannsämtern zu erteilen sei, könne der mißbräuchlichen Anwendung des Paragraphen vorbeugen.

II. **Verfahren.**

A. Die allgemeine Dienstinstruktion für die deutschen Konsuln schreibt folgendes vor:

„1. Wird bei dem Konsul von Angehörigen der Mannschaft eines Schiffes Beschwerde darüber erhoben, daß dasselbe nicht seetüchtig sei, oder daß die Vorräte, welche es für den Bedarf der Mannschaft an Speisen und Getränken mit sich führt, ungenügend oder verdorben seien, so hat der Konsul zunächst die Legitimation der Beschwerdeführer festzustellen. Insbesondere ist, wenn die Beschwerde von einem Schiffsmann unter Berufung auf seine Eigenschaft als Schiffs-Offizier erhoben wird, von ihm der Nachweis zu führen, daß ihm dieselbe wirklich zusteht. Nur der Steuermann des Schiffs ist von diesem Nachweise befreit.

2. Nach Feststellung der Legitimation sind die Beschwerdeführer über ihren Antrag zu Protokoll zu vernehmen.

3. Die Vernehmung jedes einzelnen Beschwerdeführers erfolgt abgesondert ohne Beisein der übrigen.

Vor der Vernehmung ist jeder derselben auf die Strafbestimmungen des §. *94* [§. 108] der Seemannsordnung und auf die Entschädigungs-Ansprüche hinzuweisen, welche er, falls die Beschwerde unbegründet befunden wird, zu gewärtigen hat.

4. Der Vernommene hat sich ausführlich darüber zu erklären:

a) auf welche Tatsachen er die Annahme stützt, daß das Schiff nicht seetüchtig sei, oder daß die Vorräte, welche dasselbe für den Bedarf der Mannschaft an Speisen und Getränken mit sich führt, ungenügend oder verdorben seien;

b) durch welche Beweismittel die Feststellung dieser Tatsachen zu bewirken ist.

5. Nach dem Abschluß der Vernehmungen hat der Konsul zu prüfen:

a) ob die tatsächlichen Angaben der Beschwerdeführer, wenn sie durch die Beweisaufnahme bestätigt werden sollten, die Annahme rechtfertigen, daß das Schiff nicht seetüchtig sei, oder daß die Vorräte desselben für den Bedarf der Mannschaft an Speisen und Getränken ungenügend oder verdorben seien;

b) ob, wenn die Beschwerde von mindestens drei Schiffsleuten erhoben ist, die tatsächlichen Angaben jedes Einzelnen von ihnen im wesentlichen mit den Aussagen der anderen Beschwerdeführer übereinstimmen.

Trifft die eine oder die andere dieser beiden Voraussetzungen nicht zu, so ist die Beschwerde ohne weiteres als unbegründet, beziehungsweise unzulässig abzuweisen.

6. Wenn dagegen der erhobenen Beschwerde nach Maßgabe der unter Nr. 5 getroffenen Bestimmungen weitere Folge zu geben ist, so hat der Konsul zunächst den Schiffer [Kapitän] über die einzelnen Beschwerdepunkte zu hören. Findet die Angelegenheit durch dessen Erklärung nicht ihre Erledigung und ist auch durch die sonst sich darbietenden Beweismittel, insbesondere durch eine Vernehmung der übrigen Schiffs-Mannschaft eine genügende Aufklärung des Sachverhaltes nicht zu gewinnen, so hat der Konsul eine Untersuchung des Schiffs, beziehungsweise der Vorräte zu veranlassen, und nach Beendigung derselben in Gemäßheit des §. *47* [§. 58] der Seemannsordnung weiter zu verfahren.

7. Mit der Untersuchung des Schiffes oder der Vorräte sind unparteiische Sachverständige und zwar, wenn im Hafen Deutsche oder einer anderen befreundeten Nation angehörige Schiffe anwesend sind, zwei oder drei von den Führern dieser Schiffe zu betrauen.

Das Ergebnis der Untersuchung ist durch ein von den Sachverständigen zu unterzeichnendes Protokoll festzustellen.

8. Hat eine Untersuchung des Schiffes oder der Vorräte stattgefunden, so hat der Konsul unverzüglich unter abschriftlicher Einreichung der Verhandlungen, sowie unter Mitteilung der getroffenen Entscheidung und der zu deren Ausführung etwa erlassenen Anordnungen dem Auswärtigen Amte eingehenden Bericht zu erstatten."

B. Diese Bestimmungen können im wesentlichen auch bei der Ausführung des jetzigen Gesetzes angewendet werden. Nur wird bei Nr. 1 der jetzige Begriff der Schiffsoffiziere (§. 2 Abs. 2 d. G.) zu beachten sein und ferner ist die Vernehmung des Kapitäns (Nr. 6) nicht obligatorisch aber selbstverständlich. Dagegen müssen nach dem jetzigen Gesetz erreichbare Sachverständige zugezogen werden.

Hinsichtlich des Ablehnungsrechts gegen einen Konsul, welcher Mitinhaber oder Agent der Reederei des Schiffes ist, vgl. §. 5 Abs. 3.

III. Rechtliche Natur und Wirkungen der Beschwerde.

Wagner (S. 443) und Boyens (S. 455) nehmen an, daß die Beschwerde ein Privatrecht des Schiffsmanns darstelle und ziehen hieraus die Folgerung, daß die Untersuchung fortfällt, wenn der Kapitän die Beschwerdeführer mit voller Entschädigung (Boyens S. 444) bezw. bis auf zwei (Wagner S. 445) entläßt. Dem kann nicht beigetreten werden. Denn von der Seetüchtigkeit des Schiffes und der Beschaffenheit und Menge des Proviants hängt Leben und Gesundheit so zahlreicher Personen ab, daß schon aus diesem Grunde die Untersuchung nicht lediglich im Interesse der einzelnen sich Beschwerenden geführt und in Fortfall gebracht werden kann, wenn die Beschwerdeführer abgefunden sind. Ist einmal die Beschwerde ordnungsmäßig angebracht, so erfordert das öffentliche Interesse und das Wohl der ganzen Schiffsbesatzung, daß das Seemannsamt einschreitet, auch wenn die Beschwerdeführer zum Teil oder sämtlich mit Entschädigung entlassen werden. Dementsprechend gewährt auch Abs. 2 des §. 58 jedem Schiffsoffizier und jedem Schiffsmann, nicht bloß den Beschwerdeführern, das Rücktrittsrecht, wenn der Kapitän den infolge der Untersuchung getroffenen Anordnungen des Seemannsamts nicht nachkommt. Handelte es sich lediglich um ein Privatrecht der Beschwerdeführer, so würde hinsichtlich des Proviants die Bestimmung des §. 74 Nr. 1 ausreichen und hinsichtlich der Seetüchtigkeit eine ähnliche Vorschrift gegeben sein.

§. 59. [§. 48.]

Erkrankung oder Verletzung des Schiffsmanns. Anstaltsbehandlung, Rückbeförderung.

Falls der Schiffsmann nach Antritt des Dienstes oder nach der Anmusterung erkrankt oder eine Verletzung erleidet, so trägt der Rheder die Kosten der Verpflegung und Heilbehandlung.[1]) Diese Verpflichtung erstreckt sich:

Die in §. 58 erwähnten Voraussetzungen der Untersuchung bilden auch keine Schranken für das Seemannsamt, so daß dieses nicht befugt wäre, die Untersuchung vorzunehmen, wenn weniger als drei Schiffsleute die Beschwerde vorbringen. Vielmehr ist hier nur bestimmt, in welchen Fällen das Seemannsamt verpflichtet ist, die Untersuchung vorzunehmen. Vgl. Anm. zu §. 108.

Der Kapitän, welcher die gehörige Verproviantierung vor Antritt oder während der Reise unterläßt oder ohne Not verdorbenen Proviant verabreicht, wird nach §§. 112, 113 Nr. 3 bestraft. Dagegen fehlt eine Strafbestimmung für den Fall, daß der Kapitän den Anordnungen des Seemannsamts hinsichtlich der Seetüchtigkeit des Schiffes nicht nachkommt. In Betreff seiner civilrechtlichen Haftung vgl. §§. 511, 512, 513 H.G.B. und Anm. zu §. 57. Hinsichtlich der Pflichten des Kapitäns im Falle der Beschwerde eines einzelnen Schiffsmanns s. §. 99.

Der Schiffsmann, welcher wider besseres Wissen oder leichtfertig auf Grund unwahrer Behauptungen eine Untersuchung veranlaßt, wird nach §. 108 bestraft. Hinsichtlich seiner Ansprüche, wenn er auf Grund des §. 58 Abs. 2 vom Vertrage zurücktritt, s. §. 76 und Anm. zu §§. 76 und 72.

Zu §. 59.

1) a. **Haftung des Reeders.** Schon nach Art. 548 A.D.H. und nach §. 48 S.O. hatte der Reeder die Kosten der Verpflegung und Heilung des nach dem Dienstantritt erkrankten oder verwundeten Schiffsmanns zu tragen. Mit Rücksicht hierauf unterliegt nach §. 1 Abs. 3 K.V.G. die Besatzung von Seeschiffen, auf welche die §§. 48 und 49 S.O. Anwendung finden, nicht der Versicherungspflicht, und auch das See-Unfallversicherungsgesetz vom 30. Juni 1900 läßt die Fürsorge der Berufsgenossenschaft gegen die Folgen von Unfällen erst nach Beendigung der gesetzlichen Fürsorgepflicht des Reeders, bezw. soweit eine solche nicht besteht, mit Beginn der vierzehnten Woche nach dem Unfall eintreten (§. 1 Abs. 1, §. 9 Abs. 1 S.U.V.G.). Dementsprechend sind auch in dem vorliegenden Gesetze dem Reeder allein die Kosten der Verpflegung und Heilbehandlung des erkrankten oder verletzten Schiffsmanns auferlegt worden. Vgl. jedoch §. 134 und §. 62. Gegen das bisherige Gesetz ist die Fürsorgepflicht des Reeders insofern erweitert worden, als sie bei der sogen. Anmusterung auf Ordre (vgl. Anm. 1 zu §. 32) schon mit der Anmusterung beginnt, so daß der Reeder die Kosten der Verpflegung und Heilbehandlung auch dann zu tragen hat, wenn der Schiffsmann in der Zeit zwischen der Anmusterung und dem Dienstantritt, sei es auch während der Beschäftigung bei einem Dritten erkrankt oder verletzt wird. Das Gesetz macht keinen Unterschied hinsichtlich des Grades oder der Art der Erkrankung oder Verletzung, ob der Schiffsmann sich dieselben durch den Dienst, bei Ausübung des Dienstes oder sonst zugezogen hat (H.G Z. 1874 S. 239), und ob ein Verschulden des Schiffsmanns mit unterlaufen ist oder nicht; es weicht in letzterer Beziehung von §. 617 B.G. und von §§. 1554—1560 II. 8 A.L.R. ab. Nur wenn der Schiffsmann sich die Krankheit oder Verletzung durch eine strafbare Handlung zugezogen hat, fällt die Fürsorgepflicht des Reeders fort (§. 62); die Beweislast hierfür trifft den Reeder. Der krank in den Dienst Tretende muß die Kosten der Verpflegung und Heilbehandlung tragen, weil §. 59 Abs. 1 eine nach dem Dienstantritt bezw. nach der Anmusterung auftretende Krankheit voraussetzt. — Hinsichtlich des Rechtes des Kapitäns, den erkrankten oder verletzten Schiffsmann zu entlassen vgl. §. 70 Nr. 1 und 4 und §. 71.

1. wenn der Schiffsmann wegen der Krankheit oder Verletzung die Reise nicht antritt, bis zum Ablaufe von drei Monaten seit der Erkrankung oder Verletzung;
2. wenn er die Reise angetreten hat, bis zum Ablaufe von drei Monaten nach dem Verlassen des Schiffes in einem deutschen Hafen, und bis zum Ablaufe von sechs Monaten nach dem Verlassen des Schiffes in einem anderen Hafen.[2])

Im Falle einer Verletzung hört die Verpflichtung des Rheders dem Verletzten gegenüber auf, sobald und soweit die Berufsgenossenschaft die Fürsorge übernimmt.

Der Rheder ist berechtigt, die Verpflegung und Heilbehandlung dem Schiffsmann in einer Krankenanstalt zu gewähren.[3])

Ein Schiffsmann, der wegen Krankheit oder Verletzung ausserhalb des Reichsgebiets zurückgeblieben ist, kann mit seiner Einwilligung und der des behandelnden Arztes oder des Seemannsamts nach einem deutschen Hafen in eine Krankenanstalt überführt werden. Ist der Schiffsmann ausser Stande, die Zustimmung zu ertheilen, oder verweigert er sie ohne berechtigten Grund, so kann sie nach Anhörung eines Arztes durch dasjenige Seemannsamt ersetzt werden, in dessen Bezirke der Schiffsmann sich zur Zeit befindet.[4]) Findet die Ueberführung statt, so erstreckt sich die Verpflichtung des Rheders stets nur bis zum Ablaufe von drei Monaten seit der Aufnahme in die Krankenanstalt des deutschen Hafens.

---

b) **Heilbehandlung.** Der Ausdruck Heilbehandlung ist weitergehend als der Begriff der ärztlichen Behandlung in §. 617 B.G., er umfaßt wie in §. 6 Nr. 1 K.V.G. auch die Lieferung von Hilfsmitteln zur Krankenpflege (Begr. S. 67).

c) **Ausnahmen.** Die Schiffsleute auf kleineren Fahrzeugen, für welche die Anwendung der §§. 59—64 d. G. durch Verordnung des Bundesrats gemäß §. 134 ausgeschlossen worden ist, unterliegen der Krankenversicherung (§. 1 K.V.G.) bezw. der Unfallfürsorge nach §§. 1, 9 und 14 S.U.V.G.

2) Die Verpflichtung des Reeders zur Verpflegung und Heilbehandlung endet mit den in Nr. 1 und 2 angegebenen Terminen oder mit der schon früher eingetretenen Heilung. Vgl. jedoch Abs. 4 Satz 3. Die in §. 48 S.O. aufgeführten anderweiten Anfangstermine der dreibezw. sechsmonatigen Frist (Rückkehr und Weiterreise des Schiffes) sind fortgefallen. Im Falle einer Verletzung tritt nach Beendigung der Fürsorgepflicht des Reeders die Unfallfürsorge der See-Berufsgenossenschaft ein (§. 9 Abs. 1 S.U.V.G.); die sonst schon mit dem Beginne der vierzehnten Woche eintretende Fürsorgepflicht der Berufsgenossenschaft setzt also hier in gewissen Fällen erst sechs Monat, nachdem der Schiffsmann das Schiff in einem außerdeutschen Hafen verlassen hat, ein.

3) Entsprechend §. 617 B.G. ist hier allgemein (nicht wie in §. 553 Abs. 3 H.G.B. und in §. 7 Nr. 1 K.V.G. Verheirateten gegenüber nur unter bestimmten Voraussetzungen) dem Dienstherrn das Recht eingeräumt, die Verpflegung und Heilbehandlung durch Aufnahme in eine Krankenanstalt zu gewähren. Ist die Anstalt in einem deutschen Hafen gelegen, so reduziert sich die etwaige sechsmonatige Verpflichtung des Reeders gemäß Abs. 4 Satz 3 auf drei Monat seit der Aufnahme des Schiffsmanns in die Anstalt, anderenfalls verbleibt es bei der in Abs. 1 Nr. 1 festgesetzten längeren Verpflichtung.

4) Aus der verklausulierten Fassung des Abs. 4 Satz 1 und 2 ergibt sich schließlich, daß die Überführung eines wegen Krankheit oder Verletzung außerhalb des Reichsgebiets zurückgebliebenen Schiffsmanns in eine Krankenanstalt eines deutschen Hafens lediglich durch das Seemannsamt angeordnet werden kann, und daß dieses nur verpflichtet ist, einen Arzt anzuhören, der aber weder der behandelnde sein noch zustimmen muß. Denn die nach Satz 1 anscheinend notwendige Zustimmung des Schiffsmanns ist unerheblich, weil das Seemannsamt laut Satz 2 nach Anhörung eines Arztes auch die verweigerte Zustimmung des Schiffsmanns ersetzen darf. Die nach Satz 1 aber zunächst vorgesehene Einwilligung des behandelnden Arztes kann durch das Seemannsamt

Der Schiffsmann, welcher sich der Heilbehandlung ohne berechtigten Grund entzieht und hierdurch nach ärztlichem Gutachten die Heilung vereitelt oder wesentlich erschwert hat, verliert den Anspruch auf kostenfreie Verpflegung und Heilbehandlung. Ueber die Berechtigung des Grundes sowie über Beginn und Dauer des Verlustes entscheidet vorläufig das Seemannsamt.[5])

Dem Schiffsmanne gebührt, falls er nicht mit dem Schiffe nach dem Hafen der Ausreise (§. 14) zurückkehrt, freie Zurückbeförderung (§§. 78, 79) nach diesem Hafen oder nach Wahl des Kapitäns eine entsprechende, im Streitfalle vom Seemannsamte vorläufig festzusetzende Vergütung.

§. 60[1]) [neu].

Rückbeförderung nach anderem Hafen als dem der Ausreise.

Liegt der Hafen der Ausreise ausserhalb des Reichsgebiets, so kann der in einem deutschen Hafen geheuerte Schiffsmann in den Fällen des §. 59 Abs. 6, des §. 66 Abs. 3 und der §§. 69, 71, 72, 79 die Rückbeförderung auch nach dem Hafen, an welchem er geheuert ist, verlangen. Im Uebrigen kann vereinbart werden, dass für die dem Schiffsmann in den vorbezeichneten Fällen zustehenden Rückbeförderungsansprüche an Stelle des Hafens der Ausreise ein anderer Hafen, insbesondere derjenige, an welchem die Heuerung oder die Anmusterung stattgefunden hat, treten soll.[2])

---

ersetzt werden, weil das Gesetz ausdrücklich bestimmt, daß der behandelnde Arzt oder das Seemannsamt zustimmen muß. Und daß der nach Satz 2 anzuhörende Arzt weder der behandelnde sein noch zustimmen oder den Weigerungsgrund des Schiffsmanns als unberechtigt hinstellen muß, ergibt sich aus dem klaren Wortlaut des zweiten Satzes. — Der Absicht des Gesetzes würde es vielleicht eher entsprechen, wenn Satz 2 dahin interpretiert würde, daß die Zustimmung des Schiffsmanns nur dann durch das Seemannsamt ersetzt werden kann, wenn der Arzt den Weigerungsgrund als unberechtigt bezeichnet. — Den Arzt muß das Seemannsamt, welches in der Regel nur auf Anrufen des Kapitäns oder Reeders tätig werden wird, zuziehen. Ist die Anhörung eines Arztes nicht möglich, so kann eine Überführung des Schiffsmanns, der seine Zustimmung verweigert oder nicht erteilen kann, nicht erfolgen.

5) Nach der Fassung des Abs. 5 kann nicht bloß der am Lande zurückgebliebene, sondern auch der auf dem Schiffe befindliche Schiffsmann, welcher sich der Heilbehandlung ohne berechtigten' Grund entzieht, des Anspruchs auf kostenfreie Verpflegung und Heilbehandlung verlustig werden. Der auf dem Schiffe befindliche Schiffsmann aber wird gegebenen Falles nur für die Kosten der Verpflegung und Heilbehandlung ersatzpflichtig sein, da man ihm selbstverständlich weder Beköstigung noch Heilbehandlung entziehen kann. Hinsichtlich des außerhalb des Reichsgebiets zurückzulassenden Schiffsmanns trifft §. 83 Vorsorge.

Die Heilbehandlung kann nach dem Wortlaut des Gesetzes auch vom Kapitän angeordnet sein. Bedingung für den Verlust des Anspruchs ist aber das Gutachten eines Arztes, daß durch die Entziehung die Heilung vereitelt oder wesentlich erschwert ist. Beweispflichtig für diese Folge der Entziehung ist im Streitfalle der Reeder. Der Verlust des Anspruchs kann auch lediglich für diejenige Zeit ausgesprochen werden, innerhalb deren der Schiffsmann sich der Heilbehandlung entzogen hat. Eine vorherige Hinweisung des Schiffsmanns auf die rechtlichen Folgen seines Verhaltens ist nicht erforderlich.

Zu §. 60.

1) Vgl. §§. 134, 62.

2) Grundsätzlich muß die Rückbeförderung des Schiffsmanns nach demjenigen Hafen erfolgen, von welchem aus das Schiff die Fahrt begonnen hat (Hafen der Ausreise). Jedoch darf der in einem deutschen Hafen geheuerte Schiffsmann in den in Abs. 1 Satz 1 bezeichneten Fällen die Rückbeförderung auch nach demjenigen Hafen verlangen, in welchem er angeheuert worden ist. Denn häufig werden deutsche Mannschaften in einem deutschen Hafen angeheuert und einem

Unterlässt es der Rheder oder sein Vertreter, dem Anspruche des Schiffsmanns auf freie Zurückbeförderung innerhalb einer vom Seemannsamte gestellten Frist zu genügen, oder befindet sich der Rheder oder sein Vertreter wegen Abwesenheit nicht in der Lage, entsprechende Vorkehrungen zu treffen, so kann das Seemannsamt, sofern dadurch dem Rheder keine höheren Kosten erwachsen, auf Antrag des Schiffsmanns anordnen, dass an die Stelle des gesetzlich oder vertragsmässig bestimmten Rückbeförderungshafens ein anderer, vom Seemannsamte zu bezeichnender Hafen tritt.[3])

§. 61.[1]) [§. 49.]

Heuerbezug im Krankheitsfalle. Belohnung für Schiffsverteidigung.

Die Heuer bezieht der erkrankte oder verletzte Schiffsmann:

1. wenn er die Reise nicht antritt, bis zur Einstellung des Dienstes;
2. wenn er die Reise angetreten hat, bis zu dem Tage, an welchem er das Schiff verlässt.

Für die Dauer des Aufenthalts in einer Krankenanstalt gebührt dem Schiffsmanne keine Heuer. Hat er aber Angehörige, deren Unterhalt er bisher ganz oder überwiegend

---

deutschen Schiffe nachgesandt, welches sich in einem ausländischen, beispielsweise englischen Hafen zur Ausreise vorbereitet. Dieses Wahlrecht kann, wie der Rückbeförderungsanspruch überhaupt, durch Vereinbarung nicht aufgehoben werden (§. 1 Abs. 2). Im übrigen ist nach Abs. 1 Satz 2 die Vereinbarung eines anderen Rückbeförderungshafens als des Ausreisehafens zugelassen. „Die unbedingte Durchführung des Grundsatzes, daß die Rückbeförderung nach dem Hafen der Ausreise erfolgen muß, würde nämlich dem praktischen Bedürfnis nicht immer entsprechen, namentlich dann nicht, wenn Schiffsleute unterwegs oder in der Heimat für ein Schiff angemustert werden, das sich in einem ausländischen Hafen zur Ausreise bereit macht. Es hätte keinen Sinn, dem Schiffsmann, der auf einem von Hamburg nach der Westküste Südamerikas fahrenden Schiffe in einem spanischen oder brasilianischen Anlaufehafen oder auf einem von Bremen nach Australien fahrenden Schiffe in einem indischen Hafen nachträglich angemustert wird, nur einen Anspruch auf Rückbeförderung nach Hamburg oder Bremen zuzugestehen. Die während des Betriebs der Küstenfahrt in China angemusterten Mannschaften werden, selbst wenn es Deutsche sind, vielfach die Rückbeförderung nach einem ostasiatischen Hafen vorziehen, wenn sie dort lohnende Beschäftigung zu finden hoffen" (Begr. S. 68).

3) Vielfach führt weder die gesetzliche noch die vertragsmäßige Festsetzung des Rückbeförderungshafens zu einem befriedigenden Ergebnis. „Namentlich bei Verlust eines Schiffes kann es im Interesse sowohl des Reeders wie des Schiffsmanns liegen, daß der letztere von dem Orte, an welchem er sich bei Eintritt der Rückbeförderungspflicht befindet, nach einem diesem Orte näher gelegenen Hafen als dem Hafen der Ausreise oder dem vertragsmäßigen Rückbeförderungshafen befördert wird, z. B. wenn in diesem dritten Hafen sich gute Gelegenheit zur Erlangung eines neuen Dienstes bietet. Sind in solchem Falle beide Teile einverstanden, so können keine Schwierigkeiten entstehen. Anders verhält es sich, wenn weder die Zustimmung des entfernt wohnenden Reeders noch des bei dem Unfall umgekommenen Kapitäns zu erlangen ist. Deshalb ist in Abs. 2 vorgeschrieben, daß in den dort bezeichneten Fällen das Seemannsamt auf Antrag des Schiffsmanns an die Stelle des gesetzlichen oder des vertragsmäßigen Rückbeförderungshafens einen anderen geeigneten Hafen setzen kann, vorausgesetzt, daß dadurch dem Reeder keine Mehrkosten erwachsen" (Begr. S. 68). Das Seemannsamt kann hiernach an die Stelle der eigentlichen Rückbeförderung eine anderweite Beförderung des Schiffsmanns setzen.

Zu §. 61.

1) Vgl. §§. 62, 134 und betreffs der Berechnung der Heuer, falls eine Pauschalheuer bedungen ist, §. 80. Vgl. ferner §. 553a H.G.B.

aus seinem Heuerverdienste bestritten hat, so ist ein Viertel der Heuer zu zahlen. Die Zahlung kann unmittelbar an die Angehörigen erfolgen.[2])

Ist der Schiffsmann bei der Vertheidigung des Schiffes zu Schaden gekommen, so hat er auf eine angemessene, im Streitfalle vom Seemannsamte vorläufig festzusetzende Belohnung Anspruch.[3])

Ausnahmen von §§. 59—61. **§. 62.**[1]) **[§. 50.]**

Auf den Schiffsmann, welcher die Krankheit oder Verletzung durch eine strafbare Handlung sich zugezogen oder den Dienst ohne einen ihn nach §. 74 dazu berechtigenden Grund verlassen hat, finden die §§ 59—61 keine Anwendung.[2])

---

2) Neu ist gegenüber den Bestimmungen des §. 49 S.O. und des Art. 549 A.D.H., daß der Schiffsmann für die Dauer des Aufenthalts in einer Krankenanstalt keine Heuer erhält; Schiffsleute und Schiffsoffiziere (§. 3 Abs. 2) sind insofern schlechter gestellt als der Kapitän nach §. 553a H.G.B. (s. Nachtrag IV). Neu ist ferner die Vorschrift, daß die Angehörigen des Schiffsmanns, deren Unterhalt er bisher ganz oder überwiegend aus seinem Heuerverdienste bestritten hat, für die Dauer seines Aufenthalts in einer Krankenanstalt ein Viertel seiner Heuer erhalten (vgl. §. 7, Abs. 2 K.V.G., §. 24 S.U.V.G.). Ein überwiegendes Bestreiten des Unterhalts liegt nur vor, wenn der Schiffsmann mehr als die Hälfte der Unterhaltskosten des Angehörigen bestritten hat. Die Vorschrift kann zu unbilligen Ergebnissen führen: Denn danach erhält z. B. eine Ehefrau, welche zu ihrem und der Familie Unterhalt mehr als die Hälfte verdient hat, nichts von der Heuer, während die Ehefrau, die den Unterhalt ganz oder überwiegend von dem Ehemanne hat bewirken lassen, ein Viertel seiner Heuer bekommt. Ob der Schiffsmann zum Unterhalt des Angehörigen verpflichtet war, ist unerheblich. Der Ausdruck „Angehörige" soll nach der bei der Beratung des Gesetzes ohne Widerspruch gegebenen Auslegung nicht im Rechtssinne, sondern nach dem Sprachgebrauche verstanden werden und deshalb nicht bloß die in §. 52 St.G.B. bezeichneten Personen, sondern z. B. auch uneheliche Kinder umfassen (vgl. Anm. 1 zu §. 46).

3) Zur Begründung dieser aus Art. 549 übernommenen Vorschrift ist bei der Beratung des A.D.H. (P. 2014) angeführt worden: Zum Waffendienst verpflichte sich die Mannschaft im Heuervertrage nicht. Leiste sie denselben dennoch, so sei es billig, daß ihr für solche außerordentliche Dienstleistungen eine außerordentliche Belohnung gegeben werde. Es solle hierdurch nicht dem Reeder die Ernährung der arbeitsunfähig gewordenen Seeleute und deren Familie aufgebürdet, sondern dem Schiffsmann und im Falle des §. 64 dessen Angehörigen eine angemessene, ein für allemal zu leistende Belohnung, die der ersten Not zu steuern geeignet sei, gewährt werden. Vorausgesetzt ist danach, daß der Schiffsmann bei der Verteidigung des Schiffes mitgewirkt hat und dabei zu Schaden gekommen ist. Vgl. §. 553a Abs. 2 H.G.B. Da es im Interesse des Schiffsmanns liegt, über die Belohnung im Streitfall eine, wenn auch nur vorläufige, Entscheidung zu bekommen, so ist hier abweichend von §. 64 Abs. 4 (vgl. §. 49 S.O. u. §. 553a H.G.B) die vorläufige Festsetzung dem Seemannsamt übertragen. Gegen diese Entscheidung ist der Rechtsweg nach §§. 128 ff. gegeben.

Zu §. 62.

1) Vgl. §§. 3 Abs. 2 u. 134; §. 553b H.G.B.

2) a. Abweichend von §. 49 S.O. beläßt das jetzige Gesetz dem mit einer geschlechtlichen Krankheit behafteten Schiffsmanne die Ansprüche aus §§. 59—61; der Kapitän ist nur berechtigt, ihn zu entlassen, wenn die Krankheit den übrigen an Bord befindlichen Personen Gefahr bringen kann (§§. 70 Nr. 5, 71 Abs. 2). Eine fernere Abweichung ist, daß die Entstehung der Ansprüche aus §§. 59—61 nur gehindert wird, wenn die für die Krankheit oder Verletzung ursächliche Handlung des Schiffsmanns eine strafbare (nicht mehr bloß unerlaubte) ist. Als strafbar im Sinne des Gesetzes wird aber im Ausland auch eine nach ausländischem Rechte mit Strafe be-

Ob die Voraussetzungen des Abs. 1 vorliegen, entscheidet vorläufig das Seemannsamt.[3])

§. 63[1]) [neu].

Fürsorge für Sachen und Heuerguthaben des erkrankten Schiffsmanns.

Muss der Schiffsmann wegen Erkrankung oder Verletzung am Lande zurückgelassen werden, so hat, soweit der Schiffsmann nicht ein Anderes bestimmt, der Kapitän die Sachen und das Heuerguthaben des Schiffsmanns behufs Fürsorge für deren Aufbewahrung dem am Orte der Zurücklassung befindlichen Seemannsamte zu überliefern[2]) Mit Genehmigung dieses Seemannsamts kann die Ueberlieferung an eine andere geeignete Stelle, insbesondere an die Verwaltung der Krankenanstalt, in welche der Schiffsmann aufgenommen ist, erfolgen. Das Gleiche gilt, wenn sich am Orte der Zurücklassung kein Seemannsamt befindet. In diesem Falle hat der Kapitän dem Seemannsamt, in dessen Bezirke die Zurücklassung erfolgt, von dem Sachverhalt Anzeige zu machen.

Der Kapitän hat bei Ueberlieferung der Sachen eine von ihm und einem Schiffsoffizier, in Ermangelung eines solchen von einem Schiffsmanne, zu unterschreibende Aufzeichnung der Sachen und des Betrags des Heuerguthabens beizufügen und ein zweites Exemplar der Aufzeichnung unter Vermerk der Aufbewahrungsstelle dem Schiffsmanne zu übergeben.

---

drohte Handlung anzusehen sein. Die Krankheit oder Verletzung braucht nicht die unmittelbare Folge der Handlung zu sein; es genügt, wenn die Handlung in Verbindung mit einem anderen von ihr verschiedenen Ereignisse den schädigenden Erfolg herbeigeführt hat. Wenn z. B. ein Schiffsmann im Dienst betrunken ist (§. 96 Nr. 7) und durch eine Öffnung stürzt, an welcher sonst eine Treppe war, deren zeitiges Fehlen er aber bemerkt haben würde, wenn er nicht betrunken gewesen wäre, so hat er keinen Anspruch auf kostenfreie Heilung der durch den Sturz herbeigeführten Verletzung. Ebenso wenn er ohne Erlaubnis das Schiff verlassen hat (§. 96 Nr. 4) und nun bei einer Schlägerei verletzt wird.

Neu ist auch die Vorschrift, daß der Schiffsmann keinen Anspruch aus §§. 59—61 hat, wenn er den Dienst ohne einen ihn nach §. 74 berechtigenden Grund verläßt. Dabei ist nicht bloß an die Fälle der Desertion (§§. 93 und 95) gedacht, andererseits liegt in dem bloßen unerlaubten Verlassen des Schiffes (§. 96 Nr. 4) noch kein Verlassen des Dienstes im Sinne des Gesetzes (Perels Anm. 4 zu §. 62).

b. Wenn auch auf den infolge einer eigenen strafbaren Handlung erkrankten oder verletzten Schiffsmann die §§. 59—61 keine Anwendung finden, so darf er doch weder auf dem Schiffe ohne Verpflegung und Heilbehandlung gelassen, noch ohne seine Zustimmung im Auslande hilflos zurückgelassen werden. Vgl. Anm 5 zu §. 59.

c. Unberührt bleibt das Recht des Kapitäns zur sofortigen Entlassung des dienstuntauglichen oder arbeitsunfähigen Schiffsmanns in den Fällen der Nr. 1 und 4 des §. 70. Vgl. dazu §§. 71 Abs. 1 und 83.

3) Zuständig ist das Seemannsamt, in dessen Bezirke sich der erkrankte Schiffsmann befindet bezw. das abmusternde Seemannsamt, wenn von dem Heuerguthaben Abzüge für Beköstigung und Heilbehandlung, auf die er keinen Anspruch hatte, gemacht werden sollen.

Zu §. 63.

1) Die hier geregelte Fürsorge für die Sachen und das Heuerguthaben des am Lande zurückgelassenen Schiffsmanns war in der bisherigen S O. nicht vorgeschrieben, sie hat nur hinsichtlich der Aufzeichnung der Sachen ein Vorbild in §. 52 Abs. 2 S.O.; vgl. hierüber Anm. 2 zu §. 65 Abs. 2. Vgl. ferner §. 114 Nr. 10 und §. 134.

2) Eine gleiche Verpflichtung liegt dem Kapitän nicht ob, wenn der erkrankte oder verletzte Schiffsmann desertiert. Vgl. §. 94 und Anm. zu §. 51.

Bei Erkrankung oder Verletzung des Kapitäns hat der Stellvertreter mit den Sachen des Kapitäns nach den Vorschriften der Abs. 1, 2 zu verfahren.

§. 64.[1]) [§. 51.]

Todesfall auf See. Belohnung für Schiffsvertheidigung.

Stirbt der Schiffsmann nach Antritt des Dienstes, so hat der Rheder die bis zum Todestage verdiente Heuer (§. 80) zu zahlen[2]) und, sofern der Tod innerhalb der Zeit der Fürsorgepflicht des Rheders (§. 59) erfolgt, die Bestattungskosten zu tragen.[3])

Ist anzunehmen, dass das Schiff innerhalb vierundzwanzig Stunden einen Hafen erreicht, so ist, falls nicht gesundheitliche Bedenken entgegenstehen, die Leiche mitzunehmen und für deren Bestattung am Lande Sorge zu tragen.

Die Art der Bestattung auf See muss den Seegebräuchen entsprechen.[4])

Wird der Schiffsmann bei Vertheidigung des Schiffes getödtet, so hat der Rheder eine angemessene, erforderlichen Falles von dem Richter zu bestimmende Belohnung zu entrichten.[5])

§. 65. [§§. 52, 53.]

Beurkundung von Sterbefällen. Nachlaßfürsorge.

Der auf dem Schiffe während der Reise eintretende Tod des Kapitäns oder eines Schiffsmanns ist gemäss §§. 61—64 des Gesetzes über die Beurkundung des Personenstandes und die Eheschliessung vom 6. Februar 1875 (Reichs-Gesetzbl. S. 23) bei Vermeidung der im §. 68 daselbst angedrohten Strafe zu beurkunden.[1])

Zu §. 64.

1) Vgl. §. 134 d. G. und §. 21 S.U.V.G., bezüglich der Schiffsoffiziere s. §. 3 Abs. 2 d. G., bezüglich des Kapitäns §. 554 H.G.B.

2) Durch diese Vorschrift wird der in mehreren Seerechten enthaltenen Bestimmung, daß den Erben des Verstorbenen die Heuer des ganzen Sterbemonats gebührt, entgegengetreten und zugleich durch die Verweisung auf §. 80 die Frage entschieden, ob in dem Falle, wenn die Heuer in Bausch und Bogen bedungen ist, der vor Vollendung der Reise verstorbene Schiffsmann überhaupt schon etwas verdient hat (P. 2024). Der Schiffsmann kann selbstverständlich (P. 3896) über die ihm nach diesem Paragraphen zu zahlende Heuer auch letztwillig verfügen. Betreffs der Form der Schiffsteftamente s. §§. 2251, 2252 B.G. und Anm. 1a zu §. 675 H.G.B.

3) Neu (vgl. §. 51 S.O.) ist die Vorschrift, daß der Reeder die Bestattungskosten auch dann zu tragen hat, wenn der Tod des Schiffsmanns innerhalb der Zeit der Fürsorgepflicht des Reeders (§. 59 Abs. 1 und 4) erfolgt. Hat ein Dritter vorsätzlich oder fahrlässig den Tod des Schiffsmanns verursacht, so ist er nach §. 844 Abs. 1 B.G. verpflichtet, dem Reeder diese Kosten zu ersetzen. Gegenüber den Erben des Schiffsmanns aber, welche nach der allgemeinen Vorschrift des §. 1968 B.G. die Kosten der Beerdigung zu tragen haben würden, hat der Reeder einen solchen Ersatzanspruch nicht, weil die Spezialvorschrift des §. 64 d. G. ihm die Tragung dieser Kosten auferlegt.

4) Abs. 2 und 3 sind neu in das Gesetz eingefügt. Vgl. §. 114 Nr. 11.

5) Vgl. Anm. 2 zu §. 61.

Zu §. 65.

1) Die erwähnten Bestimmungen des Reichsgesetzes vom 6. Februar 1875 lauten:

§. 59. Die Eintragung des Sterbefalles soll enthalten:

1. Vor- und Familiennamen, Stand oder Gewerbe und Wohnort des Anzeigenden;
2. Ort, Tag und Stunde des erfolgten Todes;

Soweit der Nachlass eines verstorbenen Schiffsmanns sich an Bord befindet, hat der Kapitän für die Aufzeichnung und sorgfältige Aufbewahrung sowie erforderlichen Falles für den Verkauf des Nachlasses im Wege der Versteigerung Sorge zu tragen. Die Aufzeichnung ist unter Zuziehung von zwei Schiffsoffizieren oder anderen glaubhaften Personen vorzunehmen.[2])

---

3. Vor- und Familiennamen, Religion, Alter, Stand oder Gewerbe, Wohnort und Geburtsort des Verstorbenen;
4. Vor- und Familiennamen seines Ehegatten, oder Vermerk, daß der Verstorbene ledig gewesen sei;
5. Vor- und Familiennamen, Stand oder Gewerbe und Wohnort der Eltern des Verstorbenen.

Soweit diese Verhältnisse unbekannt sind, ist dies bei der Eintragung zu vermerken.

§. 61. Geburten und Sterbefälle, welche sich auf Seeschiffen während der Reise ereignen, sind nach den Vorschriften dieses Gesetzes spätestens am nächstfolgenden Tage nach der Geburt oder dem Todesfall von dem Schiffer, unter Zuziehung von zwei Schiffsoffizieren oder anderen glaubhaften Personen, in dem Tagebuch zu beurkunden. Bei Sterbefällen ist zugleich die mutmaßliche Ursache des Todes zu vermerken.

§. 62. Der Schiffer hat zwei von ihm beglaubigte Abschriften der Urkunden demjenigen Seemannsamte, bei dem es zuerst geschehen kann, zu übergeben. Eine dieser Abschriften ist bei dem Seemannsamte aufzubewahren, die andere ist demjenigen Standesbeamten, in dessen Bezirk die Eltern des Kindes, beziehungsweise der Verstorbene ihren Wohnsitz haben oder zuletzt gehabt haben, behufs der Eintragung in das Register zuzufertigen.

§. 63. Ist der Schiffer verstorben oder verhindert, so hat der Steuermann die in den §§. 61 und 62 dem Schiffer auferlegten Verpflichtungen zu erfüllen.

§. 64. Sobald das Schiff in den inländischen Hafen eingelaufen ist, in welchem es seine Fahrt beendet, ist das Tagebuch der für den Standesbeamten des Hafenorts zuständigen Aufsichtsbehörde vorzulegen.

Diese hat beglaubigte Abschrift der in das Tagebuch eingetragenen Standesurkunde dem Standesbeamten, in dessen Register der Fall gehört (§. 62), behufs Kontrollierung der Eintragungen zuzustellen.

§. 68. Wer den ... vorgeschriebenen Anzeigepflichten nicht nachkommt, wird mit Geldstrafe bis zu 150 Mark oder mit Haft bestraft ...

Die bezeichnete Strafe trifft auch den Schiffer [Kapitän] oder Steuermann, welcher den Vorschriften der §§. 61—64 zuwiderhandelt.

Die Standesbeamten sind außerdem befugt, die zu Anzeigen oder zu sonstigen Handlungen auf Grund dieses Gesetzes Verpflichteten hierzu durch Geldstrafen anzuhalten, welche für jeden einzelnen Fall den Betrag von 15 Mark nicht übersteigen dürfen.

Vgl. auch §. 520 Abs. 2 H.G.B.

2) Der Kapitän, welcher die ihm nach Abs. 2 und 3 obliegende Fürsorge für den Nachlaß verabsäumt, ist nicht nur nach §. 114 Nr. 10 strafbar, sondern auch den Interessenten civilrechtlich verantwortlich (P. 2025). Vgl. jedoch §. 134. Eine Abschätzung des Nachlasses ist nicht vorgeschrieben, auch nicht eine öffentliche Versteigerung, die Nachlaßgegenstände können daher erforderlichen Falles unter der Schiffsmannschaft versteigert werden. Der für die Versteigerung zu beachtende §. 156 B.G. lautet:

Bei einer Versteigerung kommt der Vertrag erst durch den Zuschlag zustande. Ein Gebot erlischt, wenn ein Übergebot abgegeben oder die Versteigerung ohne Erteilung des Zuschlags geschlossen wird.

Die Nachlassgegenstände selbst, der etwaige Erlös aus denselben sowie das etwaige Heuerguthaben sind nebst der erwähnten Aufzeichnung und dem Nachweis über den Todesfall demjenigen Seemannsamte, bei dem es zuerst geschehen kann, oder mit dessen Genehmigung dem Seemannsamte des Ausreise- oder des Heimathshafens zu übergeben.[3])

Für den Nachlass des während der Reise verstorbenen Kapitäns hat der Stellvertreter nach Massgabe der Vorschriften der Abs. 2, 3 Sorge zu tragen.[4])

§. 66. [§. 54.]

Dauer der Dienstpflicht bei Heuerung auf Reise.

Der für eine Reise geheuerte Schiffsmann ist verpflichtet, während der ganzen Reise, einschliesslich etwaiger Zwischenreisen, bis zur Beendigung der Rückreise im Dienste zu verbleiben, wenn in dem Heuervertrage nicht ein Anderes bestimmt ist.[1])

Unter Rückreise im Sinne des Abs. 1 ist die Reise nach dem Hafen zu verstehen, von welchem das Schiff seine Ausreise angetreten hat. Wenn jedoch das Schiff von einem nicht europäischen Hafen (§. 82) kommt und seine Ausreise von einem deutschen Hafen angetreten hat, so gilt auch jede Reise nach einem Hafen Grossbritanniens, des Kanals, der Nordsee, des Kattegats, des Sundes oder der Ostsee als Rückreise, falls die Reise thatsächlich in dem betreffenden Hafen endet, und dies der Schiffsmannschaft spätestens alsbald nach der Ankunft vom Kapitän erklärt wird.[2])

---

3) Nach §. 52 Abs. 3 S.O. durfte das zunächst angegangene Seemannsamt aus besonderen Gründen die Übernahme der Nachlaßgegenstände ablehnen. Als ein solcher Ablehnungsgrund war bisher namentlich anerkannt, wenn das Schiff, auf welchem der Todesfall sich zutrug, geeignete Gelegenheit zur Beförderung der Gegenstände nach Deutschland bot. Nach dem jetzigen Gesetz ist dem Kapitän freigestellt, von einer Übergabe der in Abs. 3 bezeichneten Gegenstände an das zunächst zuständige Seemannsamt abzusehen und sie dem Seemannsamt entweder des Ausreise- oder des Heimatshafens zu übergeben. (Vgl. §§. 14, 24 und Anm. 2 dazu; vgl. auch §. 134.) „Um dabei etwaiger Sorglosigkeit oder Willkür des Kapitäns vorzubeugen ist die Genehmigung des zuerst erreichbaren Seemannsamts vorbehalten. Von dessen Pflichtgefühl darf erwartet werden, daß es die größere Freiheit in diesem Punkte nicht dazu benützen wird, um sich ohne triftige Gründe der Fürsorge für den Nachlaß des Schiffsmanns zu entschlagen" (Begr. S. 70).

4) Vgl. §. 63 Abs. 3 und §. 114 Nr. 10.

Zu §. 66.

1) §. 66 handelt nur von der Heuerung auf Reise; die Heuerung auf Zeit wird in §. 67 geregelt. Vgl. §. 28. Mangels anderer Vereinbarung muß der für eine Reise geheuerte Schiffsmann (vgl. §. 3 Abs. 2) in der Regel im Dienste bleiben, bis das Schiff in denjenigen Hafen zurückkehrt, von welchem es seine Ausreise angetreten hat, es sei denn, daß einer der Fälle der §§. 69, 74, insbesondere §. 74 Nr. 3 vorliegt. Aus der Tatsache, daß die Heuer in Bausch und Bogen bedungen ist, folgt nicht ohne weiteres die Beschränkung des Vertrags auf eine bestimmte Reise und der Ausschluß der Verpflichtung des Schiffsmanns etwaigen Weisungen des Reeders in betreff von Zwischenreisen Folge zu geben (P. 1983). Andererseits endet der Vertrag mit der Rückkehr in den Hafen der Ausreise (vgl. §. 68), mag man immerhin beim Abschlusse des Vertrags oder bei der Anmusterung an eine längere Dauer desselben gedacht haben (H.G.Z. 1875 S. 386). Betreffs der Erhöhung der Heuer für den seit zwei Jahren im Dienste befindlichen Schiffsmann s. §. 52.

2) a. Der Reeder kann durch die Konjunkturen veranlaßt sein, das Schiff nicht nach dem Hafen der Ausreise zurückkehren zu lassen. In solchem Falle würde es vielfach eine Härte gegen ihn sein, wenn man die Entlassung der Mannschaft in einem deutschen oder den deutschen Küsten

Endet die Rückreise nicht in dem Hafen der Ausreise, so hat der Schiffsmann Anspruch auf freie Zurückbeförderung (§§. 78, 79) nach diesem Hafen oder nach Wahl des Kapitäns auf eine entsprechende, im Streitfalle vom Seemannsamte vorläufig festzusetzende Vergütung; ausserdem gebührt ihm neben der verdienten Heuer die Heuer für die Dauer der Zurückbeförderung (§. 73).[3])

§. 67 [neu].

Dauer der Dienstpflicht bei Heuerung auf Zeit.

Der für eine bestimmte Zeit geheuerte Schiffsmann ist, sofern keine andere Vereinbarung getroffen ist, verpflichtet, bis zum Ablaufe dieser Zeit im Dienste zu verbleiben.[1])

Läuft die Dienstzeit während einer Reise ab, so kann in Ermangelung einer anderen Vereinbarung der Schiffsmann seine Entlassung erst im nächsten Hafen, welchen das Schiff zum Löschen oder Laden anläuft, verlangen. Ist es nach Bescheinigung des Seemannsamts oder in Ermangelung eines solchen der örtlichen Behörde dem Kapitän nicht möglich, in dem Hafen einen Ersatzmann anzuheuern, so ist der Schiffsmann verpflichtet, gegen eine Erhöhung der Heuer um ein Viertel, den Dienst bis zu einem Hafen, in welchem der Ersatz möglich ist, längstens aber noch drei Monate hindurch fortzusetzen.[2]) **Ist der Schiffsmann in einem deutschen Hafen geheuert, so muss auf sein**

---

nahe gelegenen Hafen als eine Entlassung im Sinne des §. 72 mit dem dort vorgeschriebenen längeren Heuerbezug behandeln wollte. Deshalb ist in Abs. 2 Satz 2 bestimmt, daß als Rückreise auch anzusehen ist, wenn das von einem nicht europäischen Hafen (§. 82 d. G., vgl. auch §. 483 H G.B.) kommende Schiff, welches die Reise von einem deutschen Hafen (§. 6 Abs. 2) angetreten hat, seine Reise in einem Hafen Großbritanniens, des Kanals, der Nordsee, des Kattegats, des Sundes oder der Ostsee beendet. Der Kapitän ist aber verpflichtet, der Schiffsmannschaft diese Beendigung alsbald nach der Ankunft im Hafen mitzuteilen, und die Reise muß auch *tatsächlich* dort beendet sein.

b. Endet die Rückreise im Falle des Abs. 2 außerhalb des Reichsgebiets, so kann zweifelhaft sein, ob der Kapitän nach der allgemeinen Vorschrift des §. 83 die Genehmigung des Seemannsamts zur Zurücklassung der Mannschaft in dem ausländischen Hafen einholen muß, und ob auch sonst die Vorschrift des §. 83 hier Anwendung findet. Man wird in solchem Falle aber von der Anwendung des §. 83 abzusehen haben, weil dann das Dienstverhältnis tatsächlich und rechtlich beendet ist, und weil die Spezialvorschrift des §. 66 Abs. 2 inhaltlich gerade die Zulässigkeit der Zurücklassung der Schiffsmannschaft in dem den deutschen Küsten nahe belegenen Auslande vorsieht.

3) Der Schiffsmann hat allgemein den Anspruch auf freie Zurückbeförderung (§§. 78, 79) nach dem Hafen der Ausreise — bezw., wenn er in einem deutschen Hafen geheuert ist und der Hafen der Ausreise außerhalb des Reichsgebiets liegt, nach dem Hafen der Anheuerung (§. 60), — sowie auf Fortbezug der Heuer für die vermutliche Dauer der Zurückbeförderung (§. 73). Abweichend von dem bisherigen Recht (Art. 538 A.D.H. und §. 54 S.O.), hat im Falle des §. 66 der *Kapitän* die Wahl, ob er dem Schiffsmann statt der freien Zurückbeförderung eine Vergütung gewähren will. Gegen die im Streitfalle von dem Seemannsamte zu bewirkende Festsetzung dieser Barvergütung steht der Rechtsweg nach §§. 128 ff. offen.

Zu §. 67.

1) Die hier zugelassene freie Vereinbarung über die Dauer der Dienstpflicht des Schiffsmanns kann sowohl beim Abschlusse des Heuervertrags bezw. bei der Anmusterung (§. 14) wie im Laufe des Dienstverhältnisses getroffen werden. Unberührt bleibt das Recht des Schiffsmanns in den gesetzlich vorgesehenen Fällen (§§. 69, 74) seine sofortige Entlassung zu fordern.

2) Damit die Möglichkeit geschaffen wird, einen Ersatzmann anzuheuern, darf der Schiffsmann, dessen Dienstzeit während einer Reise abläuft, mangels besonderer Vereinbarung seine

Verlangen das Dienstverhältniss unter den bisherigen Bedingungen bis zur Rückkehr nach einem deutschen Hafen, längstens aber noch drei Monate hindurch fortgesetzt werden.[3])

§. 68. [§. 55.]

Dienstpflicht nach Beendigung der Reise.

Nach beendigter Reise kann der Schiffsmann seine Entlassung nicht früher verlangen, als bis die Ladung gelöscht, das Schiff gereinigt und im Hafen oder an einem anderen Orte festgemacht, auch die etwa erforderliche Verklarung abgelegt ist.

Erlöschen des Heuervertrags. §. 69. [§. 56.]

Der Heuervertrag endet, wenn das Schiff durch einen Zufall dem Rheder verloren geht,[1]) **insbesondere**

1. **wenn es verunglückt;**
2. **wenn es als reparaturunfähig oder reparaturunwürdig kondemnirt (§. 479 des Handelsgesetzbuchs) und in dem letzteren Falle ohne Verzug öffentlich verkauft wird;**

Entlassung erst in einem Hafen verlangen, „in welchem das Schiff sich einige Zeit aufhält, wie dies beim Löschen oder Laden, nicht aber beim Anlaufen zur Empfangnahme von Ordre oder zum bloßen Aus- und Einschiffen von Passagieren zu geschehen pflegt". (Begr. S. 71.) Er muß ferner, wenn die in Abs. 2 Satz 2 vorgesehene Bescheinigung vorliegt, den Dienst bis zu einem Hafen, in welchem der Ersatz möglich ist, längstens noch drei Monate vom Ablaufe der Dienstzeit ab fortsetzen, erhält aber für diese verlängerte Dienstzeit, von dem Zeitpunkt ab, in welchem das Schiff in den ersten Hafen zum Löschen oder Laden einläuft, bis zur Beendigung des Dienstes, eine durch Vereinbarung nicht auszuschließende Erhöhung der Heuer um ein Viertel.

3) Das im Satz 3 festgesetzte Recht des in einem deutschen Hafen geheuerten Schiffsmanns, dessen Dienstzeit während einer Reise abläuft, auf Fortsetzung des Dienstes unter den bisherigen Bedingungen kann durch eine vorherige Vereinbarung nicht ausgeschlossen werden. Dies ergibt sich aus der Absicht des Gesetzes, die deutschen Schiffsleute tunlichst wieder nach der deutschen Heimat zurückzuführen und sie der deutschen Flotte zu erhalten (Begr. S. 71), sowie aus §. 1 Abs. 2, nach welchem die Bestimmungen des Gesetzes der Abänderung durch Vertrag entzogen sind, soweit nicht eine anderweitige Vereinbarung ausdrücklich zugelassen ist. Selbstverständlich wird das Dienstverhältnis nicht fortgesetzt, wenn der Schiffsmann dies im gegebenen Falle nicht verlangt.

Zu §. 68.

Die Dienstpflicht des Schiffsmanns endet eigentlich mit der Beendigung der Reise bezw. mit dem Ablaufe der Zeit, für welche er geheuert ist. Die hier beibehaltene Vorschrift des §. 55 S.O., daß der Schiffsmann nach beendigter Reise seine Entlassung erst fordern kann, wenn die Ladung gelöscht ist, ist im Interesse der Kleinschiffahrt gegeben. „Im großen Schiffahrtsbetriebe pflegt das Löschen der Ladung im Endhafen nicht mehr durch die Schiffsmannschaft, sondern durch besondere Landarbeiter (Schauerleute) besorgt zu werden, die Abmusterung erfolgt dort alsbald nach der Befestigung und Reinigung des Schiffes" (Begr. S. 71).

Vgl. §§. 54 und 55 und betreffs der Mitwirkung der Schiffsmannschaft bei der Verklarung §. 42 d. G. und §§. 522—525 H.G.B.

Zu §. 69.

1) Durch einen zufälligen Verlust des Schiffes hört das Vertragsverhältnis zwischen dem Reeder und dem Schiffsmann von selbst auf, ohne daß es einer Willenserklärung des Schiffers

3. wenn es geraubt wird;
4. wenn es aufgebracht oder angehalten und für gute Prise erklärt wird.

Der Schiffsmann hat alsdann Anspruch auf freie Zurückbeförderung (§§. 78, 79) nach dem Hafen der Ausreise oder nach Wahl des Kapitäns auf eine entsprechende, im Streitfalle vom Seemannsamte vorläufig festzusetzende Vergütung; ausserdem ist ihm neben der verdienten Heuer noch der Betrag der halben Heuer für die Dauer der Zurückbeförderung (§. 73) zu gewähren.[2])

§. 70.[1]) [§. 57.]

Sofortige Entlassung des Schiffsmanns.

Der Kapitän kann den Schiffsmann vor Ablauf der Dienstzeit entlassen:

1. solange die Reise noch nicht angetreten ist, wenn der Schiffsmann zu dem Dienste, zu welchem er sich verheuert hat, untauglich ist;[2])

---

oder Reeders bedarf. Denn die Mannschaft ist nur dazu bestellt, dem betreffenden Schiffe Dienste zu leisten (Gareis-Fuchsberger S. 974). Wäre der Untergang des Schiffes nur ein Entlassungsgrund und keine Erlöschungsart des Vertrages, so würde die Mannschaft, selbst wenn sie ganz auseinander gesprengt wäre, bis zur förmlichen Entlassung Anspruch auf die Heuer haben. (P. 1986, 1988.) Vgl. aber noch §. 42. — Zu beachten ist, daß der Dienstvertrag des Kapitäns nicht mit dem Untergange des Schiffes endet (§. 555 H.G.B.). Diese Verschiedenheit hat darin ihren Grund, daß der Kapitän nicht bloß als nautischer Führer des Schiffes in Betracht kommt, sondern auch während der Reise als Mandatar Geschäfte der Reederei zu führen hat und in dieser Eigenschaft oft noch nach Untergang des Schiffes die Interessen seiner Mandanten oder sonstiger Beteiligten wahrzunehmen hat (P. 1987, 3840), was bei der Mannschaft nicht zutrifft. Wegen dieser Bemühungen kann der Kapitän dann diejenigen Ansprüche geltend machen, die ihm aus der Fortdauer seines Dienstvertrags zustehen (Seuffert Archiv Bd. 53 S. 437).

Der Verkauf des Schiffes ist im allgemeinen ohne Einfluß auf den Heuervertrag, vgl. jedoch §. 74 Nr. 2.

2) Wenngleich der Heuervertrag der Schiffsmannschaft durch den Verlust des Schiffes endet, so ist dem Schiffsmanne doch aus Billigkeitsrücksichten (P. 1988, Begr. S. 71) der in Abs. 2 bezeichnete Anspruch eingeräumt worden. Im Falle des §. 60 kann der Schiffsmann die Zurückbeförderung auch nach dem Hafen, an welchem er geheuert ist, verlangen. Der Anspruch auf den Betrag der halben Heuer für die Dauer der Zurückbeförderung fällt natürlich fort, wenn dem Schiffsmanne gemäß §. 79 ein anderweiter Dienst nachgewiesen wird. Betreffs der Berechnung der Heuer, falls eine Pauschalheuer bedungen ist, vgl. §. 80.

Zu §. 70.

1) Die hier aufgezählten Gründe zur sofortigen Entlassung des Schiffsmanns (§. 3 Abs. 2) sind nicht erschöpfend. Zwar können, abweichend von §. 57 S.O., anderweite Entlassungsgründe durch vorherige Vereinbarung nicht festgesetzt werden (Begr. S. 72), daneben aber besteht das Recht des Kapitäns, den Schiffsmann aus wichtigen Gründen (§. 626 B.G.), z. B. wegen Geisteskrankheit zu entlassen. Vgl. Vorbemerkung VI zu Abschn. III und Anm. 1 zu §. 74. Betreffs der Ansprüche des Entlassenen s. §. 71, betreffs seiner Zurücklassung außerhalb des Reichsgebiets vgl. §. 83.

2) Die Ziff. 1 behandelt nur den Fall, wenn die Untauglichkeit zu dem übernommenen Dienste vor Antritt der Reise zum Vorschein kommt. Der Kapitän oder Reeder ist nicht verpflichtet zu untersuchen, ob der Schiffsmann, der zu den versprochenen Diensten sich unfähig zeigt, nicht etwa zu anderen Diensten verwendet werden kann und ihn zu solchen zu gebrauchen. — Der Fall, wenn die Unfähigkeit sich nach Antritt der Reise zeigt, ist im § 43 besonders geregelt.

2. wenn der Schiffsmann eines groben Dienstvergehens, insbesondere wiederholten Ungehorsams, fortgesetzter Widerspenstigkeit, wiederholter Trunkenheit im Dienste oder der Schmuggelei sich schuldig macht;[3])
3. wenn der Schiffsmann des Vergehens des Diebstahls, Betrugs, der Untreue, Unterschlagung, Hehlerei oder Urkundenfälschung oder einer mit Todesstrafe oder mit Zuchthaus bedrohten Handlung sich schuldig macht;[4])
4. wenn der Schiffsmann durch eine strafbare Handlung eine Krankheit oder Verletzung sich zuzieht, welche ihn arbeitsunfähig macht;[5])
5. wenn der Schiffsmann mit einer geschlechtlichen Krankheit behaftet ist, die den übrigen an Bord befindlichen Personen Gefahr bringen kann. Ob dies der Fall ist, bestimmt sich, sofern ein Arzt zu erlangen ist, nach dessen Gutachten;[6])
6. wenn die Reise, für welche der Schiffsmann geheuert war, wegen Krieg, Embargo oder Blokade, wegen eines Ausfuhr- oder Einfuhrverbots oder wegen eines anderen, Schiff oder Ladung betreffenden Zufalls nicht angetreten oder fortgesetzt werden kann.[7])

Der Kapitän muss die Entlassung, sowie deren Grund, sobald es geschehen kann, dem Schiffsmanne mittheilen und in den Fällen des Abs. 1 Nr. 2 bis 5 spätestens, bevor dieser das Schiff verlässt, in das Schiffstagebuch eintragen.[8]) Dem Schiffsmann ist auf Verlangen eine vom Kapitän unterzeichnete Abschrift der Eintragung auszuhändigen.

---

3) Hier ist an Verstöße gegen die Disziplin und an Verletzungen gesetzlicher Vorschriften, nicht aber an Untauglichkeit und Mangel an Sorgfalt bei der Arbeit im Dienste gedacht (H.G.Z. 1882 S. 155). Ein grobes Dienstvergehen im Sinne der Ziff. 2 liegt auch nicht schon vor, wenn der Schiffsmann sich eine der in §. 96 Nr. 1—8 aufgezählten gröblichen Verletzungen seiner Dienstpflicht schuldig gemacht hat. Denn nach §. 70 Ziff. 2 bildet z. B. erst wiederholte Trunkenheit im Dienst (vgl. §. 96 Nr. 7) oder wiederholter Ungehorsam (vgl. §. 96 Nr. 2) einen sofortigen Entlassungsgrund. Immerhin sind die hier in Ziff. 2 aufgeführten Fälle nur Beispiele der groben Dienstvergehen, und es werden namentlich auch die Vergehen gegen §§. 100—106 d. G. als sofortige Entlassungsgründe im Sinne der Ziff. 2 anzusehen sein.

4) Vgl. §. 127 Abs. 2.

5) Vgl. §§. 62, 63 und Anm. 2a zu §. 62.

6) Ist kein Arzt zu erlangen, so entscheidet der Kapitän. Die Fürsorgepflicht des Reeders für einen geschlechtlich erkrankten und deshalb entlassenen Schiffsmann bleibt bestehen (§§. 62, 59—61, 63).

7) Die hier aufgezählten Fälle haben das Gemeinsame, daß die Ausführung des Unternehmens, für welches der Schiffsmann geheuert worden ist, durch einen Zufall gehindert wird. Der Schiffsmann soll diesen Zufall ebenso tragen wie der Reeder. Beruht der Nichtantritt oder die Aufhebung der Reise aber auf freier Entschließung des Reeders, so findet §. 72 bezw. für den auf Zeit geheuerten Schiffsmann §. 615 B.G. Anwendung; vgl. Anm. 1 zu §. 72. — Betreffs Embargo und Blockade vgl. Anm. 2 und 3 zu §. 629 H.G.B. — Auch Eishindernis und Beschädigung des Schiffes, wenn sie den Antritt oder die Fortsetzung der Reise erheblich verhindern, berechtigen den Kapitän zur sofortigen Lösung des Vertragsverhältnisses, obwohl eine entsprechende im Entwurfe enthaltene Bestimmung von der Reichstagskommission gestrichen worden ist. (Vgl. Kom.Ber. S. 50). Nicht notwendig ist, daß das Hindernis oder die Beschädigung nach Antritt der Reise neu aufgetreten ist, vielmehr genügt, daß nach der zeitigen Sachlage dieserhalb die Reise nicht fortgesetzt werden kann (H.G.Z. 1875 S. 385). Wegen der Ansprüche des Schiffsmanns auf Heuer und Zurückbeförderung vgl. §§. 71 Abs. 3, 69 Abs. 2; betreffs des Kapitäns s. §. 517 H.G.B.

8) Will der Kapitän im gegebenen Falle von seinem Entlassungsrechte keinen Gebrauch machen, so müssen doch nach §. 520 Abs. 2 H.G.B. die auf dem Schiff begangenen strafbaren Handlungen (vgl. §§. 96 und 126) und die verhängten Disziplinarstrafen in das Tagebuch ein-

§. 71.[1]) [§. 58.]

Ansprüche des Schiffsmanns bei gerechtfertigter Entlassung.

Dem Schiffsmanne gebührt in den Fällen des §. 70 Nr. 1 bis 4 nicht mehr als die verdiente Heuer (§. 80).

Im Falle der Nr. 5 bestimmen sich die Ansprüche des Schiffsmanns nach den Vorschriften der §§. 59 bis 61. Dies gilt für Angehörige eines auswärtigen Staates nur insoweit, als nach einer im Reichs-Gesetzblatt enthaltenen Bekanntmachung Deutschen, die zum Dienste auf einem Schiffe dieses Staates angestellt sind, durch die dortige Gesetzgebung oder durch Staatsvertrag eine entsprechende Fürsorge gewährleistet ist.[2])

In den Fällen der Nr. 6 stehen dem Schiffsmanne, wenn die Entlassung nach Antritt der Reise erfolgt, die im §. 69 Abs. 2 bezeichneten Ansprüche zu.[3])

§. 72.[1]) [§. 59.]

Ansprüche des Schiffsmanns bei ungerechtfertigter Entlassung.

Der für eine Reise geheuerte Schiffsmann, welcher aus anderen als aus den im §. 70 erwähnten Gründen vor Ablauf des Heuervertrags entlassen wird, erhält als Entschädigung

---

getragen werden. Vgl. §. 114 Nr. 12. Er kann jedoch den früher unbenutzt gelassenen Grund nicht später gelegentlich zur Entlassung hervorsuchen, weil §. 70 Abs. 2 vorschreibt, daß die Entlassung erfolgen muß, sobald sie geschehen kann. Die Möglichkeit einer Ersatzanheuerung wird der Kapitän in geeigneten Fällen abwarten dürfen.

Zu §. 71.

1) §. 71 regelt die Ansprüche des berechtigter Weise vor Ablauf der Dienstzeit entlassenen Schiffsmanns (vgl. §. 3 Abs. 2).

2) Vgl. Anm. 2a zu §. 62 und Anm. 6 zu §. 70. Die Klausel des Abs. 2 Satz 2 soll auf auswärtige Staaten einen Druck üben, damit sie geschlechtlich erkrankten deutschen Seeleuten auf ihren Schiffen dieselbe Fürsorge widmen, wie die deutsche Seegesetzgebung.

3) Vgl. auch §. 60.

Zu §. 72.

1) a. §. 72 regelt die Folgen einer ungerechtfertigten Entlassung des Schiffsmanns (vgl. §. 3 Abs. 2 und bezüglich des Kapitäns §. 548 H.G.B.), jedoch nur für den Fall, wenn er für eine bestimmte Reise geheuert ist. Ebenso ist der Fall zu behandeln, wenn der Schiffsmann bei einer Heuerung auf unbestimmte Zeit (§. 28 Abs. 3) die Einberufungsorder zu einer bestimmten Reise bereits angenommen hat. Der ungerechtfertigten Entlassung steht es gleich, wenn der Reeder aus freier Entschließung, mag sie auch nach Lage der Verhältnisse begründet erscheinen, von der Ausführung der Reise Abstand nimmt.

Nach §. 72 hat der vor Antritt der Reise Entlassene den Anspruch aus Abs. 1, der nach Antritt der Reise Entlassene die Ansprüche aus Abs. 1 und 2, und zwar auf Heuer für die Dauer der Rückreise nach näherer Maßgabe des §. 73. — Betreffs der Berechnung der Heuer vgl. §. 80. — Damit sind die Ansprüche des für eine Reise geheuerten Schiffsmanns im Fall ungerechtfertigter Entlassung erschöpft, insbesondere kann er nicht daneben oder an ihrer Stelle Schadensersatz nach allgemeinen Grundsätzen fordern. Andererseits ist die Forderung aus §. 72 an den Nachweis eines Schadens auf Seiten des Schiffsmanns nicht gebunden, insbesondere fällt die Heuer für einen Monat weder ganz noch teilweise fort, wenn auch der Schiffsmann schon vor Ablauf eines Monats anderweiten Dienst findet. Die Monatsheuer gilt als die fixe Entschädigung für diejenige Zeit, die voraussichtlich nötig ist, um eine neue Erwerbsstelle zu finden.

die Heuer für einen Monat unter Anrechnung der etwa empfangenen Hand- und Vorschussgelder.[2])

Ist die Entlassung erst nach Antritt der Reise erfolgt, so hat er ausserdem Anspruch auf freie Zurückbeförderung (§§. 78, 79) nach dem Hafen der Ausreise oder nach Wahl des Kapitäns auf eine entsprechende, im Streitfalle von dem Seemannsamte vorläufig festzusetzende Vergütung. Auch erhält er ausser der im Abs. 1 vorgesehenen und der verdienten Heuer (§. 80) die Heuer für die nach §. 73 zu berechnende voraussichtliche Dauer seiner Reise nach dem Rückbeförderungshafen.[3])

§. 73.[1]) [§. 60.]

Dauer der Rückreise im Falle vorzeitiger Entlassung.

Ist der Rückbeförderungshafen ein deutscher, so wird in Fällen vorzeitiger Entlassung nach Antritt der Reise (§. 72 Abs. 2) behufs Ermittelung der dem Schiffsmanne für die Rückreise gebührenden Heuer die Dauer der Reise unter Zugrundelegung von Dampfschiffsbeförderung, wie folgt, gerechnet:

bei Entlassung:	zu:	
a) in einem Hafen der Nordsee oder des englischen Kanals, der Ostsee oder der an diese angrenzenden Gewässer	$^1/_2$	Monat,
b) in einem sonstigen europäischen Hafen (§. 82)	1	„
c) in einem aussereuropäischen Hafen, mit Ausnahme der unter d genannten	$1^1/_2$	„
d) in einem Hafen des Grossen Ozeans oder Australiens	2	„ .

---

b. Ist der Schiffsmann auf bestimmte Zeit geheuert und wird er aus anderen als im §. 70 erwähnten Gründen vor Ablauf der Dienstzeit entlassen, so kann er die Heuer einschließlich einer Entschädigung für Beköstigung und Logis für die ganze Vertragsdauer verlangen, er muß sich jedoch den Wert desjenigen abrechnen lassen, was er infolge des Unterbleibens der Dienstleistung erspart oder durch anderweitige Verwendung seiner Dienste erwirbt oder zu erwerben böswillig unterläßt (§. 615 B.G.). Einen Anspruch auf Rückbeförderung hat der auf Zeit Geheuerte im Falle vorzeitiger ungerechtfertigter Entlassung nicht, weil ihm ein solcher Anspruch auch im Falle der normalen Beendigung des Dienstverhältnisses nicht zusteht (§. 67). Nur dem in einem deutschen Hafen geheuerten Schiffsmann wird man unter analoger Anwendung des §. 67 Abs. 2 Satz 3 einen solchen Anspruch zugestehen können, zumal das Gesetz von der Absicht ausgeht, die deutschen Schiffsleute möglichst wieder nach Deutschland zurückzuführen.

2) Die Heuer für einen Monat hat der vor Antritt der Reise unberechtigt entlassene Schiffsmann zu fordern, auch wenn er noch nicht angemustert worden ist. Ist der Betrag der Hand- und Vorschußgelder (§. 47) größer als eine Monatsheuer, so muß der Schiffsmann den Überschuß zurückzahlen.

3) Die freie Zurückbeförderung nach dem Hafen der Ausreise bezw. im Falle des §. 60 nach dem Hafen der Anheuerung umfaßt nach §. 78 auch den Anspruch auf Unterhalt während der wirklichen oder vermutlichen (§. 73) Dauer der Reise; bis zur Erlangung einer Gelegenheit zur Rückreise hat aber der Entlassene keinen Anspruch auf Entschädigung für Kost und Logis. Außerhalb des Reichsgebiets wird in solchem Falle das Seemannsamt gemäß §. 83 einer drohenden Hilfsbedürftigkeit vorzubeugen haben. — Will der Schiffsmann nicht zurückbefördert werden, so fällt der Anspruch auf Zurückbeförderung und auf Heuer für die voraussichtliche Dauer der Rückreise fort.

Zu §. 73.

1) §. 73 regelt die Berechnung der Dauer der Rückreise behufs Ermittelung der Heuer, welche dem nach Antritt der Reise ungerechtfertigt entlassenen Schiffsmann gemäß §. 72 Abs. 2

Muss die Rückbeförderung ganz oder theilweise mittelst Segelschiffs stattfinden, so ist für die mittelst Segelschiffs zurückzulegende Strecke das Doppelte der Dauer der Dampfschiffsbeförderung zu rechnen.

Erfolgt in den Fällen a und b des Abs. 1 die Rückbeförderung unter ausschliesslicher Benutzung der Eisenbahn, so wird die Dauer der Reise nicht in Ansatz gebracht.[2])

Die Dauer der Rückreise wird nach Massgabe des Vorstehenden, bei Rückbeförderung nach einem ausserdeutschen Hafen unter angemessener Berücksichtigung der Sätze a bis d, im Streitfalle vom Seemannsamte vorläufig festgesetzt.[3])

§. 74.[1]) [§. 61.]

Rücktritt des Schiffsmanns vom Vertrage.

Der Schiffsmann kann seine Entlassung fordern:

1. wenn sich der Kapitän einer schweren Verletzung seiner Pflichten gegen den

---

zusteht. Als Regelfall ist die Zurückbeförderung nach einem deutschen Hafen (§. 6 Abs. 2) in Betracht gezogen, und, abweichend von §. 60 S.O., die Dampfschiffsbeförderung zu Grunde gelegt. Ob im Einzelfalle die Rückbeförderung längere oder kürzere Zeit gedauert hat, als in Abs. 1 angegeben, ist unerheblich, da nach §. 72 die Heuer nicht für die tatsächliche, sondern für die nach §. 73 zu berechnende voraussichtliche Dauer der Rückreise zu gewähren ist. Nur wenn bei der vorläufigen Festsetzung (s. Abs. 4) die Benutzung eines Segelschiffs in Betracht gezogen worden ist, weil keine Dampfschiffsbeförderung in Aussicht stand, und schließlich doch die Rückbeförderung mittelst Dampfschiffs erfolgt ist, wird die zur Zeit ihrer Aufstellung zutreffende Berechnung dem tatsächlichen Verlaufe entsprechend zu ändern sein, weil die Rückbeförderung nicht mittelst Segelschiffs erfolgen mußte (s. Abs. 2).

2) Nur wenn die Rückbeförderung nach einem deutschen Hafen unter ausschließlicher Benutzung der Eisenbahn erfolgt, fällt der Anspruch auf Heuer für die Dauer der Rückreise fort. Dies wird bei Entlassung in einem außereuropäischen Hafen (Fälle c und d) zur Zeit nicht vorkommen, weil die entsprechenden Eisenbahnverbindungen noch fehlen; aber auch in den Fällen zu a und b kommt die dort angegebene Zeitdauer für die Berechnung der Heuer dann voll in Ansatz, wenn die Rückbeförderung unter teilweiser Benutzung der Eisenbahn erfolgt.

3) „Die vorläufige (§§. 129 ff.) Entscheidung über die Bemessung der dem Schiffsmanne für die Rückreise zukommenden Heuer soll, wie in anderen Fällen (vgl. §§. 57, 59 Abs. 6, 61, 66, 69) bei mangelnder Einigung dem Seemannsamt obliegen. Die Entscheidung ist für die Fälle der Rückbeförderung nach einem außerdeutschen Hafen dem billigen Ermessen des Seemannsamts überlassen, welches dabei aber die Sätze zu a—d tunlichst berücksichtigen soll. So wird für die Rückbeförderung von einem außereuropäischen Hafen nach einem ausländischen Hafen der Nord- oder der Ostsee der Satz unter c unverändert zur Anwendung zu bringen sein, während in anderen Fällen die angegebenen Sätze der Lage des Falles entsprechend zu ermäßigen oder zu erhöhen sein werden.“ (Begr. S. 74). — Betreffs der Berechnung der Monatsheuer, falls für die ganze Reise eine Pauschalheuer vereinbart ist, vgl. §. 80.

Zu §. 74.

1) a. **Fälle des Rücktritts.** §. 74 regelt das Recht des Schiffsmanns (§. 3 Abs. 2), seine Entlassung vor Ablauf der Vertragszeit zu fordern. Vgl. §. 1 Abs. 2. Es kann Zweifel darüber entstehen, ob er außer in den hier aufgezählten Fällen noch gemäß §. 626 B.G. das Recht auf sofortige Lösung des Dienstverhältnisses hat, wenn ein „wichtiger Grund“ vorliegt. Bei der Beantwortung dieser Frage können ausschlaggebende Gründe nicht daraus hergeleitet werden, daß bei der Beratung des A.D.H. einzelne im Art. 459 des Entwurfs aufgeführte Rücktrittsgründe um deswillen gestrichen worden sind, weil „die allgemeinen Grundsätze des Rechts

Schiffsmann, insbesondere durch Misshandlung oder durch Duldung solcher seitens anderer Personen der Schiffsbesatzung, durch grundlose Vorenthaltung

---

für deren Beurteilung ausreichten“ (P. 2004 und 2007). Denn das A.D.H. hat überhaupt davon abgesehen, die Rücktrittsgründe des Schiffsmanns erschöpfend zu regeln und im Art. 547 Abs. 3 den Landesgesetzen die Bestimmung zugewiesen, ob und aus welchen anderen Gründen dem Schiffsmann das Recht, die Entlassung zu fordern, außerdem noch zustehe. Dagegen beabsichtigt die Seemannsordnung, wie aus der ganzen Anlage des Gesetzes und aus der Begründung zu §. 1 hervorgeht, die aus dem Schiffsdienst sich ergebenden Rechtsverhältnisse erschöpfend zu regeln und das allgemeine bürgerliche Recht nur insoweit anwenden zu lassen, als sie selbst keine Bestimmung trifft. Vgl. auch §. 7 Abs. 3, §. 133. Man wird daher weitere, aus den besonderen Verhältnissen des Schiffsdienstes herzuleitende, Rücktrittsgründe für den Schiffsmann nicht zulassen können, dagegen andere hiermit nicht in Zusammenhang stehende Gründe, wenn sie wichtige im Sinne des §. 626 B.G. sind, als vertragauflösende behandeln müssen. Vgl. Vorbemerkung VI zu Abschn. III. Das Rücktrittsrecht des Schiffsmanns, soweit es aus den besonderen Verhältnissen des Schiffsdienstes zu begründen ist, ist nun im §. 74, sowohl vom Standpunkte des Rechtes (Nr. 1 und 2) wie vom Standpunkte der Billigkeit (Nr. 3—5) geregelt und deshalb wird insbesondere die nach älterem Recht streitige Frage zu verneinen sein, ob der Schiffsmann, welcher sich in Friedenszeiten verheuert hat, nach Ausbruch eines Krieges berechtigt ist, wegen drohender Kriegsgefahr seine Entlassung zu fordern. Vgl. O.T. Bd. 66 Nr. 48, Z.f.H. Bd. 18 S. 572, Boyens Bd. I S. 457, und dagegen R.O.H.G. Bd. 8 S. 341, Lewis S. 114. Den für die Verneinung der Frage sprechenden Momenten ist noch hinzuzufügen, daß §. 70 Nr. 6 dem Kapitän das Entlassungsrecht gibt, wenn die Reise wegen Kriegsgefahr nicht angetreten werden kann und es danach nahelag, eine entsprechende Bestimmung in §. 74 einzufügen, wenn man Kriegsgefahr als Rücktrittsgrund für den Schiffsmann hätte zulassen wollen. Die ausdrückliche Ausnahmevorschrift des §. 74 Abs. 2, die allerdings überflüssig ist, da die Rücktrittsgründe in Abs. 1 aufgezählt sind, kann als argumentum e contrario nicht dienen, weil sie, wie die Motive zu dem gleichlautenden §. 61 Abs. 2 S.O. bemerken, nur aufgenommen ist, „um mißverständlichen Auffassungen zu begegnen“. (Mot. S. 59.) — Vgl. §§. 77, 129 Abs. 3.

Militärpflicht des Schiffsmanns bildet einen Grund zur Aufhebung des Vertrages, wenn der Schiffsmann dem Beurlaubtenstande oder der Ersatzreserve (§. 56 R.Mil.Ges. v. 2. Mai 1874, §§. 11, 19 R.Ges. v. 11. Februar 1888) angehört und nach angeordneter Mobilmachung in die Heimat zurückkehren will, um der militärischen Dienstpflicht zu genügen. Das Gleiche findet auf den Landsturmpflichtigen nach Aufruf des Landsturms (§§. 25, 26 Ges. v. 11. Februar 1888) Anwendung. Vgl. §. 68 Mil.-Strafgesetzbuch v. 20. Juni 1872. Der Schiffsmann hat dann nur die verdiente Heuer zu fordern. Vgl. v. König S. 401 und 453, Kleinfeller S. 609. Dagegen hat der Schiffsmann kein Recht auf Entlassung, wenn er nur wegen Erreichung des militärpflichtigen Alters zur Gestellung in die Heimat zurückkehren will, weil er für diesen Fall bei der Anheuerung bezw. Anmusterung Vorsorge treffen konnte (v. König S. 454). Vgl. auch Anm. 3 zu §. 7.

b. Die **Ausübung des Rücktrittsrechts** geschieht durch Erklärung seitens des Schiffsmanns (§§. 349, 130 ff. B.G.). Vgl. Anm. 2 zu §. 32. Der Kapitän kann dem Schiffsmann, namentlich wenn dieser eine Beschwerde gemäß §. 99 erhoben hat, eine angemessene Frist zur Ausübung des Rechtes setzen (§. 355 B.G.). Wird das Rücktrittsrecht von dem Schiffsmanne nicht ausgeübt, so besteht der Vertrag fort, insbesondere liegt in dem Falle Nr. 3 nicht der Abschluß eines neuen, inhaltlich mit dem früheren identischen, Vertrages vor (R.G. XX, 187). Ist der Schiffsmann noch nicht angemustert, so darf er beim Vorliegen eines Rücktrittsgrundes die Anmusterung verweigern, ohne der Strafe des §. 107 Nr. 2 zu verfallen; ist er bereits angemustert, so kann er nicht gemäß §. 33 d. G. zur Diensterfüllung gezwungen werden.

c. **Die Forderungen** des zurücktretenden Schiffsmanns sind im §. 76 geregelt. Stellt sich

von Speise und Trank oder durch Verabreichung verdorbenen Proviants schuldig macht;[2])

2. wenn das Schiff die Flagge wechselt;[3])

3. wenn nach Beendigung der Ausreise eine Zwischenreise beschlossen, oder wenn eine Zwischenreise beendigt ist, sofern seit dem Dienstantritt ein oder ein und ein halbes Jahr, je nachdem das Schiff in einem europäischen (§. 82) oder in einem nicht europäischen Hafen sich befindet, verflossen ist;[4])

4. wenn das Schiff nach einem Hafen bestimmt ist, oder einen Hafen anlaufen soll. der schon zur Zeit der Anmusterung durch Pest, Cholera oder Gelbfieber verseucht war, sofern nicht dem Schiffsmanne bei der Anmusterung dieser Hafen und die Verseuchung mitgetheilt worden ist. Als verseucht im Sinne dieser Vorschrift gilt ein Hafen, in dem ein Pest-, Cholera- oder Gelbfieberherd vorhanden ist. Der Anspruch auf Entlassung fällt fort, sobald die Verseuchung aufgehört hat;[5])

---

der Rücktritt im Prozeß als unberechtigt heraus (§§. 129, 130), so ist der Schiffsmann nach allgemeinen Grundsätzen schadensersatzpflichtig.

2) a. Die Befugnis, auf Grund der Nr. 1 seine Entlassung zu fordern, steht dem Schiffsmanne zu, gleichviel ob er auf bestimmte Zeit, für eine bestimmte Reise oder auf unbestimmte Zeit angenommen ist (P. 3844); seine Ansprüche regeln sich nach §§. 76 Abs. 1 und 72. Aber nicht jede geringfügige Pflichtverletzung des Kapitäns soll den Schiffsmann zum Austritt aus dem Dienst berechtigen (P. 2004), es muß vielmehr eine schwere Verletzung der Pflichten vorliegen; doch braucht sie nicht beabsichtigt zu sein, sie kann auch auf Fahrlässigkeit beruhen. Vgl. §. 112 Abs. 2. Als eine schwere Verletzung ist es auch anzusehen, wenn der Kapitän die Mißhandlung seitens eines Vorgesetzten (§. 3) duldet. Vgl. §§. 99 und 114 Nr. 12; §§. 96 Nr. 3, 98, 111; §§. 94, 116.

b. Die zum sofortigen Rücktritte berechtigende Vorenthaltung von Speise und Trank muß eine grundlose sein, in dem Falle der §§. 57 und 91 ist also ein Rücktrittsrecht nicht gegeben. Vgl. §§. 58 Abs. 2, 113 Nr. 3, 111.

3) Der Wechsel der Flagge des Schiffes (vgl. §§. 2, 3, 13 Abs. 3 Flg.Ges.) bildet schon vom privatrechtlichen Standpunkt aus einen Rücktrittsgrund, weil der Schiffsmann, welcher sich für ein deutsches Schiff verheuert hat, nicht für verpflichtet erachtet werden kann, auf einem irgend welcher fremden Nation angehörigen und ihren Gesetzen unterworfenen Schiffe den Vertrag zu erfüllen. Außerdem erheischt das nationale Interesse eine Bestimmung, wie sie in Nr. 2 enthalten ist (Mot. zu §. 61 S.O.). Der Schiffsmann darf im Falle des Flaggenwechsels auch im Auslande den Dienst ohne Genehmigung des Seemannsamts verlassen (§. 77). Hinsichtlich seiner Ansprüche vgl. §. 76 Abs. 1.

4) Vgl. §§. 75, 77 und §. 76 Abs. 2. Hat der Schiffsmann sich für eine fest bestimmte Reise verheuert, so kann er die Entlassung fordern, wenn eine ganz andere Reise gemacht werden soll, weil hierdurch der Vertragsgegenstand geändert wird und keinem Kontrahenten ein Recht zusteht, dies zu tun (P. 2007).

5) a. Die Bestimmung der Nr. 4 ist neu, sie will den Schiffsmann davor schützen, daß er wider seinen Willen in eine außergewöhnliche Gefahr für Leben oder Gesundheit kommt. Das Rücktrittsrecht ist davon abhängig, daß der Hafen schon bei der Anmusterung verseucht war und zur Zeit des Rücktritts noch verseucht ist. Wird der schon zur Zeit der Anmusterung verseuchte Anlauf- oder Bestimmungshafen erst im Laufe der Reise gewählt, so steht dem Schiffsmanne der Rücktritt frei, trotzdem der Reeder oder dessen Vertreter oder der Kapitän bei der Anmusterung nicht imstande war, dem Schiffsmann den Hafen und dessen Verseuchung mitzuteilen. Wußte der Schiffsmann bei der Anmusterung, daß der Hafen angelaufen werden soll und verseucht ist, so hat er kein Rücktrittsrecht; die Beweislast für diese Kenntnis trifft den Reeder.

5. wenn der Schiffsmann beabsichtigt, sich für die Maschinisten-, Steuermanns- oder Schifferprüfung vorzubereiten oder eine ihm nachweislich angebotene Stellung als Kapitän anzunehmen, sofern er einen geeigneten Ersatzmann stellt und durch den Wechsel dem Schiffe kein Aufenthalt entsteht. Ob der vorgeschlagene Ersatzmann geeignet ist, entscheidet im Streitfalle das nächste Seemannsamt.[6])

Der Wechsel des Rheders oder Kapitäns giebt dem Schiffsmanne kein Recht, die Entlassung zu fordern.

Ausnahmen von §. 74. **§. 75. [§. 62.]**

Im Falle des §. 74 Nr. 3 kann die Entlassung nicht gefordert werden:

1. wenn der Schiffsmann für eine längere als die daselbst angegebene Zeit sich verheuert hat. Die Verheuerung auf unbestimmte Zeit oder mit der allgemeinen Bestimmung, dass nach Beendigung der Ausreise der Dienst für alle Reisen,

---

b. Zweifel können darüber entstehen, wann ein Hafen im Sinne der Nr. 4 verseucht ist und wann die Verseuchung aufgehört hat; denn die im Gesetze gegebene Erklärung, daß der Hafen als verseucht gilt, wenn ein Pest-, Cholera- oder Gelbfieberherd vorhanden ist, läßt den Zweifel offen, wann ein solcher Herd als vorhanden anzunehmen ist. Eine zuverlässige Richtschnur bietet auch nicht die im Reichstage (Sten. Ber. S. 4843) hierzu gegebene Erläuterung, daß man nach dem Sprachgebrauch einen Seuchenherd dann als vorhanden erachten müsse, wenn die Seuche eine größere Ausbreitung angenommen hat und nicht bloß in vereinzelten Fällen aufgetreten ist. Hinsichtlich der Cholera ist ein fester Anhaltspunkt insofern gegeben, als nach der internationalen Vereinbarung betr. Maßregeln gegen die Cholera vom 15. April 1893 die amtliche Feststellung des Vorhandenseins eines Choleraherdes erfolgt. Und bezüglich der Pest und der Cholera kommt ferner in Betracht, daß nach §§. 24, 25 Ges. betr. die Bekämpfung gemeingefährlicher Krankheiten vom 30. Juni 1900 (R.G.Bl. S. 306) die Ein- und Durchfuhr von Waren und Gebrauchsgegenständen aus Häfen, in denen Cholera oder Pest herrscht, verboten oder beschränkt werden kann. Die Erlassung oder die Aufhebung eines solchen Verbotes wird demnach hier für die Annahme des Vorhandenseins der Seuche entscheidend sein können. Hinsichtlich des Gelbfiebers werden aber derartige Verbote oder Beschränkungen nicht erlassen. — Im Streitfalle hat zunächst das Seemannsamt zu entscheiden (§§. 128, 77), ob ein anzulaufender Hafen verseucht und demnach das Rücktrittsrecht gegeben ist.

c. Die dem zurücktretenden Schiffsmann zustehenden Ansprüche sind verschieden, je nachdem bei der Anmusterung der Reeder bezw. sein Vertreter bezw. der Kapitän von der Verseuchung Kenntnis hatte oder nicht (§. 76 Abs. 2).

6) Dem Bedenken, daß dem Reeder an Stelle eines mit besonderer Sorgfalt ausgewählten Schiffsoffiziers nicht eine andere Persönlichkeit aufgedrungen werden dürfe (vgl. Mot. S. 54, Pr. Entw. Art. 459, A.D.H. Art. 547, P. 2003—2005), ist hier dadurch Rechnung getragen, daß das Seemannsamt, welches zuerst angegangen werden kann, darüber zu entscheiden hat, ob der von dem Schiffsmann zu stellende Ersatzmann geeignet ist. Eine Erschwerung der Heuerbedingungen wird mit dem Ersatze nicht verbunden sein dürfen. Vgl. §. 34 des Preußischen Gesetzes vom 26. März 1864 (G.S. S. 693). Der zurücktretende Schiffsmann hat nur die verdiente Heuer zu fordern (§. 76 Abs. 2 Satz 1).

Zu §. 75.

In §. 75 ist bestimmt,

a) daß der auf längere Zeit als auf ein bezw. ein und ein halbes Jahr geheuerte Schiffsmann nicht auf Grund des §. 74 Nr. 3 zurücktreten kann, was nach §. 67 eigentlich selbstverständlich ist;

welche noch beschlossen werden möchten, fortzusetzen sei, wird als Verheuerung auf solche Zeit nicht angesehen;

2. sobald die Rückreise angeordnet ist.

§. 76.[1]) [§. 63.]

Ansprüche des zurücktretenden Schiffsmanns.

Der Schiffsmann hat in den Fällen des §. 74 Nr. 1, 2 dieselben Ansprüche, welche für den Fall des §. 72 bestimmt sind.

In den Fällen des §. 74 Nr. 3 bis 5 gebührt ihm nicht mehr als die verdiente Heuer. Jedoch hat er im Falle der Nr. 4 die im §. 72 bestimmten Ansprüche, sofern bei der Anmusterung im Heimathshafen der Rheder, sein Vertreter (§. 12 Abs. 2) oder der Kapitän, bei der Anmusterung in einem anderen Hafen der Kapitän von der Verseuchung Kenntniss hatte.[2])

§. 77. [§. 64.] Verlassen des Dienstes im Auslande.

Im Auslande darf der Schiffsmann, welcher seine Entlassung fordert, ausser in dem

---

b) daß derjenige, der sich auf unbestimmte Zeit (§. 28 Abs. 3) verheuert oder sich allgemein verpflichtet hat, nach Beendigung der Ausreise den Dienst für alle Reisen, die noch beschlossen werden möchten, fortzusetzen, doch befugt ist, nach einem bezw. ein und einem halben Jahr seine Entlassung zu fordern. Macht er von dieser Befugnis keinen Gebrauch, so läuft der ursprüngliche Heuervertrag fort, jedoch unter Erhöhung von Heuer und Rang, wenn die Voraussetzungen des §. 52 vorliegen.

Vgl. R.G. XX, 187.

Zu §. 76.

1) a. §. 76 regelt die Ansprüche des Schiffsmanns, falls er auf Grund des §. 74 seine Entlassung fordert und gewährt ihm in den Fällen der Nr. 1 und 2 außer der verdienten Heuer noch das Recht auf eine Monatsheuer sowie auf freie Zurückbeförderung und Heuer für die Dauer der Zurückbeförderung (§. 73). Denselben Anspruch hat der wegen Seuchengefahr (Nr. 4) Zurücktretende, sofern er beweist, daß bei der Anmusterung im Heimatshafen der Reeder oder dessen Vertreter (§. 12 Abs. 2) oder der Kapitän, bei der Anmusterung in einem anderen Hafen der Kapitän, von der Verseuchung des Bestimmungs- bezw. Anlaufhafens Kenntnis hatte; erbringt er diesen Beweis nicht, so hat er, wie in den Fällen Nr. 3 und 5 nur den Anspruch auf die verdiente Heuer. Betreffs der Berechnung der Heuer im Falle der Vereinbarung einer Pauschalheuer vgl. §. 80.

b. Wird das Rücktrittsrecht des Schiffsmanns noch aus anderen als in §. 74 angegebenen Gründen anerkannt (vgl. Anm. 1a zu §. 74), so ist hinsichtlich seiner Ansprüche §. 628 B.G. anzuwenden. Danach hat er, wenn der Rücktritt durch vertragswidriges Verhalten des anderen Teiles veranlaßt ist, einen Anspruch auf Ersatz des durch die Aufhebung des Dienstverhältnisses entstehenden Schadens, wozu gegebenen Falles auch die Kosten der Zurückbeförderung gehören können, jedenfalls aber auf die verdiente Heuer unter Abrechnung der etwa empfangenen Vorschuß- und Handgelder. Nimmt er seine Entlassung, ohne durch vertragswidriges Verhalten des anderen Teiles veranlaßt zu sein, so steht ihm ein Anspruch auf die verdiente Heuer insoweit nicht zu, als durch eine Ersatzanheuerung Mehraufwendungen entstehen. Vorschüsse über den Betrag der verdienten Heuer hinaus (§§. 72, 47) sind in beiden Fällen zurückzuerstatten.

c. Hinsichtlich des behufs Erfüllung der Wehrpflicht im Kriegsfalle zurücktretenden Schiffsmanns vgl. §. 74 Anm. 1a.

2) Hinsichtlich der Beweislast s. Anm. 1a.

Zu §. 77.

Im Inlande (vgl. §. 6 Abs. 1) darf der Schiffsmann den Dienst ohne weiteres verlassen, wenn ihm ein Rücktrittsgrund nach §. 74 zusteht, im Auslande dagegen muß er, abgesehen vom

Falle eines Flaggenwechsels gegen den Willen des Kapitäns erst auf Grund einer vorläufigen Entscheidung des Seemannsamts (§. 129) den Dienst verlassen.

Art der Zurückbeförderung. §. 78. [§. 65.]

Ist nach den Bestimmungen dieses Gesetzes ein Anspruch auf freie Zurückbeförderung begründet, so umfasst er auch den Unterhalt während der Reise sowie die Beförderung der Sachen des Schiffsmanns. Den Schiffsoffizieren ist die Zurückbeförderung und der Unterhalt in der Kajüte zu gewähren.[1])

Im Streitfall entscheidet über die Art der Zurückbeförderung vorläufig das abmusternde Seemannsamt.[2])

Ersatz für freie Zurückbeförderung. §. 79. [§. 66.]

Dem Anspruch auf freie Zurückbeförderung und auf Fortbezug von Heuer für die Dauer der Zurückbeförderung wird genügt, wenn dem Schiffsmanne, welcher arbeitsfähig ist, mit Genehmigung des Seemannsamts ein seiner früheren Stellung entsprechender und durch angemessene Heuer zu vergütender Dienst auf einem deutschen Kauffahrteischiffe nachgewiesen wird, welches nach dem Rückbeförderungshafen oder einem demselben nahe belegenen Hafen geht; im letzteren Falle gebührt dem Schiffsmann eine entsprechende Vergütung für die weitere freie Zurückbeförderung (§. 78) bis zu dem zuerst bezeichneten Hafen.

Ist der Schiffsmann kein Deutscher, so wird ein Schiff seiner Nationalität einem deutschen Schiffe gleichgeachtet.

Falle des Flaggenwechsels, die Genehmigung des Seemannsamts einholen, wenn der Kapitän mit der Aufhebung des Dienstes nicht einverstanden ist. Vgl. §. 95. Sind Kapitän und Schiffsmann darüber einig, daß dieser auf Grund des §. 74 den Dienst verläßt, so ist nach der ausdrücklichen von §. 64 S.O. abweichenden Vorschrift des §. 77 auch im Auslande die Genehmigung des Seemannsamts nicht erforderlich. Vgl. Kom.Ber. S. 57.

In solchen Fällen finden auch die §§. 83, 113 Nr. 4 keine Anwendung, weil dann von einer Zurücklassung des Schiffsmanns durch den Kapitän nicht die Rede sein kann, und weil ferner die Bestimmung des §. 77, daß im Falle eines Einverständnisses zwischen Kapitän und Schiffsmann die Entscheidung des Seemannsamts nicht erforderlich ist, wieder aufgehoben werden würde, wenn auf die hier in Betracht kommenden Fälle der §. 83 anzuwenden und deshalb zum Verlassen des Dienstes außerhalb des Reichsgebiets, also auch in den Schutzgebieten, die Genehmigung des Seemannsamts notwendig wäre.

Zu §. 78.

1) Bezüglich des Kapitäns vgl. §. 547 Abs. 3 H.G.B. (Nachtrag IV) und hinsichtlich der Ersatzleistung für Schiffsmann und Schiffsoffizier §. 79 d. G.

2) Vgl. §§. 129, 131.

Zu §. 79.

Die Mot. z. S.O. bemerken, daß, die Arbeitsfähigkeit des Schiffsmanns vorausgesetzt, ihm nicht damit gedient sein würde, die Reise arbeitslos als Reisender zu machen; Rücksichten der Billigkeit sprächen dafür, den Reeder von der Verpflichtung der freien Zurückbeförderung unter den angegebenen der Kontrolle des Seemannsamts unterliegenden Beschränkungen zu entlassen. Die Zustimmung des Schiffsmanns zu der Ersatzbeförderung ist nicht erforderlich, aber allerdings die Nachweisung der letzteren durch den Kapitän oder Reeder, der Schiffsmann braucht sich nicht nach einer Ersatzbeförderung im Sinne des §. 79 umzusehen (H.G.Z. 1882 S. 153). Nicht notwendig ist ferner, daß das Ersatzschiff sich schon auf der Rückreise nach dem Rückbeförderungs=

§. 80. [§. 67.] Berechnung der verdienten Heuer.

In den Fällen der §§. 45, 53, 61, 64, 69, 71, 72, 76 wird die verdiente Heuer, sofern die Heuer nicht zeitweise, sondern in Bausch und Bogen für die ganze Reise bedungen ist, mit Rücksicht auf den vollen Heuerbetrag nach Verhältniss der geleisteten Dienste sowie des etwa zurückgelegten Theiles der Reise bestimmt. Zur Ermittelung der in den §§. 72, 73 erwähnten Heuer für einzelne Monate wird die durchschnittliche Dauer der Reise einschliesslich der Ladungs- und Löschungszeit, unter Berücksichtigung der Beschaffenheit des Schiffes in Ansatz gebracht und danach die Heuer für die einzelnen Monate berechnet. Bei Berechnung der Heuer für einzelne Tage wird der Monat zu 30 Tagen gerechnet.

§. 81. [§. 69.]

Anteil des Schiffsmanns an Fracht oder Gewinn.

Der dem Schiffsmann als Lohn zugestandene Antheil an der Fracht oder am Gewinne wird als Heuer im Sinne dieses Gesetzes nicht angesehen.

§. 82. [§. 70.] Europäische Häfen.

In den Fällen der §§. 66, 73, 74 sind die nicht europäischen Häfen des Mittelländischen und des Schwarzen Meeres den europäischen Häfen gleichzustellen.

§. 83.[1]) [§. 71.]

Zurücklassung des Schiffsmanns außerhalb des Reichsgebiets.

Der Kapitän darf einen Schiffsmann ausserhalb des Reichsgebiets nicht ohne Genehmigung des Seemannsamts zurücklassen. Wenn für den Fall der Zurücklassung eine

---

hafen (vgl. §. 60) befindet, es darf nur nicht seine Ausreise im wesentlichen noch vor sich haben und dann erst auf der Rückreise oder in unabsehbarer Zeit nach dem Rückbeförderungshafen kommen (Begr. S. 76).

Zu §. 80.

Ist die Heuer in Bausch und Bogen bedungen, so liegt in den hier aufgeführten Fällen Veranlassung vor, die vor Beendigung der Reise verdiente bezw. die monatliche Heuer zu berechnen. Behufs Bestimmung der nach §§. 72, 73 zu gewährenden Monatsheuer und der Heuer für die voraussichtliche Dauer der Rückreise soll nun zunächst nach der durchschnittlichen Dauer der Reise einschließlich der Ladungs- und Löschungszeit aus der Pauschalheuer eine Zeitheuer konstruiert und sodann hiernach berechnet werden, wieviel der Schiffsmann zu fordern hat. Vgl. §. 549 H.G.B. Die Berechnungsart der Heuer für einzelne Tage entspricht dem §. 191 B.G.

Zu §. 81.

Infolge der Vorschrift des §. 81 kommen die hier erwähnten Gewinnanteile bei der Berechnung der Monatsheuer und der Reiseheuer (§§. 72, 73, 69, 76) nicht in Betracht. Vgl. §. 135 Nr. 3 und Anm. 4 zu §. 93.

Zu §. 82.

Vgl. §. 483 H.G.B. Die dort und in §. 70 S.O. noch genannten Häfen des Asowschen Meeres werden von der heutigen Geographie zu Europa gerechnet und sind deshalb hier fortgelassen (Begr. S. 76). Vgl. P. 3712.

Zu §. 83.

1) §. 83 regelt das Abandonnieren eines Schiffsmanns, gleichviel ob er Inländer oder Ausländer, und ob der Kapitän nach §. 70 zur Entlassung berechtigt ist. Danach darf der

Hülfsbedürftigkeit des Schiffsmanns zu besorgen ist, so kann die Ertheilung der Genehmigung davon abhängig gemacht werden, dass der Kapitän gegen den Eintritt der Hülfsbedürftigkeit für einen Zeitraum bis zu drei Monaten Sicherstellung leistet.

Ist der Schiffsmann mit der Zurücklassung einverstanden und befindet sich kein Seemannsamt am Platze und lässt sich auch die Genehmigung eines anderen Seemannsamts ohne Verzögerung der Reise nicht einholen, so ist der Kapitän befugt, den Schiffsmann ohne Genehmigung zurückzulassen. Der Rheder bleibt in diesem Falle für die aus einer etwaigen Hülfsbedürftigkeit des Schiffsmanns während der nächsten drei Monate erwachsenden Kosten haftbar.[2])

Die Bestimmungen des §. 127 werden hierdurch nicht berührt.

Vierter Abschnitt.

Disziplinar-Vorschriften.

§. 84. [§. 72.]

Disziplinargewalt des Kapitäns und ihre Übertragung.

Der Schiffsmann ist der Disziplinargewalt des Kapitäns unterworfen. Die Ausübung der Disziplinargewalt des Kapitäns kann nur auf den ersten Offizier des Decksdienstes und den ersten Offizier des Maschinendienstes innerhalb ihres Dienstbereichs übertragen werden. Dieselben haben jeden Fall der Ausübung der Disziplinargewalt binnen vierundzwanzig Stunden dem Kapitän anzuzeigen.

Kapitän den Schiffsmann außerhalb des Reichsgebiets (§. 6 Abs. 2) in der Regel nicht ohne Genehmigung des Seemannsamts zurücklassen. Nur wenn der Schiffsmann damit einverstanden ist und auch sonst die Voraussetzungen des Abs. 2 vorliegen, darf die Zurücklassung außerhalb des Reichsgebiets ohne jene Genehmigung erfolgen. Zu bemerken ist aber, daß der Kapitän nach §. 113 Nr. 4 nur bestraft wird, wenn die Zurücklassung im Auslande geschieht. Da nun die Schutzgebiete zwar außerhalb des Reichsgebiets liegen, aber im Sinne dieses Gesetzes nicht zum Auslande gehören (§. 6 Abs. 1), so darf der Kapitän den Schiffsmann in den Schutzgebieten zwar nicht ohne Genehmigung der bestellten Behörde (§. 5 Abs. 1) zurücklassen, er kann aber im Falle einer Zuwiderhandlung nicht bestraft werden, weil nach §. 113 Nr. 4 nur die Zurücklassung im Auslande mit Strafe bedroht ist. — Hinsichtlich der Entlassung im Falle des §. 74 vgl. §. 77 und Anm. dazu. Vgl. auch §. 127 Abs. 4.

2) Vgl. Heimsch.Ges. §. 7 Abs. 2.

Zu §. 84.

Das Verhältnis der Mannschaft zum Kapitän ist kein reiner Dienstvertrag, es wird vielmehr beeinflußt durch die Disziplinargewalt, welche im öffentlichen Interesse dem Kapitän über die Mannschaft (auch über Schiffsoffiziere und weibliche Angestellte [§. 3 Abs. 2, §. 2 Abs. 3]) eingeräumt ist. Sie erlischt naturgemäß mit der Beendigung des Dienstverhältnisses (vgl. §. 72 Abs. 2 S.O., §. 68 d. G.). Auch der zur Heimschaffung Mitgenommene ist der Disziplinargewalt des Kapitäns unterworfen (§. 4 Abs. 2 Heimsch.Ges. v. 2. Juni 1902, unten Nachtrag II). In Ermangelung oder Verhinderung des Kapitäns ist sein Stellvertreter Inhaber der Disziplinargewalt, ihre Ausübung kann nur auf den als ersten Offizier des Decks- bezw. als ersten Offizier des Maschinendienstes fungierenden Offizier, und zwar auf jeden von ihnen nur innerhalb seines Dienstbereichs übertragen werden. Ein Schiffsoffizier, der es unterläßt, gemäß §. 84 von der Ausübung der Disziplin dem Kapitän binnen 24 Stunden Mitteilung zu machen, wird nach §. 116 bestraft. Mißbrauch der Disziplinargewalt ist strafbar (§. 111). Körperliche Züchtigung

§. 85. [§. 73.]

Verhalten des Schiffsmanns, Befolgung der Dienstbefehle.

Der Schiffsmann ist verpflichtet, sich stets nüchtern zu halten und gegen Jedermann ein angemessenes und friedfertiges Betragen zu beobachten.

Dem Kapitän, den Schiffsoffizieren und seinen sonstigen Vorgesetzten hat er mit Achtung zu begegnen und ihren dienstlichen Befehlen unweigerlich Folge zu leisten.

§. 86. [§. 74.] Auskunftserteilung.

Der Schiffsmann hat dem Kapitän auf Verlangen wahrheitsgemäss und vollständig mitzutheilen, was ihm über die den Schiffsdienst betreffenden Angelegenheiten bekannt ist.

§. 87. [§. 75.]

Mitnahme von Gütern ohne Erlaubnis.

Der Schiffsmann darf ohne Erlaubniss des Kapitäns keine Güter an Bord bringen oder bringen lassen. Für die gegen dieses Verbot beförderten eigenen oder fremden Güter muss er die höchste am Abladungsorte zur Abladungszeit für solche Reisen und Güter bedungene Fracht erstatten, unbeschadet der Verpflichtung zum Ersatz eines erweislich höheren Schadens.

Der Kapitän ist auch befugt, solche Güter über Bord zu werfen, wenn ihr Verbleib an Bord Schiff oder Ladung oder die Gesundheit der an Bord befindlichen Personen gefährden oder das Einschreiten einer Behörde zur Folge haben kann.

---

als Mittel zur Aufrechterhaltung der Disziplin ist auch dem Schiffsjungen gegenüber nicht zugelassen. Vgl. §§. 91, 74 Nr. 1.

Der Reisende ist der Disziplinargewalt des Kapitäns nicht unterworfen, doch ist auch er verpflichtet, alle die Schiffsordnung betreffenden Anordnungen des Kapitäns zu befolgen (§. 665 H.G.B.), erforderlichen Falles sind gegen ihn Zwangsmittel anzuwenden. Vgl. Prot. 2512, 4035; Wagner 350ff., Boyens Bd. I S. 447 Anm. 2, Zorn S. 862.

Zu §. 85.

Der erteilte Befehl braucht sich nicht auf den Dienstzweig des Schiffsmanns zu beziehen, er muß aber innerhalb des Dienstzweiges des befehlenden Offiziers oder Vorgesetzten liegen. Vgl. §. 3 und Anm. 4 und 7 dazu. — „Es versteht sich von selbst, daß ein Schiffsoffizier gegen einen anderen Disziplinarbefugnisse nur soweit in Anspruch nehmen kann, als er nach der vom Reeder oder vom Schiffer getroffenen Regelung des Dienstverhältnisses (§. 3 Abs. 3) Vorgesetzter des anderen ist.“ (Begr. S. 78.)

Zu §. 86.

Die Pflicht zur Auskunftsertheilung dauert nicht länger als die Unterordnung unter die Befehle des Kapitäns überhaupt. Sie kann, abgesehen von der Pflicht bei Verklarungen mitzuwirken (§. 68), nach Beendigung des Dienstverhältnisses nicht mehr in Anspruch genommen werden (Seuffert Archiv Bd. 43 S. 74).

Zu §. 87.

a. Dieser Paragraph ist gegen die sog. Führung, d. i. das nach älterem Seerechte den Schiffsleuten zustehende Recht, eine gewisse Quantität Güter für eigene Rechnung zu verladen, gerichtet. Das A.L.R. T. II, Tit. 8, §. 1596 beschränkte dasselbe auf das, was die Leute in ihrer Schlafstelle und Kiste bergen können. Aber auch so hat die Führung zu den größten Nachteilen Anlaß gegeben. Eine ausreichende Kontrolle, daß der Schiffsmann keine verbotenen Waren

§. 88.[1]) [§. 76.]

Mitnahme von Waffen, Munition, Branntwein, Tabak.

Die Vorschriften des §. 87 finden auch Anwendung, wenn der Schiffsmann[2]) ohne Erlaubniss des Kapitäns Waffen oder Munition, Branntwein oder andere geistige Getränke oder mehr an Tabak und Tabakswaaren,[3]) als er zu seinem Gebrauch auf der beabsichtigten Reise bedarf, an Bord bringt oder bringen lässt.

Die gegen dieses Verbot mitgenommenen Gegenstände verfallen dem Schiffe.[4])

§. 89. [§. 77.]

Eintragung ins Tagebuch in Fällen der §§. 87, 88.

Der Kapitän hat die auf Grund der Vorschriften der §§. 87, 88 getroffenen Anordnungen, sobald es geschehen kann, in das Schiffstagebuch einzutragen.

§. 90. [§. 78.]

Verwahrung der Sachen der Schiffsleute.

Liegt das Schiff im Hafen oder auf der Rhede, so ist der Kapitän befugt, wenn nach den Umständen eine Entweichung zu befürchten ist, die Sachen der Schiffsleute bis zur Abreise des Schiffes in Verwahrung zu nehmen.

§. 91.[1]) [§. 79.]

Disziplinarstrafen und Zwangsmittel.

Zur Aufrechterhaltung der Ordnung und zur Sicherung der Regelmässigkeit des Dienstes ist der Kapitän befugt, die geeigneten Massregeln zu ergreifen. Geldbussen,

---

ladet, ist nicht möglich; es ist wiederholt vorgekommen, daß Schiff und Ladung konfisziert worden sind, weil sich in der Führung eines Schiffsmanns verbotene Waren fanden (M. 247, P. 1973). Vgl. §§. 3 Abs. 2, 89, 96 Nr. 5 d. G., §§. 544, 564 H.G.B.

b. Die im Abs. 2 dem Kapitän erteilte Befugnis ist nicht selbstverständlich, sofern die Güter einem Dritten gehören, und mußte deshalb ausdrücklich dem Kapitän verliehen werden. Vgl. §. 563 Abs. 4 H.G.B.

c. Der §. 297 des Reichsstrafgesetzbuchs bestimmt: Ein Schiffsmann, welcher ohne Vorwissen des Schiffers Gegenstände an Bord nimmt, welche das Schiff oder die Ladung gefährden, indem sie die Beschlagnahme oder Einziehung des Schiffes oder der Ladung veranlassen können, wird mit Geldstrafe bis eintausendfünfhundert Mark oder mit Gefängnis bis zu zwei Jahren bestraft.

Zu §. 88.

1) Vgl. §§. 89, 96 Nr. 5.

2) Vgl. §. 3 Abs. 2.

3) Nach der Begründung S. 78 ist hierbei an Zigarren oder Zigaretten gedacht.

4) D. h. dem Eigentümer des Schiffes bezw. im Falle des §. 510 H.G.B. dem Ausrüster.

Zu §. 89.

Vgl. Anm. 2 zu §. 43 und §. 114 Nr. 12.

Zu §. 90.

Vgl. §. 3 Abs. 2 d. G. und §. 229 B.G.

Zu §. 91.

1) a. Abs. 1 behandelt die zur Sicherung der Ordnung und der Regelmäßigkeit des Dienstes zulässigen Disziplinarstrafen (d. h. Mittel zur Ahndung begangener Disziplinar-

Kostschmälerung von mehr als dreitägiger Dauer, Einsperrung und körperliche Züchtigung darf er jedoch zu diesem Zwecke weder als Strafe verhängen, noch als Zwangsmittel anwenden.

Bei einer Widersetzlichkeit oder bei beharrlichem Ungehorsam ist der Kapitän zur Anwendung aller Mittel befugt, welche erforderlich sind, um seinen Befehlen Gehorsam zu verschaffen. Zu diesem Zwecke ist ihm auch die Anwendung von körperlicher Gewalt in dem durch die Umstände gebotenen Masse gestattet. Er darf ferner gegen die Betheiligten die geeigneten Sicherungsmassregeln ergreifen und sie nöthigenfalls während der Reise fesseln.

Jeder Schiffsmann muss dem Kapitän auf Erfordern Beistand zur Aufrechterhaltung der Ordnung sowie zur Abwendung oder Unterdrückung einer Widersetzlichkeit leisten.[2])

Im Auslande kann der Kapitän in dringenden Fällen die Kommandanten der ihm zugänglichen Schiffe der Kriegsmarine des Reichs um Beistand zur Aufrechterhaltung der Disziplin angehen.

§. 92. [§. 80.]

Eintragung ins Tagebuch im Falle des §. 91.

Der Kapitän hat jede in Gemässheit der Vorschriften des §. 91 getroffene Massregel mit Angabe der Veranlassung, sobald es geschehen kann, in das Schiffstagebuch einzutragen.

Fünfter Abschnitt.

Strafvorschriften.

§. 93.[1]) [§. 81.]

Bruch des Heuervertrags, Desertion.

Ein Schiffsmann, welcher nach Abschluss des Heuervertrags sich verborgen hält,

---

vergehen) und Zwangsmittel (d. h. Mittel zur Erzwingung von Handlungen oder Unterlassungen im Interesse der Ordnung des Dienstbetriebs), und verbietet, daß zu diesem Zwecke Geldbußen, Kostschmälerung von mehr als dreitägiger Dauer, Einsperrung und körperliche Züchtigung angewendet werden. Zulässig sind daher Erschwerungen des Dienstes, Strafarbeiten und Kostschmälerung bis zu drei Tagen. Eine verhängte Disziplinarstrafe ist in einem etwaigen späteren Strafverfahren zu berücksichtigen (§. 110).

b. Abs. 2 enthält Sondervorschriften für die Fälle der Widersetzlichkeit und des beharrlichen Ungehorsams. In solchen Fällen sind die Befugnisse des Kapitäns so weit ausgedehnt, als erforderlich ist, um sich durch jedes Mittel den nötigen Gehorsam zu verschaffen. Hat die Widersetzlichkeit oder der Ungehorsam aufgehört, so ist die angeordnete Maßregel aufzuheben (Perels S. 46).

c. Durch einen Mißbrauch der Disziplinargewalt macht sich derjenige, dem sie zusteht, strafbar (§§. 111, 113 Nr. 3, Anm. a. zu §. 111).

2) Vgl. §§. 3 Abs. 2, 96 Nr. 2.

Zu §. 92.

Vgl. Anm. 2 zu §. 43 und §§. 98, 114 Nr. 12; §. 520 Abs. 3 H.G.B.

Zu §. 93.

1) In den beiden ersten Absätzen des §. 93 handelt es sich um eine Bestrafung des Vertragsbruchs; der mildere Fall (Abs. 1) ist der, wenn der Dienst noch nicht tatsächlich angetreten ist, der schwerere (Abs. 2) liegt dann vor, wenn der Dienst bereits angetreten ist. Der

um sich dem Antritte des Dienstes zu entziehen, wird mit Geldstrafe bis zu sechzig Mark bestraft.[2])

Wenn ein Schiffsmann, um sich der Fortsetzung des Dienstes zu entziehen, entweicht oder sich verborgen hält, so tritt Geldstrafe bis zu dreihundert Mark oder Gefängnissstrafe bis zu drei Monaten ein.[3])

Ein Schiffsmann, welcher mit der Heuer entweicht oder sich verborgen hält, um sich dem übernommenen Dienste zu entziehen, wird mit der im §. 298 des Strafgesetzbuchs angedrohten Gefängnissstrafe bis zu einem Jahre belegt. Sind mildernde Umstände vorhanden, so kann auf Geldstrafe bis zu dreihundert Mark erkannt werden.[4])

---

dritte Absatz betrifft die Fälle, in welchen zu dem Vertragsbruch noch das Moment des strafbaren Eigennutzes („mit der Heuer entweicht") hinzutritt. Vorausgesetzt ist in allen Fällen erstens das Vorliegen eines gültigen Heuervertrags (§. 7 Abs. 2, vgl. Anm. 3 dazu und Vorbemerkung zu Abschnitt III), — unerheblich ist, ob die Anmusterung hinzugekommen ist, — zweitens die Eigenschaft des Täters als Schiffsmann (§. 2 Abs. 3, §. 3 Abs. 2) und drittens Vorsätzlichkeit der Tat. Unerheblich ist, ob die Tat innerhalb oder außerhalb des Reichsgebiets begangen, und ob der Schiffsmann Reichsangehöriger oder Ausländer ist (§. 121); die §§. 4—6 St.G.B. finden hier keine Anwendung. Ist der Tatbestand eines der drei Absätze des §. 93 erfüllt, so wird die Bestrafung durch späteren freiwilligen Dienstantritt oder freiwillige Rückkehr oder zwangsweise Zurücklieferung (§. 33) nicht ausgeschlossen (Perels S. 47). Hinsichtlich der Zuwiderhandlung gegen §§. 77, 74 s. §. 95. Vgl. ferner §§. 110, 132 d. G.; §. 8 Nr. 2c St.V.G.; §. 4 Abs. 2 S.U.V.G. Die Konsuln haben auf Antrag des Kapitäns bei den Orts- oder Landesbehörden die zur Wiederhabhaftwerdung desertierter Schiffsleute erforderlichen Schritte zu tun (§. 34 G.O.V.)

2) Die Tat ist Übertretung, die Mindeststrafe daher 1 Mk., im Falle der Nichtbeitreibung tritt Haft ein (§§. 1 Abs. 3, 27, 28 St.G.B.). Zuständig ist das Seemannsamt, dieses entscheidet innerhalb des Reichsgebiets unter Zuziehung von zwei schiffahrtskundigen Beisitzern (§. 5 Abs. 2). Gegen den Bescheid des Seemannsamts kann auf gerichtliche Entscheidung angetragen werden (§. 124). Hinsichtlich des Strafantrags s. Abs. 4, betreffs der dreimonatigen Verjährung §. 121 Abs. 2.

3) Hier liegt Vergehen vor, der Mindestbetrag der Geldstrafe ist daher drei Mark; an ihre Stelle tritt im Falle der Nichtbeitreibung Gefängnisstrafe (§§. 1 Abs. 2, 27, 28 St.G.B.). Zuständig ist außerhalb des Reichsgebiets das Seemannsamt (§§. 122, 124), innerhalb des Reichsgebiets das ordentliche Schöffengericht. A. M. Katz Anm. 9 zu §. 93. Amtsrichterlicher Strafbefehl ist zulässig (§. 447 St.P.O.). Die Tat verjährt in drei Jahren (§. 67 Abs. 2 St.G.B.; vgl. §. 121 Abs. 2 d. G.). Vgl. auch §. 127 Abs. 2—4 d. G.

4) a. Als Heuer im Sinne des Abs. 3 ist das etwa gezahlte Handgeld (§. 47) nicht anzusehen, weil es nicht notwendig auf die Heuer anzurechnen ist. (Vgl. Anm. zu §. 47.) Dagegen wird der Tatbestand des Abs. 3 erfüllt, wenn der Schiffsmann bei der Desertion den etwa erhaltenen Heuervorschuß noch nicht abverdient hat. Ist der Vorschuß abverdient, so kann eine Bestrafung auf Grund des Abs. 3 nicht eintreten, weil dann ein strafbarer Eigennutz und eine Vermögensbeschädigung des Reeders nicht vorliegt (Perels S. 48, Katz S. 82). Auch das Entweichen mit einem im voraus empfangenen Gewinnanteil erfüllt nicht den Tatbestand des §. 93 Abs. 3, weil der Anteil am Gewinn nicht als Heuer im Sinne des Gesetzes anzusehen ist (§. 81). Die Tat ist Vergehen nach §. 1 Abs. 2 St.G.B. Zuständig ist die Strafkammer; ob Überweisung an das Schöffengericht zulässig ist, wie Katz S. 83 annimmt, kann zweifelhaft sein, da die Tat mit Gefängnisstrafe von mehr als 6 Monaten bedroht ist (§. 75 Nr. 14 G.V.G.) und §. 75 Nr. 11 G.V.G. ausdrücklich nur den §. 298 St.G.B. erwähnt. Mildernde Umstände waren bisher nicht zugelassen (§. 81 S.O.).

b. Der hier in Bezug genommene, für alle Privatseefahrzeuge, auf welche die Seemannsordnung nicht Anwendung findet (§. 1 d. G.) gültige §. 298 St.G.B. lautet:

In den Fällen der Abs. 1, 2 tritt die Verfolgung nur auf Antrag des Kapitäns ein. Die Zurücknahme des Antrags ist zulässig.[5])

§. 94.[1]) [§. 82.]

Civilrechtliche Folgen der Desertion.

In den Fällen des §. 93 Abs. 2, 3 verliert der Schiffsmann, wenn er vor Abgang des Schiffes weder zur Fortsetzung des Dienstes freiwillig zurückkehrt, noch zwangsweise zurückgebracht wird, den Anspruch auf die bis dahin verdiente Heuer.[2]) **Die Heuer und, sofern diese nicht ausreicht, auch die an Bord zurückgelassenen Sachen**[3]) **des Schiffsmanns können von dem Rheder zur Deckung seiner Schadensansprüche aus dem Heuer- oder Dienstvertrag in Anspruch genommen werden; soweit die Heuer hierzu nicht erforderlich ist, wird mit ihr nach Massgabe des §. 132 verfahren. Dem Seemannsamte, bei welchem die Meldung von der Entweichung erfolgt (§. 25), ist, sobald es geschehen kann, eine Aufstellung über den Betrag der Schadensansprüche und des Heuerguthabens einzureichen, widrigenfalls die vorgedachte Befugniss erlischt.**[4])

Ein Schiffsmann, welcher mit der Heuer entläuft, oder sich verborgen hält, um sich dem übernommenen Dienste zu entziehen, wird, ohne Unterschied, ob das Vergehen im Inlande oder im Auslande begangen worden ist, mit Gefängnis bis zu einem Jahr bestraft.

5) Antragsberechtigt ist der Kapitän bezw. der für ihn nach §. 3 Abs. 1 Satz 2 fungierende Stellvertreter. Der Reeder ist zur Stellung des Strafantrags nicht berechtigt, die entgegenstehende Bestimmung in §. 88 Abs. 2 des Entwurfs ist von der Reichstagskommission gestrichen worden (Kom.Ber. S. 66). Die dreimonatige Frist zur Stellung des Antrags beginnt, wenn die Tat außerhalb des Reichsgebiets begangen ist, erst mit dem Tage, an welchem das Schiff, dem der Täter zur Zeit der Begehung angehörte, zuerst ein Seemannsamt erreicht; ist die Tat innerhalb des Reichsgebiets begangen, so greift §. 61 St.G.B. ein.

Zu §. 94.

1) Die Entweichung (Desertion) ist nicht nur unter Strafe gestellt, sondern auch mit privatrechtlichen Nachteilen (dem Verluste der verdienten und noch nicht erhobenen Heuer) bedroht. Das Heuerguthaben verfällt aber nicht, wie vielfach angenommen wird, dem Schiffe, sondern, soweit es nicht zur Deckung der Schadensansprüche des Reeders aus dem Heuervertrage beansprucht wird, einer der im §. 132 bezeichneten Kassen. Die als Seemannsämter fungierenden Konsuln sind durch Erlaß vom 25. August 1883 angewiesen worden, sobald ein deutscher Schiffsführer bei ihnen die Entweichung eines Schiffsmanns anmeldet, darauf zu halten, daß er den nach Abzug des nachgewiesenen Schadensanspruchs sich ergebenden Überschuß des Heuerguthabens bei dem Konsulate niederlege (v. König S. 414).

2) Hat der Schiffsmann mehr erhalten, als er verdient hat, so findet §. 94 keine Anwendung, weil dann ein Verlust „des Anspruchs auf die verdiente Heuer" nicht eintreten kann. Hat er aber nur einen Teil der verdienten Heuer oder nichts erhalten, so kann er zwar nicht aus §. 93 Abs. 3 bestraft werden (vgl. Anm. 4 zu §. 93), er verliert jedoch nach §. 94 den Anspruch auf die nicht erhobene Heuer (Katz S. 83).

3) Die an Bord zurückgelassenen Sachen des Schiffsmanns können sämtlich, die sonstigen nur nach Maßgabe der Vorschriften über die Pfändung beweglicher Sachen (§. 811 C.P.O. s. Anm. 3 zu §. 125 d. G.) von dem Reeder in Anspruch genommen werden.

4) Nur die Befugnis aus §. 94, nicht aber der Schadensanspruch überhaupt, erlischt bei Unterlassung der Aufstellung.

§. 95. [§. 83.]

Rücktritt im Ausland ohne Genehmigung des Kapitäns oder Seemannsamts.

Hat der Schiffsmann sich im Auslande dem Dienste in einem der Fälle des §. 74 Nr. 1, 3, 4, 5 der Vorschrift des §. 77 entgegen entzogen, so tritt Geldstrafe bis zum Betrag einer Monatsheuer ein.

§. 96.[1]) [§. 84.]

Gröbliche Verletzung der Dienstpflicht.

Mit Geldstrafe bis zum Betrag einer Monatsheuer wird ein Schiffsmann bestraft, welcher sich einer gröblichen Verletzung seiner Dienstpflichten schuldig macht.

Als Verletzung der Dienstpflicht, die, wenn sie in gröblicher Weise erfolgt, nach Abs. 1 strafbar ist, wird insbesondere angesehen:[2])

Zu §. 95.

§. 95 behandelt nur die Fälle, in welchen der Schiffsmann (§. 2 Abs. 3, §. 3 Abs. 2, §. 121 Abs. 3) zwar einen Grund hat, sofort seine Entlassung zu fordern, den Dienst aber im Auslande (§. 6 Abs. 1) gegen den Willen des Kapitäns nur verlassen darf, wenn er die Genehmigung des Seemannsamts erhalten hat (§. 77). Die Tat kann also nur im Auslande begangen werden und wird, da sie nur gegen eine Ordnungsvorschrift verstößt, nur mit Geldstrafe bis zum Betrage einer Monatsheuer geahndet. Im Inland und in den Schutzgebieten ist die Genehmigung des Seemannsamts nicht erforderlich, im Falle des Flaggenwechsels überhaupt nicht (§. 77). Liegt der Fall des §. 75 vor, so hat der Schiffsmann keinen Anspruch auf sofortige Entlassung, er muß also, wenn er den Dienst unter Vorschützung des Grundes des §. 74 Nr. 3 verläßt, wegen Zuwiderhandlung gegen §. 93 bestraft werden (Perels Anm. 3 zu §. 95). Die Untersuchung und Entscheidung erfolgt durch das Seemannsamt und zwar ohne Zuziehung von Beisitzern, falls es außerhalb des Reichsgebiets liegt (§§. 122, 5 Abs. 2). Betreffs der Berechnung der Heuer, falls solche nicht monatsweise bedungen ist, vgl. §. 97. Die Tat kann je nach dem Betrage der Monatsheuer Übertretung oder Vergehen sein, die Verjährungsfrist (§. 121 Abs. 2) variiert also zwischen 3 Monaten und 3 Jahren. Vgl. auch §§. 110, 132.

Zu §. 96.

1) §. 96 handelt von den strafrechtlich zu ahndenden Verletzungen der Dienstpflicht (betreffs der vom Kapitän zu verhängenden Disziplinarstrafen vgl. §§. 81, 91, vgl. jedoch auch §. 110) und fordert für eine strafrechtliche Verfolgung das Vorliegen einer gröblichen Verletzung der Dienstpflicht. Leichtere Pflichtverletzungen können also nur disziplinarisch bestraft werden; liegt ein grobes Dienstvergehen im Sinne des §. 70 Nr. 2 vor (vgl. Anm. 3 zu §. 70), so tritt auch die Entlassungsbefugnis aus §. 70 ein. Vgl. auch §§. 34 und 85. Die Strafverfolgung tritt in der Regel nur ein, wenn die Verletzung der Dienstpflicht gemäß §. 98 in das Schiffstagebuch eingetragen ist, und wenn der Schiffsmann die Tat schuldhaft begangen hat („sich schuldig macht"). Vgl. Kom.Ber. S. 68 und Anm. zu §. 98. Die Verletzung der Dienstpflicht braucht aber nicht vorsätzlich zu sein, sie kann auch aus Fahrlässigkeit begangen werden (Meves S. 45, Stenglein S. 569).

Zuständig ist das Seemannsamt, vgl. §§. 122, 5 Abs. 2 und 124, hinsichtlich der Berechnung der Strafe §. 97. Vgl. auch §. 132. Betreffs der Verjährung der außerhalb des Reichsgebiets begangenen Dienstverletzungen vgl. §. 121 Abs. 2.

Der heimzuschaffende Schiffsmann ist den Bestimmungen dieses Paragraphen nicht unterworfen, weil er für das mitnehmende Schiff weder angemustert noch angeheuert ist, von einer Verletzung der Dienstpflicht durch ihn also nicht gesprochen werden kann.

2) Die hier aufgezählten Fälle bilden nur Beispiele, aber auch sie müssen in gröblicher Weise begangen sein.

1. **Nachlässigkeit im Wachtdienste;**
2. **Ungehorsam gegen den Dienstbefehl eines Vorgesetzten;**[3])
3. **ungebührliches Betragen gegen Vorgesetzte, gegen andere Mitglieder der Schiffsmannschaft oder gegen Reisende;**[4])
4. **Verlassen des Schiffes ohne Erlaubniss oder Ausbleiben über die festgesetzte Zeit;**[5])
5. **Wegbringen eigener oder fremder Sachen von Bord des Schiffes und an Bord bringen oder an Bord bringen lassen von Gütern oder sonstigen Gegenständen ohne Erlaubniss;**[6])
6. **eigenmächtige Zulassung fremder Personen an Bord und Gestattung des Anlegens von Fahrzeugen an das Schiff;**[7])
7. **Trunkenheit im Schiffsdienste;**
8. **Vergeudung, unbefugte Veräusserung oder bei Seite bringen von Proviant.**[8])

Gegen Schiffsoffiziere kann die Strafe bis auf den Betrag einer zweimonatlichen Heuer erhöht werden.

Die Verfolgung tritt nur auf Antrag des Kapitäns oder eines verletzten Schiffsmanns ein.[9]) **Der Antrag kann bis zur Abmusterung gestellt werden.**[10]) **Die Zurücknahme ist bis zur rechtskräftigen Entscheidung zulässig.**[11])

---

3) Der Befehl muß im Dienst erteilt sein und den Dienstzweig des Vorgesetzten betreffen. Vgl. Anm. zu §. 85. Der Ungehorsam gegen Befehle, welche außerhalb des Dienstes, z. B. auf dem Lande erteilt sind und nicht Dienstangelegenheiten betreffen, ist nicht strafbar (Katz S. 86).

4) Vgl. §§. 85, 99

5) Vgl. §. 34 Abs. 3. Ob der Urlaub zu Unrecht versagt worden ist, ist unerheblich. Vgl. aber §. 114 Nr. 5.

6) Eine Heimlichkeit des „an Bord Bringens" oder des „Wegbringens" ist nicht erfordert (Meves S. 46). Vgl. §§. 87, 88 d. G. und §. 297 St.G.B.

7) Stillschweigende Gestattung ist ebenso strafbar wie ausdrückliche.

8) Gedacht ist hier nur an Proviant, welcher dem Schiffsmann bereits zugeteilt ist, anderenfalls würde Diebstahl oder Unterschlagung vorliegen (Katz S. 86); vgl. §. 54 Satz 2. Auch darf es sich nicht um ganz unbedeutende Quantitäten handeln (Meves S. 47, Perels S. 50).

9) Der Reeder ist nicht antragsberechtigt. Betreffs der Vertretung des Kapitäns s. §. 3 Abs. 1; betreffs des verletzten Schiffsmanns Nr. 2, 3 und 5 dieses Paragraphen. Der Reisende hat, soweit lediglich eine gröbliche Verletzung der Dienstpflicht vorliegt, kein Recht zur Stellung des Strafantrags und kann in solchem Falle nur den Kapitän zum Verfahren gemäß §. 98 und zur Stellung des Strafantrags veranlassen (Perels), im Fall anderweiter Verletzung bleiben seine Rechte unberührt.

10) Durch diese Bestimmung wird die regelmäßige Frist von drei Monaten (§. 61 St.G.B.) zur Stellung des Strafantrags verlängert, falls die Abmusterung erst nach Verlauf von drei Monaten seit dem Tage erfolgt, an welchem der zum Antrage Berechtigte von der Handlung und von der Person des Täters Kenntnis erlangt hat. Daß die Antragsfrist auch verkürzt werden soll, falls nämlich die Abmusterung vor Ablauf der regelmäßigen Antragsfrist geschieht, ist weder aus dem Wortlaut noch aus der Entstehungsgeschichte der Bestimmung (vgl. §. 84 S.O.) zu entnehmen. Indessen würde doch der Absicht des Gesetzes, mit der Abmusterung das Dienstverhältnis aufzulösen und den Schiffsmann zur Eingehung eines anderweiten Heuervertrags zu berechtigen, entgegengewirkt werden, wenn die Stellung des Strafantrags nach erfolgter Abmusterung noch für zulässig erachtet würde (Meves S. 43). Man wird daher den Strafantrag allgemein nur bis zur Abmusterung zulassen dürfen. — Vgl. §. 121 Abs. 2.

11) Abweichung von §. 64 St.G.B., nach welchem die Zurücknahme nur bis zur Verkündung des ersten auf Strafe lautenden Urteils zulässig ist.

§. 97. [§. 84 Abs. 4.]

Berechnung der Monatsheuer in den Fällen der §§. 95, 96.

In den Fällen der §§. 95, 96 wird, wenn die Heuer nicht monatsweise bedungen ist, bei der Festsetzung der Geldstrafe der einer Monatsheuer entsprechende Geldbetrag nach dem Ermessen des Seemannsamts berechnet.

§. 98. [§. 85.]

Vermerk über Verletzung der Dienstpflicht im Schiffstagebuche.

Der Kapitän hat, sobald es geschehen kann, jede gröbliche Verletzung der Dienstpflicht (§. 96) mit genauer Angabe des Sachverhalts in das Schiffstagebuch einzutragen und dem Schiffsmanne von dem Inhalte der Eintragung unter ausdrücklicher Hinweisung auf die Strafandrohung des §. 96 Mittheilung zu machen, auch demselben auf Verlangen eine Abschrift der Eintragung auszuhändigen.

Unterbleibt die Mittheilung, so sind die Gründe der Unterlassung im Tagebuch anzugeben. Ist die Eintragung versäumt, so tritt keine Verfolgung ein, soweit nicht im Falle des §. 96 Abs. 2 Nr. 3 der verletzte Schiffsmann darauf anträgt.

§. 99 [neu].

Beschwerde des einzelnen Schiffsmanns.

Beschwert sich ein Schiffsmann über ungebührliches Betragen der Vorgesetzten oder anderer Mitglieder der Schiffsmannschaft oder darüber, dass das Schiff, für welches er angemustert ist, nicht seetüchtig ist, oder dass die Vorräte, welche das Schiff für den Bedarf der Mannschaft an Speisen und Getränken mit sich führt, ungenügend oder verdorben sind, so hat der Kapitän die Beschwerde mit genauer Angabe des Sachverhalts in das Schiffstagebuch einzutragen und dem Beschwerdeführer auf Verlangen eine Abschrift der Eintragung auszuhändigen.

Zu §. 97.

Bei der Berechnung sind die §§. 29, 31, 52, 80 zu berücksichtigen.

Zu §. 98.

Dem verletzten Schiffsmann (s. §. 96 Nr. 3) soll eine etwaige Unterlassung der hier vorgeschriebenen Eintragung in das Schiffstagebuch unnachteilig sein. Im übrigen aber bildet die Eintragung in das Tagebuch die Voraussetzung für die Strafverfolgung der gröblichen Dienstverletzung. Ist die Eintragung, gleichviel aus welchem Grunde, unterblieben, so tritt, abgesehen von der Ausnahmevorschrift in Abs. 2 Satz 2, keine Verfolgung ein. A. M. Perels. Dagegen ist die Angabe der Gründe im Tagebuch, weshalb die Mitteilung an den Schiffsmann unterblieben ist, für die Zulässigkeit der Strafverfolgung ohne Bedeutung. A. M. Kleinfeller zu §. 85 S.O. Vgl. §. 43 d. G., §. 520 Abs. 3 H.G.B.

Zu §. 99.

Dieser Paragraph regelt das Beschwerderecht des einzelnen Schiffsmanns (betreffs der vor einem Seemannsamt von mindestens drei Schiffsleuten oder einem Schiffsoffizier erhobenen Beschwerde wegen Seeuntüchtigkeit des Schiffes oder wegen Mängel des Proviants s. §§. 58, 108) und verpflichtet den Kapitän (§. 3 Abs. 1), die Beschwerde, auch wenn sie gegen ihn selbst gerichtet ist, in das Tagebuch einzutragen und dem Schiffsmann auf Verlangen eine Abschrift der Eintragung auszuhändigen. Vgl. §§. 107 Nr. 2, 114 Nr. 12. Über die einzelnen hier erwähnten Beschwerdepunkte vgl. §§. 96 Nr. 3, 58, 54, 56, 57.

§. 100. [§. 86.]

Wiederholte Gehorsamsverweigerung.

Ein Schiffsmann, welcher den wiederholten Befehlen des Kapitäns, eines Schiffsoffiziers oder eines anderen Vorgesetzten den schuldigen Gehorsam verweigert, wird mit Gefängniss bis zu drei Monaten oder mit Geldstrafe bis zu dreihundert Mark bestraft.

§. 101. [§. 87.] **Meuterei.**

Wenn zwei oder mehrere zur Schiffsmannschaft gehörige Personen dem Kapitän, einem Schiffsoffizier oder einem anderen Vorgesetzten den schuldigen Gehorsam auf Verabredung gemeinschaftlich verweigern, so tritt gegen jeden Betheiligten Gefängnissstrafe bis zu einem Jahre ein. Der Rädelsführer wird mit Gefängniss bis zu drei Jahren bestraft.

Sind mildernde Umstände vorhanden, so kann auf Geldstrafe bis zu sechshundert Mark erkannt werden. Der Rädelsführer wird in diesem Falle mit Gefängniss bis zu einem Jahre bestraft.

§. 102. [§. 88.]

Aufforderung zur Zuwiderhandlung gegen §§. 101 und 105.

Ein Schiffsmann, welcher zwei oder mehrere zur Schiffsmannschaft gehörige Personen zur Begehung einer nach den §§. 101, 105 strafbaren Handlung auffordert, ist

---

Zu §. 100.

§. 100 behandelt gegenüber §. 96 Nr. 2 den Fall der wiederholten Gehorsamsverweigerung. Wie dort muß auch hier ein Dienstbefehl eines Vorgesetzten aus dessen Dienstzweig vorliegen (vgl. Anm. 3 zu §. 96), der Befehl muß aber hier wiederholt d. h. mehrere Male identisch erteilt und jedesmal nicht befolgt sein. Eine Erklärung des Schiffsmanns, den Befehl nicht ausführen zu wollen, braucht nicht abgegeben zu sein, die tatsächliche Nichtbefolgung genügt. Es ist auch nicht erforderlich, daß der Befehl sachlich richtig oder daß seine Ausführung ungefährlich ist, er darf aber nicht im Widerspruch stehen mit einem anderen z. B. generellen Befehl eines höheren Vorgesetzten, darf auch nicht etwa den Schiffsmann zu einer strafbaren Handlung veranlassen wollen, denn in solchen Fällen ist der Schiffsmann den Gehorsam nicht „schuldig". Vgl. §§. 101, 102, 106, 110, 121, 132. Zuständig ist das Schöffengericht (§. 27 Nr. 2 G.V.G.).

Zu §. 101.

Dieser Paragraph behandelt den Fall eines Komplotts zur Gehorsamsverweigerung, stellt aber nicht schon wie §. 103 des Militär-St.G.B. vom 20. Juni 1872 die bloße Verabredung zur Verweigerung des Gehorsams unter Strafe, sondern setzt außerdem die gemeinschaftliche Gehorsamsverweigerung gegenüber einem Dienstbefehle (vgl. Anm. zu §. 100) voraus. Wiederholte Gehorsamsverweigerung ist hier nicht Tatbestandsmerkmal.

Eine gemeinschaftliche Verweigerung des Gehorsams im Sinne des Paragraphen liegt vor, wenn zwei oder mehrere Schiffsleute (§§. 2 Abs. 3, 3 Abs. 2) den ihnen erteilten Dienstbefehl auf Verabredung unausgeführt lassen. Befehl und Gehorsamsverweigerung können successive erfolgt sein.

Rädelsführer im Sinne des Gesetzes ist der Schiffsmann, welcher die anderen zur Tat veranlaßt und selbst den Gehorsam verweigert, er wird im Falle mildernder Umstände mit Gefängnis bis zu einem Jahre bestraft. Auch mehrere Schiffsleute können Rädelsführer sein (Kleinfeller Anm. 5b zu §. 87 S.O.). Zuständig für das Vergehen gegen §. 101 ist die Strafkammer (§. 73 G.V.G.). Vgl. §§. 110, 121, 132.

Zu §. 102.

Die besondere Gefährlichkeit einer von einem Mitgliede der Mannschaft ausgehenden Aufreizung des Schiffsvolkes zu Gehorsamsverweigerung oder Gewalttätigkeiten erfordert eine strenge

gleich dem Anstifter zu bestrafen, wenn die Aufforderung die strafbare Handlung oder einen strafbaren Versuch derselben zur Folge gehabt hat.

Ist die Aufforderung ohne Erfolg geblieben, so tritt im Falle des §. 101 Geldstrafe bis zu dreihundert Mark, im Falle des §. 105 Geldstrafe bis zu sechshundert Mark oder Gefängnissstrafe bis zu einem Jahre ein.

Nötigung. §. 103. [§. 89.]

Ein Schiffsmann, welcher den Kapitän, einen Schiffsoffizier oder einen anderen Vorgesetzten durch Gewalt oder durch Bedrohung mit Gewalt oder durch Verweigerung der Dienste zur Vornahme oder zur Unterlassung einer dienstlichen Verrichtung nöthigt, wird mit Gefängniss bis zu zwei Jahren bestraft. Sind mildernde Umstände vorhanden, so kann auf Geldstrafe bis zu sechshundert Mark erkannt werden. Der Versuch ist strafbar.

Widerstand. §. 104. [§. 90.]

Dieselben Strafvorschriften (§. 103) finden auf den Schiffsmann Anwendung, welcher dem Kapitän, einem Schiffsoffizier oder einem anderen Vorgesetzten in Ausübung seiner Dienstbefugnisse durch Gewalt oder durch Bedrohung mit Gewalt Widerstand leistet, oder den Kapitän, einen Schiffsoffizier oder einen anderen Vorgesetzten thätlich angreift.

Repression. Der §. 111 St.G.B. genügt nicht, weil es zweifelhaft ist, ob dessen Voraussetzung, daß die „Aufforderung öffentlich vor einer Menschenmenge" erfolgt, schon dann vorhanden ist, wenn nur zwei oder einige zur Mannschaft gehörige Personen bei derselben anwesend waren (Mot. zu §. 88 S.O.). Die Bestimmung des §. 102 greift auch weiter als die §§. 48, 49a St.G.B., insofern sie von den im §. 48 St.G.B. vorausgesetzten stärkeren Anreizmitteln absieht und auch die *erfolglose* Aufforderung unter Strafe stellt, auch nicht bloß die Aufforderung zur Begehung eines *Verbrechens* oder zur Teilnahme an einem solchen verbietet. — Die strafbare Handlung braucht nicht von denjenigen Personen verübt zu sein, an welche die Aufforderung sich richtete. Dagegen ist zur Bestrafung aus Abs. 1 nach seinem Wortlaut erforderlich, daß diejenige Handlung begangen worden ist, auf welche die Aufforderung sich richtete. A. M. Meves S. 66. Vgl. §§. 110, 121, 132. Bei erfolgloser Aufforderung zur Zuwiderhandlung gegen §. 101 ist das Schöffengericht (§. 27 Nr. 2 G.V.G.), in allen anderen Fällen die Strafkammer zuständig.

Zu §. 103.

Der dem §. 114 R.St.G.B. korrespondierende Wortlaut des §. 89 S.O. („wer es unternimmt ... zu nötigen"), ist geändert, dafür ist hier, unter Einfügung der Strafbarkeit des Versuchs, die dem §. 140 St.G.B. entsprechende Formulierung („wer ... nötigt") gewählt worden. Die Nötigung muß die Vornahme oder Unterlassung einer *dienstlichen* Verrichtung des Vorgesetzten, also einer in den Dienstzweig dieses Vorgesetzten fallenden Funktion zur Folge haben (Meves S. 51), anderen Falles liegt nur Vergehen gegen §. 240 St.G.B. vor. A. M. Kleinfeller S. 617. Eine Bestrafung tritt selbstverständlich nicht ein, wenn der Schiffsmann sich in Notwehr oder Notstand befunden hat. Vgl. auch §. 104. Zuständig ist die Strafkammer (§. 73 G.V.G.). Vgl. §§. 106, 110, 121, 132.

Zu §. 104.

Vgl. Anm. zu §. 103. Es gehört zum Tatbestandsmerkmal dieses Paragraphen, daß der Kapitän, Schiffsoffizier oder Vorgesetzte „sich in der Ausübung *seiner* Dienstbefugnisse" befunden hat (vgl. Anm. zu §. 34). Nicht notwendig aber ist, daß die Tat an Bord verübt ist. (Kom.Ber. S. 73.) Mildernde Umstände sind hier wie im §. 103 zugelassen.

§. 105. [§. 91.]

Gemeinschaftliche Nötigung oder Widerstandsleistung.

Wird eine der in den §§. 103, 104 bezeichneten Handlungen von mehreren Schiffsleuten[1]) auf Verabredung gemeinschaftlich begangen, so kann die Strafe bis auf das Doppelte des angedrohten Höchstbetrags erhöht werden.

Der Rädelsführer[2]) sowie diejenigen, welche gegen den Kapitän, einen Schiffsoffizier oder einen anderen Vorgesetzten Gewaltthätigkeiten verüben, werden mit Zuchthaus bis zu fünf Jahren oder mit Gefängniss von gleicher Dauer bestraft; auch kann neben der Zuchthausstrafe auf Zulässigkeit von Polizeiaufsicht erkannt werden. Sind mildernde Umstände vorhanden, so tritt Gefängnissstrafe nicht unter drei Monaten ein.

§. 106. [§. 92.]

Verweigerung der Hilfe gegen Widerstand und Nötigung.

Ein Schiffsmann,[1]) welcher solchen Befehlen[2]) des Kapitäns, eines Schiffsoffiziers oder eines anderen Vorgesetzten[3]) den Gehorsam verweigert,[4]) welche sich auf die Abwehr oder auf die Unterdrückung der in den §§. 103, 104 bezeichneten Handlungen[5]) beziehen, wird mit Gefängniss bis zu sechs Monaten oder mit Geldstrafe bis zu dreihundert Mark bestraft.[6])

§. 107.[1]) [§. 93.]

Straftaten gegenüber dem Seemannsamt.
Lügnerische Beschwerde gemäß §. 99.

Mit Geldstrafe bis zu sechzig Mark oder mit Haft bis zu vierzehn Tagen wird bestraft ein Schiffsmann, welcher

1. bei Verhandlungen, die sich auf die Ertheilung eines Seefahrtsbuchs, auf eine Eintragung in dasselbe oder auf eine Musterung beziehen, wahre Thatsachen

---

Zu §. 105.

1) Die Tat kann schon von zwei Schiffsleuten (§§. 2 Abs. 3, 3 Abs. 1, 121), die auf Verabredung gemeinschaftlich handeln, verübt werden. Vgl. §. 102. Wer nicht zur Schiffsmannschaft gehört, ist im Falle der Beteiligung an der Tat nach den allgemeinen Strafbestimmungen zu beurteilen. A. M. Meves S. 59.

2) Vgl. Anm. zu §. 101.

Zu §. 106.

1) Vgl. §§. 2 Abs. 3, 3 Abs. 2, 121

2) Der Befehl braucht nicht wiederholt und nicht von demjenigen erteilt zu sein, gegen den sich die Nötigung oder der Angriff richtet, muß aber durch sie veranlaßt sein und ihre Beseitigung bezwecken.

3) §. 3 Abs. 4.

4) Die Gehorsamsverweigerung kann schon durch Nichtbefolgung des Befehls zum Ausdruck gebracht werden.

5) Auch der in §. 105 bezeichneten, da sie dieselben sind, wie die in §§. 103 und 104 und nur wegen der Gemeinschaftlichkeit der Täter schwerer geahndet werden können.

6) Vgl. §§. 110, 132. Zuständig ist die Strafkammer. Überweisung an das Schöffengericht ist nach §. 75 Nr. 14 G.V.G. zulässig.

Zu §. 107.

1) Vgl. §§. 121, 122, 5 Abs. 2, 132, 110.

entstellt oder unterdrückt oder falsche vorspiegelt, um ein Seemannsamt zu täuschen;[2])

2. **es unterlässt, sich gemäss §. 12 zur Musterung zu stellen;[3])**
3. **im Falle eines dem Dienstantritt entgegenstehenden Hindernisses es unterlässt, sich hierüber gemäss §. 17 gegen das Seemannsamt auszuweisen;[4])**
4. **wider besseres Wissen eine auf unwahre Behauptungen gestützte Beschwerde gemäss §. 99 bei dem Kapitän vorbringt;[5])**
5. **der vorläufigen Entscheidung des Seemannsamts (§. 129 Abs. 3) zuwiderhandelt.[6])**

Durch die Bestimmung des Abs. 1 Nr. 1 wird die Vorschrift des §. 271 des Strafgesetzbuchs nicht berührt.[7])

---

2) In allen Fällen der Nr. 1 muß der Täter schon Schiffsmann sein, denn auch derjenige, der erst in den Schiffsdienst treten will, die Erteilung eines Seefahrtsbuchs nachsucht, und zu diesem Zweck die in §. 7 Abs. 1 und 2 erwähnten Angaben zu machen hat, kann sich vor dem Seemannsamt eines unwahrhaften, auf Täuschung des Seemannsamtes abzielenden, Verhaltens schuldig machen. Eintragungen in das Seefahrtsbuch erfolgen bei der An- und Abmusterung (§§. 16, 22, 25); betreffs der Erteilung eines Ersatz-Seefahrtsbuches vgl. §. 9, hinsichtlich der Musterung §§. 13, 15, 18, 28. Eine Täuschung des Seemannsamts braucht nicht herbeigeführt zu sein. Unerheblich ist auch für die Bestrafung aus Nr. 1 der von dem Schiffsmann erstrebte Zweck; vgl. aber Anm. 7.

Auch der Kapitän macht sich durch ein wahrheitswidriges, auf Täuschung des Seemannsamts abzielendes, Verhalten strafbar (§. 114 Nr. 4).

Ungebührliches Benehmen vor dem Seemannsamte wird nach §. 115 bestraft.

3) Vorausgesetzt, daß nicht der Schiffsmann nach §. 74 oder aus einem sonstigen wichtigen Grunde zum sofortigen Rücktritte von dem Heuervertrage berechtigt (vgl. Anm. 1b zu §. 74) oder durch einen Zufall verhindert ist, sich zur Musterung zu stellen.

4) Vgl. Anm. 1 zu §. 17. Auch hier wird eine Bestrafung nicht eintreten können, wenn die Unterlassung des Ausweises durch ein unabwendbares Hindernis verursacht worden ist.

5) Hinsichtlich der bei einem Seemannsamt angebrachten Beschwerde wegen Seeuntüchtigkeit des Schiffes oder Mängel des Proviants vgl. §§. 58, 108.

6) Vgl. hinsichtlich des Kapitäns §. 114 Nr. 15.

7) Wird auf Grund des unwahren Verhaltens des Schiffsmanns eine Beurkundung in öffentlichen Büchern oder Registern vorgenommen (vgl. §§. 14, 16, 22) und ist diese Beurkundung zum Beweise von Rechten oder Rechtsverhältnissen erheblich, so wird der Schiffsmann gemäß §. 73 St.G.B. nicht auf Grund des §. 107 der Seemannsordnung, sondern wegen intellektueller Urkundenfälschung (§. 271 St.G.B.) bestraft. Wird die intellektuelle Urkundenfälschung in der Absicht der Erlangung eines Vermögensvorteils oder der Schädigung eines anderen begangen, so kommt §. 272 St.G.B. zur Anwendung. Die beiden Paragraphen lauten:

§. 271. Wer vorsätzlich bewirkt, daß Erklärungen, Verhandlungen oder Tatsachen, welche für Rechte oder Rechtsverhältnisse von Erheblichkeit sind, in öffentlichen Urkunden, Büchern oder Registern als abgegeben oder geschehen beurkundet werden, während sie überhaupt nicht oder in anderer Weise oder von einer Person in einer ihr nicht zustehenden Eigenschaft oder von einer anderen Person abgegeben oder geschehen sind, wird mit Gefängnis bis zu sechs Monaten oder mit Geldstrafe bis zu dreihundert Mark bestraft.

§. 272. Wer die vorbezeichnete Handlung in der Absicht begeht, sich oder einem anderen einen Vermögensvorteil zu verschaffen, oder einem anderen Schaden zuzufügen, wird mit Zuchthaus bis zu zehn Jahren bestraft, neben welchem auf Geldstrafe von einhundertfunfzig bis zu sechstausend Mark erkannt werden kann.

Sind mildernde Umstände vorhanden, so tritt Gefängnisstrafe ein, neben welcher auf Geldstrafe bis zudreitausend Mark erkannt werden kann.

§. 108. [§. 94.]

Unbegründete Beschwerde über Seeuntüchtigkeit des Schiffes oder Mängel des Proviants.

Wer wider besseres Wissen eine auf unwahre Behauptungen gestützte Beschwerde über Seeuntüchtigkeit des Schiffes oder Mangelhaftigkeit des Proviants bei einem Seemannsamte vorbringt (§. 58) und hierdurch eine Untersuchung veranlasst, wird mit Gefängniss bis zu drei Monaten oder mit Geldstrafe bis zu dreihundert Mark bestraft.

Wer leichtfertig eine auf unwahre Behauptungen gestützte Beschwerde über Seeuntüchtigkeit des Schiffes oder Mangelhaftigkeit des Proviants bei einem Seemannsamte vorbringt, und hierdurch eine Untersuchung veranlasst, wird mit Geldstrafe bis zu einhundert Mark bestraft.

§. 109[1]) [neu.]

Zerstörung oder Beschädigung von Schiffsteilen.

Ein Schiffsmann,[2]) welcher vorsätzlich und rechtswidrig[3]) Theile des Schiffskörpers, der Maschine, der Takelung oder Ausrüstungsgegenstände oder Vorrichtungen, welche

---

Zu §. 108.

§. 108 steht, wie auch die ausdrückliche Bezugnahme ergibt, in Zusammenhang mit §. 58 und stellt für den Fall, daß eine unbegründete Untersuchung des Seemannsamts veranlaßt worden ist, die wissentlich falsche und die leichtfertige Beschwerde unter Strafe. Aus diesem Zusammenhang ergibt sich, daß die Strafandrohung trotz ihrer allgemeinen Fassung („Wer ... vorbringt") sich nur gegen die Schiffsoffiziere und die Schiffsmannschaft richtet. Eine Strafandrohung gegen andere Personen würde außerhalb des Rahmens der Seemannsordnung gelegen haben, sie können gegebenen Falles nach §. 185 St.G.B. und, wenn die wissentlich falsche Beschwerde eine Strafanzeige gegen den Kapitän in sich schließt (§. 112), nach §. 164 St.G.B. bestraft werden. Dagegen kann aus dem Zusammenhange zwischen §§. 58 und 108 nicht gefolgert werden, daß die Bestrafung aus §. 108 nur eintritt, wenn die Untersuchung seitens des Seemannsamtes gemäß §. 58 auf die Beschwerde von mindestens drei Schiffsleuten eingeleitet worden ist. Denn in §. 58 ist nur ausgesprochen, daß das Seemannsamt verpflichtet ist, auf die Beschwerde eines Schiffsoffiziers oder dreier Schiffsleute die Untersuchung vorzunehmen, dagegen ist die Einleitung einer Untersuchung bei einer geringeren Zahl von Beschwerdeführern nicht untersagt. Angesichts der allgemeinen Fassung des §. 108 und der Absicht des Gesetzes, wissentlich falschen oder leichtfertigen Beschwerden der Schiffsleute wegen der dadurch möglichen Erschwerung des Schiffahrtsbetriebes entgegenzutreten, wird auch die Strafbarkeit des einzelnen Schiffsmanns, wenn auf seine wissentlich falsche oder leichtfertige Beschwerde hin die Untersuchung veranlaßt worden ist, bejaht werden müssen. Gl. M. Katz S. 100.

Daß der Schiffsmann für den durch die unbegründete Untersuchung entstandenen Schaden haftet, ist im Gesetz zwar nicht ausgesprochen, theoretisch aber nicht abzulehnen.

Leichtfertig ist die Beschwerde, wenn sie ohne vorhergegangene Ermittelung über ihre tatsächliche Richtigkeit erhoben worden ist. Die Mindeststrafe beträgt im Falle des Abs. 1 einen Tag Gefängnis oder drei Mark Geldstrafe, im Falle des Abs. 2 eine Mark Geldstrafe ev. einen Tag Haft. Zuständig ist das Schöffengericht (§. 27 Nr. 2 bezw. Nr. 1 G.V.G.). Vgl. §§. 110, 121, 132. Nicht ausgeschlossen ist, daß von mehreren Beschwerdeführern einzelne aus Abs. 2 und andere aus Abs. 1 bestraft werden (Meves S. 71).

Zu §. 109.

1) Eine dem §. 109 entsprechende Bestimmung war in der bisherigen S.O. nicht enthalten; ihre Einfügung in das jetzige Gesetz ist erfolgt, weil die hier erwähnten Beschädigungen häufig vorkommen, leicht ernste Folgen für den Schiffahrtsbetrieb haben können, und weil es sich

zur Rettung von Menschenleben dienen, zerstört oder beschädigt, wird mit Geldstrafe bis zu eintausend Mark oder Gefängniss bis zu zwei Jahren bestraft.

Der Versuch ist strafbar.

Die Verfolgung tritt nur auf Antrag ein.[4])

---

empfahl, den Schiffsleuten die Strafvorschrift durch Aufnahme in die ihnen jederzeit zugängliche (§§. 7 Abs. 3, 133) Seemannsordnung stets vor Augen zu halten (Begr. S. 81). Von der allgemeinen Vorschrift des §. 303 St.G.B.

> „Wer vorsätzlich und rechtswidrig eine fremde Sache beschädigt oder zerstört, wird mit Geldstrafe bis zu eintausend Mark oder mit Gefängnis bis zu zwei Jahren bestraft. Der Versuch ist strafbar.
>
> Die Verfolgung tritt nur auf Antrag ein.
>
> Ist das Vergehen gegen einen Angehörigen verübt, so ist die Zurücknahme des Antrages zulässig."

weicht §. 109 d. G. insofern ab, daß hier nicht eine fremde Sache vorausgesetzt wird, und daß die Zurücknahme des Strafantrags unzulässig ist, auch wenn der Schiffsmann die Tat gegen einen Angehörigen verübt hat. §. 303 St.G.B. ist anzuwenden, wenn die Tat von einer nicht zur Schiffsmannschaft (§§. 2 Abs. 3, 3 Abs. 2) gehörigen Person, also z. B. vom Kapitän, von einem Reisenden oder Heimzuschaffenden verübt ist.

Stellt sich die Zerstörung oder Beschädigung als ganze oder teilweise Zerstörung eines fremden Schiffes dar, so findet auf jeden Täter §. 305 St.G.B. Anwendung. Er lautet:

> „Wer vorsätzlich und rechtswidrig ein ... Schiff ... oder ein anderes Bauwerk, welche fremdes Eigentum sind, ganz oder teilweise zerstört, wird mit Gefängnis nicht unter einem Monat bestraft.
>
> Der Versuch ist strafbar."

Für die Verhandlung und Entscheidung über das Vergehen gegen §. 109 d. G. wird, wenn der Schaden 25 Mk. nicht übersteigt, analog §. 27 Nr. 7 G.V.G. das Schöffengericht, anderen Falles nach §. 75 Nr. 12 G.V.G. die Strafkammer mit Überweisungsbefugnis zuständig sein. Vgl. noch §§. 110, 121, 132 d. G.

2) Vgl. Anm. 1 Abs. 1.

3) Rechtswidrig handelt nicht, wer erlaubte Selbsthilfe anwendet oder sich im Irrtum über die civilrechtlichen Voraussetzungen der erlaubten Selbsthilfe befindet (Perels S. 56). Hier kommen in Betracht §§. 228 und 904 B.G.:

> B.G. §. 228. Wer eine fremde Sache beschädigt oder zerstört, um eine durch sie drohende Gefahr von sich oder einem anderen abzuwenden, handelt nicht widerrechtlich, wenn die Beschädigung oder die Zerstörung zur Abwendung der Gefahr erforderlich ist und der Schaden nicht außer Verhältnis zu der Gefahr steht. Hat der Handelnde die Gefahr verschuldet, so ist er zum Schadensersatze verpflichtet.
>
> B.G. §. 904. Der Eigentümer einer Sache ist nicht berechtigt, die Einwirkung eines anderen auf die Sache zu verbieten, wenn die Einwirkung zur Abwendung einer gegenwärtigen Gefahr notwendig und der drohende Schaden gegenüber dem aus der Einwirkung dem Eigentümer entstehenden Schaden unverhältnismäßig groß ist. Der Eigentümer kann Ersatz des ihm entstehenden Schadens verlangen.

Vgl. auch §§. 700, 706 H.G.B.

4) Antragsberechtigt ist der Kapitän (§. 3 Abs. 1) und jeder, dessen Rechte durch die Beschädigung unmittelbar verletzt worden sind (Entsch. in Strafsachen Bd. I S. 306, IV S. 327, VIII S. 402), also z. B. auch der Ausrüster (§. 510 H.G.B.). Vgl. Perels S. 56.

§. 110. [§. 95.]

Berücksichtigung von Disziplinarstrafen.

Die Verhängung einer in diesem Abschnitt oder durch sonstige strafgesetzliche Vorschriften angedrohten Strafe wird dadurch nicht ausgeschlossen, dass der Schuldige aus Anlass der ihm zur Last gelegten That bereits disziplinarisch bestraft worden ist. Jedoch muss eine Disziplinarstrafe, sowohl in dem Strafbescheide des Seemannsamts (§. 123), wie in dem gerichtlichen Strafurtheile bei Abmessung der Strafe berücksichtigt werden.

§. 111. [§. 96.] Mißbrauch der Disziplinargewalt.

Der Kapitän, Schiffsoffizier oder sonstige Vorgesetzte, welcher einem Schiffsmanne gegenüber seine Disziplinargewalt missbraucht, wird mit Geldstrafe bis zu eintausend Mark oder mit Gefängniss bis zu einem Jahre bestraft.

Zu §. 110.

§. 110 weicht von dem korrespondierenden §. 95 S.O. insofern ab, als die Berücksichtigung der Disziplinarstrafen (nicht der Zwangsmittel, vgl. Anm. zu §. 91) erfolgen muß, und daß es nicht darauf ankommt, ob die Disziplinarstrafe bereits erlitten ist. Die Berücksichtigung jener Strafe bei der Bemessung der ordentlichen Strafe wird gemäß §. 266 Abs. 3 Satz 1 St.P.O. in den Gründen des Urteils zum Ausdruck zu bringen sein. „Über diese Grenzen hinausreichende Folgen sind der disziplinarischen Vorbestrafung in ihrem Verhältnis zu der strafrechtlichen Ahndung selbst für die minder schweren Fälle nicht zuzugestehen. Bestimmung und Charakter beider Strafen gehen soweit auseinander, daß ein weiteres Zugeständnis mit den im öffentlichen Interesse zu stellenden Anforderungen in Widerspruch treten würde." (Mot. z. S.O. Seite 64.) Die ordentliche Strafe darf also nicht durch die Disziplinarstrafe als verbüßt erachtet werden. Das preußische Gesetz vom 31. März 1841 (Ges.S. S. 64) ließ bei Gehorsamsverweigerung, Widerstand, Nötigung und Meuterei die Berücksichtigung einer etwa schon angewendeten Disziplinarstrafe überhaupt nicht zu.

Zu §. 111.

a. Inhaber der Disziplinargewalt ist nach §. 84 der Kapitän, er darf ihre Ausübung nur auf den ersten Offizier des Decks- bezw. des Maschinendienstes für deren Dienstbereich übertragen. Eines Mißbrauchs der Disziplinargewalt können sich daher eigentlich nur diese Personen schuldig machen, da nur ihnen eine solche Gewalt zusteht, andere Personen müßten gegebenen Falles nach den allgemeinen Strafgesetzen bestraft werden. Indessen hat das Reichsgericht (Entsch. in Strafs. Bd. 35 S. 33) erkannt, daß unter Disziplinargewalt in dem hier in Betracht kommenden Sinne die dem Vorgesetzten ressortmäßig zustehende Kontroll- und Befehlsbefugnis über die seiner Befehlsgewalt Unterworfenen zu verstehen ist, daß also auch andere als die in §. 84 genannten Personen eine Disziplinargewalt im Sinne des §. 111 haben und mißbrauchen können.

b. Mißbrauch der Disziplinargewalt liegt vor, wenn von einem der in §. 91 als unzulässig bezeichneten Mittel vorsätzlich Gebrauch gemacht, oder wenn ein zulässiges Mittel über die durch die Umstände des Falles gebotene Grenze hinaus vorsätzlich ausgedehnt oder fortgesetzt worden ist.

c. Objekt der mißbräuchlichen Ausübung der Disziplinargewalt im Sinne des §. 111 kann ein Schiffsmann und ein Heimzuschaffender sein (§. 4 Heimsch.Ges.). Strafantrag ist nicht erforderlich; zuständig ist die Strafkammer (§. 73 G.V.G.). Vgl. §§. 121, 132. Betreffs der Disziplinargewalt über Reisende vgl. Anm. zu §. 84.

§. 112. [§. 97.]

Strafen wegen mangelhafter Verproviantierung.

Der Kapitän, welcher die gehörige Verproviantirung des Schiffes vor Antritt oder während der Reise vorsätzlich unterlässt, wird mit Gefängniss bestraft, neben welchem auf Geldstrafe bis zu eintausendfünfhundert Mark sowie auf Verlust der bürgerlichen Ehrenrechte erkannt werden kann.

Ist die Unterlassung aus Fahrlässigkeit geschehen, so tritt, wenn in Folge dessen der Schiffsmannschaft die gebührende Kost nicht gewährt werden kann, Geldstrafe bis zu fünfhundert Mark oder Gefängniss bis zu einem Jahre ein.

Zu §. 112.

1) a. Die Mot. z. S.O. bemerken: Wenn der Schiffer die ihm durch §. 513 H.G.B. auferlegte Pflicht, vor Antritt der Reise für die gehörige Verproviantierung des Schiffes zu sorgen, verletzt, so haftet er nach §§. 511, 512 Abs. 1 ebendaselbst der Schiffsmannschaft für den Schaden, welcher derselben aus der Pflichtverletzung entsteht. Die privatrechtliche Haftung, von welcher der Schiffer nach §. 512 Abs. 2 dadurch nicht befreit wird, daß er auf Anweisung des Reeders gehandelt hat, kann jedoch zu einer allseitigen Sicherung der Erfüllung der fraglichen Pflicht, deren Verletzung unter Umständen die Gesundheit und selbst das Leben der Mannschaft gefährdet, nicht für ausreichend erachtet werden. Im Hinblick hierauf soll nach dem in seiner Fassung einem verwandten Vorgange des Strafgesetzbuchs (§. 329) sich anschließenden §. 97 (jetzt §. 112 d. G.) sowohl wegen vorsätzlicher, wie wegen einer auf Fahrlässigkeit beruhenden Nichterfüllung strafrechtliche Verfolgung stattfinden. Die für den Fall der Fahrlässigkeit ohne Festsetzung eines Mindestbetrages gestattete Wahl zwischen Geld- und Gefängnisstrafe gibt dem Ermessen des Richters geeigneten Raum.

b. Die Vorschrift des §. 97 S.O. erwies sich nun aber nicht als ausreichend, da das Reichsgericht (Entsch. in Strafsachen Bd. 30 S. 345) den Kapitän nur für strafbar erachtete, wenn er *vor* Antritt der Reise nicht für genügende Verproviantierung sorgte, weil ihm durch §. 513 H.G.B. nur insoweit eine Verpflichtung auferlegt sei. Da aber der Kapitän auch durch Vernachlässigung der *während* der Reise erforderlich werdenden Verproviantierung seine Berufspflicht verletzt und das Wohl der ihm anvertrauten Personen gefährdet, so ist hier der Tatbestand des §. 513 H.G.B. entsprechend erweitert worden. Die Strafbestimmung findet gegebenen Falles auch auf den Stellvertreter des Kapitäns (§. 3 Abs. 1) Anwendung. Von der Gewährung des Proviants an die Mannschaft handeln die §§. 14 Abs. 2 Satz 2, 54, 56, 57, 58, 99, 113 Nr. 3 d. G. Gehörig verproviantiert ist das Schiff nur, wenn es nach Maßgabe der beabsichtigten oder noch zurückzulegenden Reise und aller an Bord befindlichen Personen mit quantitativ und qualitativ ausreichendem Proviant versehen ist, jedoch wird auf eine Ergänzung in anzulaufenden Häfen Rücksicht genommen werden dürfen. Ob ein Mangel an gehörigem Proviant sich fühlbar gemacht hat, ist für die Strafbarkeit aus Abs. 1 unerheblich (*Kleinfeller* S. 624). Der Kapitän wird auch von seiner strafrechtlichen Verantwortlichkeit nicht dadurch befreit, daß er auf Anweisung des Reeders gehandelt hat. Vgl. §§. 121, 132. Zuständig ist die Strafkammer. — Von einer Entziehung des Patentes wegen der hier in Rede stehenden Straftat (vgl. §§. 26, 34 R.G. vom 27. Juli 1877) ist hier abgesehen worden.

Hinsichtlich des Reeders vgl. § 117.

2) Wegen *fahrlässiger* Unterlassung gehöriger Verproviantierung wird der Kapitän nur bestraft, wenn dadurch der Erfolg eingetreten ist, daß der Mannschaft die gebührende Kost nicht gewährt werden konnte. Daß der Tatbestand des §. 112 Abs. 2 schon erfüllt ist, wenn nur andere an Bord befindliche Personen, z. B. Reisende infolge Mangels an Proviant nicht die gebührende Kost erhalten, ist nicht anzunehmen, da Abs. 2 abweichend von Abs. 1 nicht schon die Tatsache der mangelhaften Verproviantierung des Schiffes zur Strafbarkeit ausreichend sein läßt, sondern den Eintritt des Mangels bei der Beköstigung der *Schiffsmannschaft* erfordert. A. M. Katz S. 104.

§. 113.[1]) [§§. 98, 99 Abs. 1 Nr. 7.]

Zuwiderhandlungen gegen Bundesrats-Vorschriften. Mangelhafte Beköstigung des Schiffsmanns, ungenehmigte Zurücklassung im Auslande.

Mit Geldstrafe bis zu dreihundert Mark, mit Haft oder mit Gefängniss bis zu drei Monaten wird bestraft ein Kapitän, welcher

1. **den Verpflichtungen zuwiderhandelt, welche ihm durch die gemäss §. 56 Abs. 2 vom Bundesrath erlassenen Vorschriften auferlegt werden;**[2])
2. **den Verpflichtungen zuwiderhandelt, welche ihm durch die gemäss §. 4 vom Bundesrath erlassenen Vorschriften über die Besetzung der Schiffe mit Schiffsoffizieren auferlegt werden;**[3])
3. **einem Schiffsmanne grundlos Speise und Trank vorenthält oder ohne Noth verdorbenen Proviant verabreicht;**[4])
4. **einen Schiffsmann, abgesehen von dem Falle des §. 83 Abs. 2, im Ausland ohne Genehmigung des Seemannsamts zurücklässt.**[5])

§. 114.[1]) [§. 99.]

Leichtere Verfehlungen des Kapitäns.

Mit Geldstrafe bis zu einhundertundfünfzig Mark oder mit Haft wird bestraft ein Kapitän, welcher

---

Zu §. 113.

1) Zuständig ist das Schöffengericht (§. 27 Nr. 2 G.V.G.). Vgl. §§. 121, 132; hinsichtlich des Reeders s. §. 117.

2) Der Kapitän wird, um sich nicht strafbar zu machen, die Ausreise verweigern müssen, wenn den Vorschriften des Bundesrats über Größe und Einrichtung des Logisraums, über die Einrichtung von Wasch- und Baderäumen und Aborten und über die mindestens mitzunehmenden Heilmittel nicht genügt ist.

3) Hier gilt das in Anm. 2 Gesagte. Die Strafbarkeit des Kapitäns ist gegeben, wenn er die Ausreise ohne die vorgeschriebene Zahl von Offizieren antritt, oder im Falle des Eintritts der Vakanz während der Reise nicht nach Möglichkeit für Ersatz sorgt.

4) Die Vorenthaltung kann auch in einer grundlosen Verminderung der dem Schiffsmann gebührenden Ration bestehen. Vgl. §§. 57, 91, 112, 74 Nr. 1.

5) Wegen nicht genehmigter Zurücklassung des Schiffsmanns in einem Schutzgebiete kann der Kapitän nicht bestraft werden (Anm. 1 zu §. 83). Eine Bestrafung kann auch nicht erfolgen, wenn der Kapitän in den Fällen des §. 74 Nr. 1, 3—5 sich im Auslande mit der Aufhebung des Dienstverhältnisses seitens des Schiffsmanns einverstanden erklärt und letzterer nun ohne Genehmigung des Seemannsamts dort zurückbleibt. Vgl. Anm. zu §. 77. Katz (S. 106) will die Strafbarkeit auch ausschließen, wenn der Kapitän ohne Genehmigung des Seemannsamts den Schiffsmann wegen ansteckender Krankheit zurückläßt. Man wird dies mit Kleinfeller (S. 625) dahin verallgemeinern dürfen, daß die Zurücklassung straflos bleibt, wenn sie durch besondere Umstände, die ein Verschulden des Kapitäns ausschließen, begründet wird, z. B. wenn die aus dem weiteren Transport für den Schiffsmann oder für andere an Bord befindliche Personen sich ergebende Gefahr auf andere Weise nicht beseitigt werden kann. Vgl. auch §. 54 St.G.B. Die nachträgliche Genehmigung des Seemannsamts schützt selbstverständlich vor Strafe. Ob der zurückgelassene Schiffsmann Inländer oder Ausländer ist, ist unerheblich (Anm. zu §. 83).

Zu §. 114.

1) §. 114 zählt die leichteren Verletzungen der Berufspflicht des Kapitäns (§. 3 Abs. 1) auf, sie werden nach §§. 122, 3 Abs. 2 vom Seemannsamt abgeurteilt. Vgl. §§. 122, 132.

1. es unterlässt, für die Bekanntgabe der Vorgesetzten durch Aushang (§. 3 Abs. 4) Sorge zu tragen;
2. es unterlässt, bei der Anheuerung dem Schiffsmanne den vorgeschriebenen Heuerschein (§. 27) einzuhändigen;
3. den ihm in Ansehung der Musterung obliegenden Verpflichtungen[2]) nicht genügt, oder unterlässt, dafür zu sorgen, dass die Musterrolle sich während der Reise an Bord befindet;[3])
4. bei Verhandlungen, welche sich auf eine Musterung oder eine Eintragung in ein Seefahrtsbuch beziehen, wahre Thatschen entstellt oder unterdrückt, oder falsche vorspiegelt, um ein Seemannsamt zu täuschen;[4])
5. der Vorschrift des §. 34 Abs. 3 zuwider dem Schiffsmann ohne triftigen Grund die Erlaubniss zum Verlassen des Schiffes verweigert; die Bestrafung tritt nur ein, wenn der Schiffsmann sie binnen drei Tagen nach der Verweigerung des Urlaubs beim Seemannsamte beantragt;[5])
6. den Vorschriften des §. 37 Abs. 2, 4 und des §. 38 zuwiderhandelt;
7. den Vorschriften der §§. 46, 48, betreffend die Auszahlung der Heuer und der Vorschüsse, zuwiderhandelt;
8. es unterlässt, für die Erfüllung der im §. 49 vorgesehenen Obliegenheiten Sorge zu tragen;
9. den Vorschriften des §. 50 zuwider die Mannschaft nicht ergänzt;[6])
10. die ihm obliegende Fürsorge für das Seefahrtsbuch (§. 17), für die Sachen und für das Heuerguthaben des erkrankten oder für den Nachlass des verstorbenen Schiffsmanns verabsäumt (§§. 63, 65);
11. den Vorschriften des §. 64 Abs. 2, 3 zuwiderhandelt;

---

2) Diese Verpflichtungen bestehen darin, daß er die Anmusterung vor Antritt oder Fortsetzung der Reise oder wenigstens sobald ein Seemannsamt angegangen werden kann (§§. 12, 13) veranlassen muß. Die Abmusterung muß er gemäß §. 18 bewirken lassen. Im Falle von Änderungen im Mannschaftsbestande während der Reise muß er die Musterung, wenn sie ohne Verzögerung unausführbar ist, unter Darlegung der Hinderungsgründe nachholen, sobald ein Seemannsamt angegangen werden kann. Ist die nachträgliche Musterung nicht mehr möglich, so muß er den Sachverhalt anzeigen (§. 25).

3) Vgl. §. 14 Abs. 4.

4) Vgl. §. 107 Nr. 1 und Anm. dazu.

5) Der Schiffsmann hat nur in einem Hafen des Reichsgebiets und in seiner dienstfreien Zeit Anspruch auf Urlaub (§. 34 Abs. 3). Der Kapitän wird auf Antrag des Schiffsmanns bestraft, wenn er solchen Urlaub ohne triftigen Grund (vgl. Anm. 2 zu §. 34) verweigert. Bei der Berechnung der dreitägigen Antragsfrist ist der Tag, an welchem die Urlaubsverweigerung stattfand, nicht mitzurechnen. Die abweichende allgemeine Regel des §. 61 Satz 2 St.G.B. findet gegenüber dem Wortlaut der Sondervorschrift in Nr. 5 keine Anwendung; vgl. §. 42 St.P.O. Die dreitägige Frist ist daher gewahrt, wenn der Strafantrag bis zum Ablauf des dritten auf die Urlaubsverweigerung folgenden Tages bei dem Seemannsamte eingeht. Der Antrag kann, abweichend von §. 156 St.P.O., nur bei einem Seemannsamte gestellt werden und zwar mündlich oder schriftlich. Hat der Schiffsmann nicht mehr die Möglichkeit, ihn, sei es auch nur schriftlich, an das Seemannsamt zu richten, so ruht die Antragsfrist, bis eine solche Möglichkeit gegeben ist. Vgl. Olshausen V. Aufl. Anm. 50 zu §. 61 St.G.B. Der Kapitän darf übrigens nach §. 114 Nr. 14 dem Schiffsmann ohne dringenden Grund nicht die Gelegenheit versagen, die Entscheidung des Seemannsamts in dem Hafen, in welchem die Urlaubsverweigerung stattfindet, nachzusuchen (§. 129).

6) Bestrafung tritt nicht ein, wenn die Umstände eine Ergänzung der Mannschaft nicht gestatteten.

12. eine der in den §§. 70, 89, 92, 99 vorgeschriebenen Eintragungen in das Schiffstagebuch unterlässt;[7])
13. den ihm bei Vergehen und Verbrechen nach den §§. 126, 127 obliegenden Verpflichtungen nicht genügt;
14. dem Schiffsmann ohne dringenden Grund die Gelegenheit versagt, die Entscheidung des Seemannsamts nachzusuchen (§§. 129, 130);[8])
15. der Anordnung eines Seemannsamts wegen Vollstreckung eines Strafbescheides (§. 125 Abs. 2) nicht Folge leistet oder der vorläufigen Entscheidung eines Seemannsamts (§. 129 Abs. 3) zuwiderhandelt;
16. es unterlässt, dafür Sorge zu tragen, dass die im §. 133 vorgeschriebenen Abdrücke und Schriftstücke im Volkslogis zugänglich sind.

Durch die Vorschrift des Abs. 1 Nr. 4 wird die Vorschrift des §. 271 des Strafgesetzbuchs nicht berührt.[9])

§. 115. [neu.] Ungebühr vor dem Seemannsamte.

Mit Geldstrafe bis zu zehn Mark oder mit einem Tage Haft wird bestraft ein Kapitän oder ein Schiffsmann, der sich vor dem Seemannsamt ungebührlich benimmt.

§. 116. [neu.]

Bestrafung des Schiffsoffiziers wegen versäumter Eintragung ins Tagebuch.

Ein Schiffsoffizier, welcher es unterlässt, gemäss §. 84 von der Ausübung der Disziplinargewalt binnen vierundzwanzig Stunden dem Kapitän Mittheilung zu machen, wird mit Geldstrafe bis zu einhundertundfünfzig Mark oder mit Haft bestraft.

§. 117. [neu.]

Strafvorschriften gegen den Reeder §§. 117—120.

a. Zuwiderhandlung gegen §§. 56 und 4.

Wer als Rheder oder als Vertreter eines Rheders vorsätzlich den gemäss §. 56 Abs. 2 vom Bundesrath erlassenen Vorschriften zuwiderhandelt oder den Kapitän ausser

7) Die Bestrafung muß auch erfolgen, wenn der Kapitän die Eintragung nur unvollständig bewirkt, weil dann die „vorgeschriebene" Eintragung nicht vorliegt. Die Nichtaushändigung einer Abschrift der Eintragung (§§. 70 Abs. 2, 99) ist nicht strafbar, ebensowenig wie die Nichteintragung in den Fällen der §§. 43 und 98 (Perels S. 59).

8) Der Schiffsmann muß bei der Nachsuchung der Gelegenheit einen der in §§. 129, 130 aufgeführten Gründe angegeben haben, weil sonst von einem „Versagen" der Gelegenheit durch den Kapitän nicht die Rede sein kann. Auf die Versagung der Gelegenheit zur Anbringung einer Beschwerde aus §. 58 ist keine Strafe gesetzt (Meves S. 84).

9) Vgl. Anm. 7 zu §. 107.

Zu §§. 115 u. 116.

Vgl. §§. 121, 122, 5 Abs. 2, 132.

Zu §. 117.

a. Die Vorschrift des §. 117 ist neu. Danach wird der Reeder (§. 120) bestraft, welcher vorsätzlich den Kapitän außer Stand setzt (z. B. durch Verweigerung der Geldmittel), für die genügende Verproviantierung (§§. 56, 58) des Schiffes oder für Mitnahme der Heilmittel zu sorgen. Die Strafe ist niedriger bemessen als die dem Kapitän bei vorsätzlich ungenügender Verproviantierung (§. 112) angedrohte, weil diesem nach §. 513 H.G.B. die Fürsorge für die

Stand setzt, für die genügende Verproviantirung des Schiffes oder die Mitnahme der vorschriftsmässigen Heilmittel zu sorgen, wird, sofern nicht in den letzteren Fällen nach anderen Vorschriften eine schwerere Strafe verwirkt ist, mit Geldstrafe bis zu eintausend Mark oder mit Gefängniss bis zu einem Jahre bestraft.

Gleiche Strafe verwirkt, wer in der im Abs. 1 bezeichneten Eigenschaft vorsätzlich den gemäss §. 4 vom Bundesrath erlassenen Vorschriften über die Besetzung der Schiffe mit Kapitänen und Schiffsoffizieren zuwiderhandelt.

§. 118. [neu.]

b. Verletzung der Sonntagsruhe.

Wer als Rheder oder als Vertreter eines Rheders durch seine Anordnung den Vorschriften des §. 37 Abs. 2, 4 und des §. 38 über die Sonntagsruhe zuwiderhandelt, wird mit Geldstrafe bis zu dreihundert Mark oder mit Haft bestraft.

§. 119. [neu.]

c. Unterlassene Einhändigung des Heuerscheins.

Wer als Rheder oder als Vertreter eines Rheders es unterlässt, bei der Anheuerung dem Schiffsmanne den vorgeschriebenen Heuerschein (§. 27) einzuhändigen, wird mit Geldstrafe bis zu einhundertundfünfzig Mark oder mit Haft bestraft.

---

gehörige Verproviantierung obliegt. Dagegen ist die Strafandrohung gegen den Reeder schwerer als diejenige gegen den Kapitän in den Fällen des §. 113 Nr. 1 und 2, insoweit die vorsätzliche Nichtbefolgung der Vorschriften über Größe und Einrichtung des Logisraums und über die Einrichtung von Wasch- und Baderäumen und Aborten auf dem Schiffe in Frage kommt, weil es sich dabei um Anlagen im Schiffe handelt, für die schon bei dessen Bau Vorsorge getroffen werden muß. Eine vorsätzliche Zuwiderhandlung des Reeders gegen die Vorschriften über Besetzung der Schiffe mit Kapitänen und Schiffsoffizieren kann während der Reise wohl nur vorkommen, wenn eine entsprechende besondere Anweisung des Reeders vorliegt.

b. Als Vertreter des Reeders im Sinne dieses Paragraphen kommt der Korrespondentreeder (§. 492 H.G.B.), Prokurist oder Handlungsbevollmächtigte, nicht aber der Kapitän in Frage, weil für diesen in §§. 112, 113 Sondervorschriften gegeben sind. Betreffs der civilrechtlichen Haftung des Reeders vgl. §§. 513 Abs. 2 und 3, 511 H.G.B.

c. Zuständig ist die Strafkammer (§. 73 G.V.G.). Vgl. §§. 121, 132.

Zu §. 118.

Es muß nicht nur die Anordnung des Reeders, sondern auch die Tatsache vorliegen, daß infolge der Anordnung den hier bezeichneten Vorschriften über die Sonntagsruhe zuwidergehandelt worden ist. Hinsichtlich des Vertreters des Reeders s. Anm. b zu §. 117. Die Untersuchung und Entscheidung erfolgt durch das Seemannsamt, wenn es seinen Sitz im Inland (§. 6 Abs. 1) hat, anderenfalls ist das Schöffengericht zuständig (§. 27 Nr. 2 G.V.G.). Vgl. §§. 121, 132 und hinsichtlich des Kapitäns §. 114 Nr. 6.

Zu §. 119.

Die Strafbarkeit aus §. 119 tritt auch ein, wenn der erteilte Heuerschein nicht den im §. 27 Abs. 1 aufgestellten Erfordernissen entspricht. Die Strafandrohung ist hier dieselbe wie in §. 114 Nr. 2. Hinsichtlich des Vertreters des Reeders s. §. 12 Abs. 2 und Anm. b zu §. 117. Hinsichtlich der Zuständigkeit gilt das zu §. 118 Gesagte.

§. 120. [neu.] Bestimmung des Begriffs: Reeder.

Als Rheder im Sinne der §§. 117 bis 119 gelten auch die Vorstandsmitglieder von Aktiengesellschaften oder sonstigen durch einen Vorstand vertretenen Handelsgesellschaften, eingetragenen Genossenschaften und juristischen Personen, welche Rhederei betreiben.

§. 121. [§. 100.]
Verfolgung und Verjährung der außerhalb des Reichsgebiets begangenen Straftaten.

Die Verfolgung wegen der in den §§. 93 bis 119 bezeichneten strafbaren Handlungen findet auch dann statt, wenn die strafbaren Handlungen ausserhalb des Reichsgebiets begangen sind.

Zu §. 120.

Die in der zweiten und dritten Plenarberatung des Reichstags eingefügte Bestimmung des §. 120 bezweckt, die neuen Strafvorschriften der §§. 117—119 zur Anwendung zu bringen, „wenn die Reederei durch Aktiengesellschaften und sonstige durch einen Vorstand vertretene Gesellschaften und dergleichen betrieben wird" (Sten. Ber. 4894, 5101). Der Wortlaut des Paragraphen gibt zu Zweifeln Veranlassung. Zwar sind Aktiengesellschaften (§. 182 H.G.B.), eingetragene Genossenschaften (§. 24 Ges. vom $\frac{\text{1. Mai 1889}}{\text{20. Mai 1898}}$) und juristische Personen (§§. 26, 58 B.G.) durch einen Vorstand vertreten, dessen Mitglieder die hier in Betracht kommende strafrechtliche Verantwortlichkeit tragen können. Aber „sonstige durch einen Vorstand vertretene Handelsgesellschaften" gibt es nicht. Denn die außer den Aktiengesellschaften bestehenden Handelsgesellschaften im Sinne des H.G.B. (offene Handels-, Kommandit- und Aktienkommanditgesellschaften, vgl. Denkschr. z. H.G.B. S. 79) werden nicht durch einen Vorstand, d. h. durch eine *bestellte* leitende Behörde, sondern durch die offenen Gesellschafter in deren Eigenschaft als *Gesellschafter* vertreten, und die Vertretung der außerdem noch als Handelsgesellschaften in Betracht kommenden Gesellschaften mit beschränkter Haftung liegt den *Geschäftsführern* ob (§. 13 Abs. 3, §. 35 Ges. vom $\frac{\text{20. April 1892}}{\text{20. Mai 1898}}$). Da nun offene Handelsgesellschaften und Kommanditgesellschaften nach herrschender Meinung auch nicht juristische Personen sind (vgl. *Makower* Bd. I §. 105 Anm. Ic, §. 161 Anm. Ia), so findet §. 120 d. G. auf ihre persönlich haftenden Gesellschafter keine Anwendung, die letzteren werden bei Zuwiderhandlungen gegen §§. 117—119 nach den Vorschriften dieser Paragraphen als Vertreter des Reeders (§. 489 Abs. 2 H.G.B.) zur Verantwortung gezogen werden müssen. Dasselbe gilt für die persönlich haftenden Gesellschafter einer Kommanditgesellschaft auf Aktien, die zwar juristische Person (vgl. *Makower* Anm. II zu §. 320) ist, aber nicht durch einen Vorstand in dem oben angegebenen Sinne vertreten wird. Für sie könnte die Anwendbarkeit des §. 120 vielleicht unter analoger Anwendung des §. 325 Nr. 9 H.G.B. gerechtfertigt werden, da nach der letzteren Bestimmung die den Vorstand der Aktiengesellschaft betreffenden Vorschriften über die strafrechtliche Verantwortlichkeit auf die persönlich haftenden Gesellschafter entsprechende Anwendung finden.

Der Geschäftsführer einer G. m. b. H. wird bei Zuwiderhandlung gegen §§. 117—119 als Vorstand bezw. als Vorstandsmitglied einer Handelsgesellschaft im Sinne des §. 120 H.G.B. erachtet werden können, da seine Vertretungsbefugnis nicht auf seiner Eigenschaft als Gesellschafter, sondern wie bei dem Vorstande einer Aktiengesellschaft auf der Bestellung beruht. Außerdem ist er auch als Vertreter des Reeders im Sinne der §§. 117—119 zu erachten.

Auf den Vorstand von deutschen Kolonialgesellschaften, welche Reederei betreiben, findet §. 120 Anwendung, da sie juristische Personen sind (§. 12 Nr. 2 Sch.G.G. [R.G.Bl. 1900 S. 809]). Vgl. auch §. 32 G.K.G.

Zu §. 121.

Dieser Paragraph ist gegenüber den §§. 3 ff. und 67 ff. des Strafgesetzbuchs für notwendig erachtet worden, um zu verhüten, daß infolge jener Bestimmungen, insbesondere auch hinsichtlich

Die Verjährung der Strafverfolgung beginnt in diesem Falle erst mit dem Tage, an welchem das Schiff, dem der Thäter zur Zeit der Begehung angehörte, zuerst ein Seemannsamt erreicht.

Die Verfolgung wird nicht dadurch ausgeschlossen, dass der Thäter ein Ausländer ist.

Zuständigkeit des Seemannsamts. §. 122. [§. 101.]

In den Fällen des §. 93 Abs. 1, 2 und der §§. 95, 96, 107, 114 bis 116, 118, 119 erfolgt die Untersuchung und Entscheidung durch das Seemannsamt, im Falle des §. 93 Abs. 2 jedoch nur, wenn dieses seinen Sitz ausserhalb des Reichsgebiets hat, und in den Fällen der §§. 118, 119 nur, wenn es seinen Sitz im Inlande hat.

---

der von einem ausländischen Schiffsmann außerhalb des Reichsgebiets begangenen Straftaten, Straflosigkeit eintrete. Vorausgesetzt ist, daß der Täter einem dem §. 1 der Seemannsordnung unterfallenden Schiff angehört. Der Kapitän ist nicht verpflichtet, das dem Orte der Tat zunächst gelegene Seemannsamt aufzusuchen, die Verjährung beginnt erst, sobald er in Ausführung der Reise ein Seemannsamt erreicht (Meves S. 87). Betreffs der Unterbrechung der Verjährung durch einen Strafbescheid des Seemannsamts s. §. 123 Abs. 1.

Zu §. 122.

Den Seemannsämtern liegt als Verwaltungsinstanz, vorbehaltlich des ordentlichen Rechtsweges, die Aufrechthaltung der seemännischen Disziplin ob. Vgl. Anm. 2 zu §. 5. Zur Erreichung dieses Zweckes ist ihnen eine vorläufige Strafgewalt nach näherer Maßgabe der §§. 122—125 eingeräumt worden. Die Vorschriften hierüber sind spezialisierter als in §. 101 S.O.; das Verfahren vor den Seemannsämtern soll nach §. 123 Abs. 4 noch durch Verordnung des Bundesrats näher geregelt werden.

A. Begriff und Tragweite des Strafverfahrens vor dem Seemannsamte.

Die Vorschriften der §§. 122—125 sind — zum Teil wörtlich — dem Preußischen Gesetze vom 14. Mai 1852 (Ges.S. S. 245) „über die vorläufige Straffestsetzung wegen Übertretungen" nachgebildet. Vgl. Mot. z. §. 101 S.O. und §. 5 Abs. 2 Einf.Ges. z. St.P.O. Obwohl danach anzunehmen wäre (vgl. §. 1 jenes Gesetzes: „Wer die Polizeiverwaltung auszuüben hat, ist befugt ... die Strafe vorläufig durch Verfügung festzusetzen"), daß es sich in den §§. 122 ff. nur um ein fakultatives Verfahren handelt, so zwingt doch der Wortlaut des §. 122 und die Absicht des Gesetzes, die Strafe tunlichst bald der Tat folgen zu lassen (§. 123 Abs. 1, §. 125 Abs. 1) und mit möglichst wenig Kosten für den Beschuldigten zu verbinden, zu der Annahme, daß wegen der in §. 122 bezeichneten Straftaten zunächst ein Seemannsamt angegangen werden muß, und daß Staatsanwaltschaft und Gericht bis dahin ein Einschreiten abzulehnen haben. Vgl. Meves S. 88, Zorn S. 964. Dagegen kann der Ansicht von Meves (a. a. O.) und von Kleinfeller (S. 612) nicht beigestimmt werden, daß im Falle der Freisprechung des Beschuldigten im Verfahren vor dem Seemannsamt oder der Ablehnung eines Einschreitens durch dasselbe ein gerichtliches Verfahren ausgeschlossen sei. Denn das Seemannsamt, welches nicht durchweg mit juristisch vorgebildeten Beamten besetzt ist, verfährt nur summarisch, Zeugen werden nicht beeidigt (§. 123), eine Mitwirkung der Staatsanwaltschaft findet nicht statt, das Verfahren bietet demnach nicht die Gewähr einer allseitigen Erörterung und Beurteilung der Tat nach ihren mannigfachen strafrechtlichen Gesichtspunkten und kann somit ein geordnetes strafrechtliches Verfahren nicht ausschließen. Vgl. Entsch. in Strafsachen Bd. 22 S. 239, Bd. 2 S. 213. Aus der Vorschrift des §. 124, daß der Beschuldigte gegen den Strafbescheid auf gerichtliche Entscheidung antragen kann, ist nicht zu folgern, daß im Falle der Freisprechung

§. 123. [§. 101.] Verfahren vor dem Seemannsamte.

Das Seemannsamt hat den Angeschuldigten verantwortlich zu vernehmen[1]) und den Thatbestand mit möglichster Beschleunigung festzustellen. Eine Vereidigung von Zeugen findet nicht statt.[2]) Nach Abschluss der Untersuchung ist ein mit Gründen versehener

---

des Beschuldigten oder der Ablehnung des Strafverfahrens ein gerichtliches Verfahren nicht stattfinden dürfe, denn jene Vorschrift dient nur als einleitende Bestimmung für die in §. 124 weiter enthaltene Regelung des Verfahrens nach erfolgtem Strafbescheide (Stenglein S. 582). Auch der Ansicht von Kleinfeller (a. a. O.) und Stenglein (a. a. O.), daß wegen derselben Tat sowohl im Falle der Erlassung wie der Ablehnung eines Strafbescheides noch ein ferneres Verfahren vor einem anderen Seemannsamte stattfinden könne, ist nicht beizupflichten, weil der Absicht des Gesetzes, zunächst das administrative Strafverfahren stattfinden zu lassen, genügt ist, wenn ein Seemannsamt, gleichviel mit welchem Ergebnisse, eine Untersuchung des Falles vorgenommen hat. Der strafgerichtlichen Verfolgung steht das vorangegangene Administrativverfahren, wie oben bemerkt, nicht entgegen, es können entsprechende Anträge an die Staatsanwaltschaft gestellt werden.

B. Zuständigkeit der Seemannsämter.

Die sachliche Zuständigkeit der Seemannsämter ist gegenüber §. 101 S.O. erweitert durch Einfügung der Fälle der §§. 95, 115, 116, sowie der Fälle der §§. 118 und 119, wenn das Seemannsamt im Reichsgebiet oder in den Schutzgebieten und des Falles des §. 93 Abs. 2, wenn es außerhalb des Reichsgebiets seinen Sitz hat. Sie ergreift danach, abgesehen von dem Falle des §. 93 Abs. 2, diejenigen Straftaten, die mit Geldstrafe oder mit Haft bedroht sind. In den Schutzgebieten sind die Seemannsämter sowohl für die Fälle der Zuwiderhandlung der Reeder gegen die §§. 118, 119, wie für die Entweichung im Falle des §. 93 Abs. 2 zuständig. Vgl. noch §. 8 Heimsch.Ges. und §. 9 Nr. 3 und 4 u. Abs. 2 St.B.G. Bei der Entscheidung müssen im Reichsgebiet außer dem Vorsitzenden zwei schiffahrtskundige Beisitzer mitwirken (§. 5 Abs. 2).

Hinsichtlich der örtlichen Zuständigkeit macht das Gesetz zwischen den verschiedenen Seemannsämtern keinen Unterschied. Abgesehen von dem Falle des §. 116, in welchem naturgemäß nur dasjenige Seemannsamt fungieren wird, vor welchem die Ungebühr erfolgt ist, und abgesehen ferner von der Einschränkung für die Fälle der §§. 93 Abs. 2, 118, 119 ist daher jedes, insbesondere auch das abmusternde Seemannsamt zuständig.

Zu §. 123.

1) Die verantwortliche Vernehmung ist, wenn ihr die Entscheidung nicht unmittelbar folgt, auch innerhalb des Reichsgebiets nur von dem Vorsitzenden allein zu bewirken (vgl. §. 5 Abs. 2 und Anm. 2 dazu). Der hierfür eine Richtschnur bietende §. 136 St.P.O. lautet:

> Bei Beginn der ersten Vernehmung ist dem Beschuldigten zu eröffnen, welche strafbare Handlung ihm zur Last gelegt wird. Der Beschuldigte ist zu befragen, ob er etwas auf die Beschuldigung erwidern wolle.
>
> Die Vernehmung soll dem Beschuldigten Gelegenheit zur Beseitigung der gegen ihn vorliegenden Verdachtsgründe und zur Geltendmachung der zu seinen Gunsten sprechenden Tatsachen geben.
>
> Bei der ersten Vernehmung des Beschuldigten ist zugleich auf die Ermittelung seiner persönlichen Verhältnisse Bedacht zu nehmen.

Nach §. 137 St.P.O. kann sich der Beschuldigte in jeder Lage des Verfahrens des Beistandes eines Verteidigers bedienen.

2) Ob überhaupt eine Pflicht zur Zeugnisablegung vor dem Seemannsamte besteht, kann zweifelhaft sein, da eine ausdrückliche Bestimmung hierüber fehlt und die §§. 48 ff. St.P.O.

Bescheid zu ertheilen, welcher zu verkünden und dem Angeschuldigten im Falle seiner Abwesenheit in Ausfertigung zuzustellen ist.[3]) Wird eine Strafe festgesetzt, so ist die Dauer der für den Fall des Unvermögens an Stelle der Geldstrafe tretenden Freiheitsstrafe zu bestimmen.[4]) Der Bescheid wirkt in Betreff der Unterbrechung der Verjährung wie eine richterliche Handlung.[5])

Das Verfahren vor dem Seemannsamt ist gebührenfrei.[6])

Im Inlande finden auf dasselbe die Vorschriften der §§. 170, 173 bis 176 des Gerichtsverfassungsgesetzes über die Oeffentlichkeit entsprechende Anwendung.[7])

Im Uebrigen wird das Verfahren vor dem Seemannsamte durch Verordnung des Bundesraths geregelt. Die Verordnung ist dem Reichstage bei seinem nächsten Zusammentritte zur Kenntnissnahme vorzulegen.

---

mangels Vorliegens eines gerichtlichen Verfahrens nicht anwendbar sind. Vgl. Anm. A zu §. 122. Handelt es sich um eine von dem Schiffsmann auf dem Schiffe begangene strafbare Handlung, so wird der Kapitän das Schiffstagebuch (vgl. §. 98 d. G., §. 520 Abs. 3 H.G.B.) vorzulegen haben.

3) Der Bescheid hat auf Freisprechung oder Verurteilung oder auf Einstellung des Verfahrens zu lauten, letzteres, wenn bei einer nur auf Antrag zu verfolgenden strafbaren Handlung (§. 96) der erforderliche Antrag fehlt oder rechtzeitig zurückgenommen ist. (Vgl. §. 259 St.P.O.) Nicht beizutreten ist der Ansicht von Stenglein (S. 582), daß das Seemannsamt, wenn kein Grund zur Bestrafung besteht, das Verfahren abzulehnen habe. Denn §. 123 bestimmt in Satz 3 allgemein, daß nach Abschluß der Untersuchung ein mit Gründen versehener Bescheid zu erteilen ist und setzt in Satz 4 auch andere als verurteilende Bescheide voraus. Auch die allgemeine Dienstinstruktion zu §. 33 G.O.B. erwähnt wiederholt freisprechende Bescheide. Der Beschuldigte hat einen Anspruch auf einen solchen Bescheid, um sich dadurch gegen eine erneute Untersuchung wegen derselben Tat vor einem anderen Seemannsamte zu schützen. Vgl. Anm. A zu §. 122.

Der Bescheid wird auch über die etwa entstandenen baren Auslagen Bestimmung zu treffen haben.

Die Zustellung des Bescheides an den abwesenden Beschuldigten wird gemäß §. 37 St.P.O. nach den Vorschriften der §§. 208 ff. C.P.O. zu erfolgen haben.

4) Die Freiheitsstrafe ist im Falle des §. 93 Abs. 2 Gefängnis, in allen anderen Fällen Haft; sie wird nicht vor Rechtskraft des Bescheides vollstreckbar (§. 125 Abs. 1).

5) Über den Beginn der Verjährung, wenn die Tat außerhalb des Reichsgebiets begangen ist, vgl. §. 121 Abs. 2. Nur der Bescheid des Seemannsamts bewirkt hinsichtlich der Unterbrechung wie eine richterliche Handlung. Die Unterbrechung findet nach §. 68 Abs. 2 St.G.B. nur rücksichtlich desjenigen statt, auf welchen der Strafbescheid sich bezieht. Von der Unterbrechung ab läuft die neue Verjährungsfrist.

6) Es besteht nur Gebührenfreiheit, die baren Auslagen des Seemannsamts werden daher von dem rechtskräftig Verurteilten zu erstatten sein. Im Falle der Freisprechung können diese Auslagen, wenn das Verfahren durch eine wider besseres Wissen gemachte oder auf grober Fahrlässigkeit beruhende Anzeige eines der seemännischen Disziplin Unterliegenden veranlaßt worden ist, dem Anzeigenden, nachdem er gehört worden, auferlegt werden. §. 501 St.P.O. findet hier zwar nicht direkte Anwendung (vgl. §. 3 Abs. 1 Einf.Ges. zu St.P.O.), ist aber so zweckentsprechend, daß er hier analog anzuwenden sein wird.

7) Die Öffentlichkeit des Verfahrens ist nur für das Inland (§. 6 Abs. 1) vorgeschrieben und kann ausgeschlossen werden, wenn die Voraussetzungen des §. 173 G.V.G. vorliegen. Die Verkündung der Entscheidung erfolgt in jedem Falle öffentlich. Die entsprechend anzuwendenden §§. 170, 173—176 G.V.G. lauten:

§. 170. Die Verhandlung vor dem erkennenden Gerichte, einschließlich der Verkündung der Urteile und Beschlüsse desselben, erfolgt öffentlich.

§. 124.[1]) [§. 101.]

Einspruch gegen den Strafbescheid. Zuständiges Gericht.

Gegen den Bescheid des Seemannsamts kann der Beschuldigte innerhalb einer zehntägigen Frist von der Verkündigung oder der Zustellung ab auf gerichtliche Entscheidung antragen. Der Antrag ist bei dem Seemannsamte zu Protokoll oder schriftlich

---

§. 173. In allen Sachen kann durch das Gericht für die Verhandlung oder für einen Teil derselben die Öffentlichkeit ausgeschlossen werden, wenn sie eine Gefährdung der öffentlichen Ordnung, insbesondere der Staatssicherheit, oder eine Gefährdung der Sittlichkeit besorgen läßt.

§. 174. Die Verkündung des Urteils erfolgt in jedem Falle öffentlich.

Durch einen besonderen Beschluß des Gerichts kann für die Verkündung der Urteilsgründe oder eines Teiles derselben die Öffentlichkeit ausgeschlossen werden, wenn sie eine Gefährdung der Staatssicherheit oder eine Gefährdung der Sittlichkeit besorgen läßt.

§. 175. Die Verhandlung über die Ausschließung der Öffentlichkeit findet in nicht öffentlicher Sitzung statt, wenn ein Beteiligter es beantragt oder das Gericht es für angemessen erachtet. Der Beschluß, welcher die Öffentlichkeit ausschließt, muß öffentlich verkündet werden. Bei der Verkündung ist anzugeben, ob die Ausschließung wegen Gefährdung der öffentlichen Ordnung, insbesondere wegen Gefährdung der Staatssicherheit, oder ob sie wegen Gefährdung der Sittlichkeit erfolgt.

Ist die Öffentlichkeit wegen Gefährdung der Staatssicherheit ausgeschlossen, so kann das Gericht den anwesenden Personen die Geheimhaltung von Tatsachen, welche durch die Verhandlung, durch die Anklageschrift oder durch andere amtliche Schriftstücke des Prozesses zu ihrer Kenntnis gelangen, zur Pflicht machen. Der Beschluß ist in das Sitzungsprotokoll aufzunehmen. Gegen denselben findet Beschwerde statt. Die Beschwerde hat keine aufschiebende Wirkung.

§. 176. Der Zutritt zu öffentlichen Verhandlungen kann unerwachsenen und solchen Personen versagt werden, welche sich nicht im Besitze der bürgerlichen Ehrenrechte befinden, oder welche in einer der Würde des Gerichts nicht entsprechenden Weise erscheinen.

Zu nicht öffentlichen Verhandlungen kann der Zutritt einzelnen Personen vom Gerichte gestattet werden. Einer Anhörung der Beteiligten bedarf es nicht.

Die Ausschließung der Öffentlichkeit steht der Anwesenheit der die Dienstaufsicht führenden Beamten der Justizverwaltung bei den Verhandlungen vor dem erkennenden Gerichte nicht entgegen.

Zu §. 124.

1) Der §. 5 des Einf.Ges. zur Strafprozeßordnung v. 1. Februar 1877 (R.G.Bl. S. 346) bestimmt: „Die prozeßrechtlichen Vorschriften der Reichsgesetze werden durch die Strafprozeßordnung nicht berührt. — Wird in den Fällen des §. 101 [jetzt §. 124] der S.O. gegen den Bescheid des Seemannsamts auf gerichtliche Entscheidung angetragen, so finden auf das weitere Verfahren die §§. 455—458 der Strafprozeßordnung entsprechende Anwendung.“ Demnach findet, wenn der Antrag auf gerichtliche Entscheidung rechtzeitig angebracht ist, Hauptverhandlung vor dem Schöffengerichte statt. Die zehntägige Frist, welche im Falle der Nichtanwesenheit des Beschuldigten bei der Verkündigung des Bescheides erst von der Zustellung des Bescheides an läuft, ist nach Maßgabe des §. 42 St.P.O. zu berechnen, so daß der Tag, an welchem der Bescheid verkündet oder zugestellt worden ist, nicht mitgerechnet wird. Ist der Antragsteller durch Naturereignisse oder andere unabwendbare Zufälle an der Einhaltung der zehntägigen Frist verhindert worden, so kann die Wiedereinsetzung in den vorigen Stand gegen die Versäumung der Frist beansprucht werden. Als unabwendbarer Zufall ist es anzusehen, wenn der Antrag-

anzubringen. Dasselbe hat dem Antragsteller auf Verlangen eine Bescheinigung über den Antrag zu erteilen.[2])

Verlässt das Schiff vor Ablauf der Frist den Hafen, so kann der Schiffsmann auch bei dem Kapitän zu Protokoll oder schriftlich innerhalb der Frist Einspruch einlegen.[3] Dem Schiffsmann ist auf Verlangen eine Bescheinigung über den erhobenen Einspruch einzuhändigen. Der Kapitän[4]) hat, sobald es geschehen kann, den Einspruch in das Schiffstagebuch einzutragen und den Antrag dem Seemannsamte zu übersenden. Die Verjährung ruht von der Einlegung des Einspruchs bis zum Eingange des Antrags beim Seemannsamte.[5])

Hat das Seemannsamt seinen Sitz im Inlande,[6]) so ist für das weitere Verfahren dasjenige Gericht örtlich zuständig, in dessen Bezirke dieser Sitz belegen ist. Hat es seinen Sitz im Auslande, so ist dasjenige Gericht örtlich zuständig, in dessen Bezirke sich der inländische Heimathshafen oder in Ermangelung eines solchen der Registerhafen[7]) des Schiffes befindet; fehlt es an einem hiernach zuständigen deutschen Gerichte, so wird das Gericht von dem Reichsgerichte bestimmt.[8])

---

steller ohne sein Verschulden von einer Zustellung keine Kenntnis erlangt hat (§. 44 St.P.O.). Das Gesuch um Wiedereinsetzung in den vorigen Stand muß binnen einer Woche nach Beseitigung des Hindernisses bei demjenigen Seemannsamte, bei welchem die Frist wahrzunehmen gewesen wäre, unter Angabe und Glaubhaftmachung der Versäumungsgründe angebracht werden. Mit dem Gesuche ist zugleich der Antrag auf gerichtliche Entscheidung nachzuholen (§. 45 St.P.O.). Über das Gesuch entscheidet dasjenige Gericht, welches bei rechtzeitig erfolgter Antragstellung zur Entscheidung in der Sache selbst berufen gewesen wäre. Vgl. §. 124 Abs. 3 d. G. Die dem Gesuche stattgebende Entscheidung unterliegt keiner Anfechtung. Gegen die das Gesuch verwerfende Entscheidung findet sofortige Beschwerde statt (§. 46 St.P.O.).

2) Entsprechend dem §. 454 Abs. 2 St.P.O. würde das Seemannsamt, falls es den Strafbescheid nicht zurücknimmt, die Akten an die zuständige Staatsanwaltschaft zu übersenden haben, welche sie dem Amtsrichter vorzulegen hat. Die allgemeine Dienstinstruktion zu §. 33 G.O.B. schreibt aber dem Konsul im Falle rechtzeitigen Antrags auf Gerichtsentscheidung vor, die aufgenommenen Verhandlungen mit dem Bescheide und dem Antrage auf Gerichtsentscheidung dem zuständigen Gericht oder, falls er über dasselbe zweifelhaft ist, dem Auswärtigen Amte zur weiteren Veranlassung zu übersenden.

3) Das Recht, den Einspruch bei dem Kapitän zu Protokoll zu geben, ist an die Voraussetzung geknüpft, daß das Schiff vor Ablauf der zehntägigen Frist den Hafen verläßt, und kann erst ausgeübt werden, wenn das Schiff den Hafen verläßt, weil bis dahin die Gerichtsentscheidung bei dem Seemannsamte beantragt werden kann. Wenigstens wird dem Kapitän das Recht zustehen, den Schiffsmann auf diesen regelmäßigen Weg zu verweisen, weil durch den Einspruch bei dem Kapitän die Einleitung des gerichtlichen Strafverfahrens besonders aufgehalten wird. Vgl. Abs. 2 Satz 4. Der Kapitän (vgl. §. 114) und der Reeder (§§. 118, 119) können den Antrag auf gerichtliche Entscheidung nur bei dem Seemannsamt anbringen (Perels S. 64).

4) Vgl. Anm. 2 zu §. 43.

5) Von der Verkündung des Strafbescheides ab läuft gemäß §. 68 St.G.B. die neue, mit Ausnahme des Falles des §. 93 Abs. 2, dreimonatliche Verjährung. Damit nun durch die Einlegung des Einspruchs bei dem Kapitän nicht eine Verjährung eintritt, ist hier bestimmt, daß sie in der Zeit von der Einlegung des Einspruchs bis zu dessen Eingang beim Seemannsamte ruht.

6) Vgl. §. 6 Abs. 1.

7) S. §. 24 Abs. 2 und Anm. 2 dazu. Vgl. Flg.Ges. §§. 6 und 12.

8) Die Konsulargerichte sind nicht „deutsche Gerichte" im Sinne des Abs. 3. Die Bestimmung eines Gerichts durch das Reichsgericht wird daher namentlich dann zu erfolgen haben, wenn es sich um solche ausschließlich auf ausländischen Binnengewässern verkehrende Schiffe

§. 125. [§. 101.] Vollstreckung des Strafbescheides.

Der Bescheid des Seemannsamts ist in Betreff der Beitreibung der Geldstrafe vorläufig vollstreckbar.[1])

Die Vollstreckung der Strafbescheide der inländischen Seemannsämter erfolgt durch die landesgesetzlich hierzu bestimmten Behörden. Die Vollstreckung der von einem Seemannsamt im Ausland erlassenen Strafbescheide erfolgt gebührenfrei durch dieses selbst, wobei der Kapitän den auf Beitreibung der Geldstrafe gerichteten Anordnungen des Seemannsamts Folge zu leisten hat;[2]) die Vorschriften der §§. 811, 850 der Civilprozessordnung über die Unpfändbarkeit von Sachen und Ansprüchen finden entsprechende Anwendung.[3])

---

handelt, auf welche gemäß §. 1 Abs. 3 d. G. die Seemannsordnung Anwendung findet. Vgl. §. 26a Flg.Ges. (Nachtrag V). Durch den letzten Satz des §. 124 werden aber auch solche Kauffahrteischiffe betroffen, welche das Recht zur Führung der Reichsflagge auf Grund eines Flaggenzeugnisses ausüben, ohne bislang einen Heimats- oder Registerhafen zu haben (§. 12 Flg.Ges.).

Die in Abs. 3 festgesetzten Gerichtsstände sollen nach der Absicht der Kommission (Kom.-Ber. S. 80) ausschließliche sein.

Zu §. 125.

1) Hinsichtlich der Freiheitsstrafe und der bei dem Seemannsamt erwachsenen Auslagen ist die vorläufige Vollstreckbarkeit nicht zugelassen.

2) a. Das bisherige Recht (vgl. §. 33 G.O.B.) gab keine unzweifelhafte Grundlage für die Vollstreckung der von einem Seemannsamt im Ausland erlassenen Strafbescheide. Deshalb ist jetzt bestimmt, daß die Vollstreckung solcher Bescheide durch die im Auslande belegenen Seemannsämter selbst erfolgt. Vorausgesetzt ist hinsichtlich der Vollstreckung einer Freiheitsstrafe oder wegen der Kosten, daß der Bescheid rechtskräftig ist. Nach einer Anordnung des Reichskanzlers (vgl. v. König S. 465), soll die Freiheitsstrafe im Auslande nur vollstreckt werden, soweit dies nach den Gesetzen des Ortes gestattet und daselbst eine Strafverwahrung möglich ist. Die durch die Vollstreckung erwachsenen Auslagen hat der Verurteilte zu erstatten, es besteht nur Gebührenfreiheit.

b. Die Beitreibung der Geldstrafen durch den Kapitän kann naturgemäß nur erfolgen, wenn ein Schiffsmann oder Schiffsoffizier verurteilt worden ist. Inbetreff der Abführung der Geldstrafe s. §. 132. Gegen den Kapitän muß die Vollstreckung eines im Auslande wider ihn erlassenen Strafbescheides entweder durch das Seemannsamt selbst oder gemäß Abs. 3 durch Ersuchen der inländischen Behörde erfolgen.

3) Gleichviel, ob der Verurteilte Deutscher oder Ausländer ist. Nach dem unten erwähnten Gesetz betr. die Beschlagnahme des Arbeits- oder Dienstlohns ist namentlich die noch nicht abverdiente Heuer nicht pfändbar. Die hier in Bezug genommenen Gesetzesstellen lauten:

a. **C.P.O. §. 811.** Folgende Sachen sind der Pfändung nicht unterworfen:

1. die Kleidungsstücke, die Betten, die Wäsche, das Haus- und Küchengeräth, insbesondere die Heiz- und Kochöfen, soweit diese Gegenstände für den Bedarf des Schuldners oder zur Erhaltung eines angemessenen Hausstandes unentbehrlich sind;
2. die für den Schuldner, seine Familie und sein Gesinde auf vier Wochen erforderlichen Nahrungs-, Feuerungs- und Beleuchtungsmittel oder, soweit solche Vorräthe auf zwei Wochen nicht vorhanden und ihre Beschaffung für diesen Zeitraum auf anderem Wege nicht gesichert ist, der zur Beschaffung erforderliche Geldbetrag;
3. eine Milchkuh oder nach der Wahl des Schuldners statt einer solchen zwei Ziegen oder zwei Schafe nebst den zum Unterhalt und zur Streu für dieselben auf vier Wochen erforderlichen Futter- und Streuvorräthen oder, soweit solche Vorräthe auf zwei Wochen nicht vorhanden, dem zur Beschaffung erforderlichen Geldbetrage, wenn die

Die im Absatz 2 bezeichneten inländischen Vollstreckungsbehörden haben auf Ersuchen auch die von einem Seemannsamt ausserhalb ihres Amtsbereichs erlassenen Strafbescheide gegen die innerhalb ihres Amtsbereichs befindlichen Personen zu vollstrecken.

---

bezeichneten Thiere für die Ernährung des Schuldners, seiner Familie und seines Gesindes unentbehrlich sind;

4. bei Personen, welche Landwirtschaft betreiben, das zum Wirthschaftsbetrieb erforderliche Gerät und Vieh nebst dem nötigen Dünger, sowie die landwirtschaftlichen Erzeugnisse, soweit sie zur Fortführung der Wirthschaft bis zu der Zeit erforderlich sind, zu welcher gleiche oder ähnliche Erzeugnisse voraussichtlich gewonnen werden;
5. bei Künstlern, Handwerkern, gewerblichen Arbeitern und anderen Personen, welche aus Handarbeit oder sonstigen persönlichen Leistungen ihren Erwerb ziehen, die zur persönlichen Fortsetzung der Erwerbsthätigkeit unentbehrlichen Gegenstände;
6. bei den Wittwen und den minderjährigen Erben der unter Nr. 5 bezeichneten Personen, wenn sie das Erwerbsgeschäft für ihre Rechnung durch einen Stellvertreter fortführen, die zur persönlichen Fortführung des Geschäfts durch den Stellvertreter unentbehrlichen Gegenstände;
7. bei Offizieren, Deckoffizieren, Beamten, Geistlichen, Lehrern an öffentlichen Unterrichtsanstalten, Rechtsanwälten, Notaren sowie Aerzten und Hebammen die zur Verwaltung des Dienstes oder Ausübung des Berufs erforderlichen Gegenstände, sowie anständige Kleidung;
8. bei Offizieren, Militärärzten, Deckoffizieren, Beamten, Geistlichen, bei Ärzten und Lehrern an öffentlichen Anstalten ein Geldbetrag, welcher dem der Pfändung nicht unterworfenen Theile des Diensteinkommens oder der Pension für die Zeit von der Pfändung bis zum nächsten Termine der Gehalts- oder Pensionszahlung gleichkommt;
9. die zum Betriebe einer Apotheke unentbehrlichen Geräthe, Gefäße und Waaren;
10. die Bücher, welche zum Gebrauche des Schuldners und seiner Familie in der Kirche oder Schule oder einer sonstigen Unterrichtsanstalt oder bei der häuslichen Andacht bestimmt sind;
11. die in Gebrauch genommenen Haushaltungs- und Geschäftsbücher, die Familienpapiere, sowie die Trauringe, Orden und Ehrenzeichen;
12. künstliche Gliedmaßen, Brillen und andere wegen körperlicher Gebrechen nothwendige Hülfsmittel, soweit diese Gegenstände zum Gebrauche des Schuldners und seiner Familie bestimmt sind;
13. die zur unmittelbaren Verwendung für die Bestattung bestimmten Gegenstände.

b. **C.P.O. §. 850.** Der Pfändung sind nicht unterworfen:

1. der Arbeits- oder Dienstlohn nach den Bestimmungen des Reichsgesetzes vom 21. Juni 1869 (Bundes-Gesetzbl. 1869 S. 242 und 1871 S. 63, Reichs-Gesetzbl. 1897 S. 159);
2. die auf gesetzlicher Vorschrift beruhenden Alimentenforderungen und die nach §. 844 des Bürgerlichen Gesetzbuchs wegen der Entziehung einer solchen Forderung zu entrichtende Geldrente;
3. die fortlaufenden Einkünfte, welche ein Schuldner aus Stiftungen oder sonst auf Grund der Fürsorge und Freigebigkeit eines Dritten bezieht, insoweit der Schuldner zur Bestreitung des nothdürftigen Unterhalts für sich, seinen Ehegatten und seine noch unversorgten Kinder dieser Einkünfte bedarf;
4. die aus Kranken-, Hülfs- oder Sterbekassen, insbesondere aus Knappschaftskassen und Kassen der Knappschaftsvereine zu beziehenden Hebungen;
5. der Sold und die Invalidenpension der Unteroffiziere und der Soldaten;
6. das Diensteinkommen der Militärpersonen, welche zu einem mobilen Truppentheil oder zur Besatzung eines in Dienst gestellten Kriegsfahrzeuges gehören;

Auf die Erledigung des Ersuchens finden die Vorschriften des Gesetzes über den Beistand bei Einziehung von Abgaben und Vollstreckung von Vermögensstrafen vom 9. Juni 1895 (Reichs-Gesetzbl. S. 256) entsprechende Anwendung.[4])

---

7. die Pensionen der Wittwen und Waisen und die denselben aus Witwen- und Waisenkassen zukommenden Bezüge, die Erziehungsgelder und die Studienstipendien, sowie die Pensionen invalider Arbeiter;
8. das Diensteinkommen der Offiziere, Militärärzte und Deckoffiziere, der Beamten, der Geistlichen, sowie der Aerzte und Lehrer an öffentlichen Anstalten; die Pension dieser Personen nach deren Versetzung in einstweiligen oder dauernden Ruhestand, sowie der nach ihrem Tode den Hinterbliebenen zu gewährende Sterbe- oder Gnadengehalt.

Uebersteigen in den Fällen Nr. 7 und 8 das Diensteinkommen, die Pension oder die sonstigen Bezüge die Summe von fünfzehnhundert Mark für das Jahr, so ist der dritte Teil des Mehrbetrags der Pfändung unterworfen.

Die nach §. 843 des Bürgerlichen Gesetzbuchs wegen einer Verletzung des Körpers oder der Gesundheit zu entrichtende Geldrente ist nur soweit der Pfändung unterworfen, als der Gesamtbetrag die Summe von fünfzehnhundert Mark für das Jahr übersteigt.

In den Fällen der beiden vorhergehenden Absätze ist die Pfändung ohne Rücksicht auf den Betrag zulässig, wenn sie wegen der den Verwandten, dem Ehegatten und dem früheren Ehegatten für die Zeit nach Erhebung der Klage und für das diesem Zeitpunkte vorausgehende letzte Vierteljahr kraft Gesetzes zu entrichtenden Unterhaltsbeiträge beantragt wird. Das gleiche gilt in Ansehung der zu Gunsten eines unehelichen Kindes von dem Vater für den bezeichneten Zeitraum kraft Gesetzes zu entrichtenden Unterhaltsbeiträge; diese Vorschrift findet jedoch insoweit keine Anwendung, als der Schuldner zur Bestreitung seines notdürftigen Unterhalts und zur Erfüllung der ihm seinen Verwandten, seiner Ehefrau oder seiner früheren Ehefrau gegenüber gesetzlich obliegenden Unterhaltspflicht der Bezüge bedarf. Hierbei werden ausschließlich die Leistungen berücksichtigt, welche vermöge einer solchen Unterhaltspflicht für den nämlichen Zeitraum, oder, falls die Klage zu Gunsten des unehelichen Kindes nach der Klage eines Unterhaltsberechtigten erhoben ist, für die Zeit von dem Beginne des der Klage dieses Berechtigten vorausgehenden letzten Vierteljahrs ab zu entrichten sind.

Die Einkünfte, welche zur Bestreitung eines Dienstaufwandes bestimmt sind, und der Servis der Offiziere, Militärärzte und Militärbeamten sind weder der Pfändung unterworfen noch bei der Ermittelung, ob und zu welchem Betrage ein Diensteinkommen der Pfändung unterliege, zu berechnen.

4) Das obenerwähnte Reichsgesetz vom 9. Juni 1895 lautet in seinen hier in Betracht ommenden Teilen:

§. 1. Die Behörden verschiedener Bundesstaaten haben einander auf Ersuchen Beistand zu leisten ...

3. zum Zweck der Vollstreckung von Vermögensstrafen, welche gemäß §. 453 der Strafprozeßordnung durch polizeiliche Verfügung oder gemäß §. 101 der Seemannsordnung vom 27. Dezember 1872 (§. 105 der Seemannsordnung vom 2. Juni 1902) durch Bescheid eines Seemannsamts festgesetzt worden sind.

§. 2. Verpflichtet zur Gewährung des Beistandes sind, soweit nicht landesrechtlich besondere Bestimmungen hierüber bestehen, diejenigen Behörden, welche zu Handlungen der beantragten Art in dem entsprechenden Geschäftskreise ihres Staates berufen sind. Fehlt es an einer hiernach verpflichteten Behörde, so haben die Landesregierungen solche zu bestimmen.

§. 3. Die Gewährung des Beistandes findet nicht statt, wenn zu einem der im §. 1 angeführten Zwecke eine Handlung beantragt wird, die nach dem für die ersuchte Behörde geltenden Rechte zu diesem Zweck nicht vorgenommen werden darf.

§. 126. [§. 102.]

Aufnahme des Tatbestandes von Vergehen und Verbrechen.

Begeht ein Schiffsmann, während das Schiff sich auf der See oder im Auslande befindet, ein Vergehen oder Verbrechen, so hat der Kapitän unter Zuziehung von Schiffsoffizieren und anderen glaubhaften Personen alles dasjenige genau aufzuzeichnen, was auf den Beweis der That und auf deren Bestrafung Einfluss haben kann. Insbesondere ist in den Fällen der Tödtung oder schweren Körperverletzung die Beschaffenheit der Wunden genau zu beschreiben, auch zu vermerken, wie lange der Verletzte etwa noch gelebt hat, ob und welche Heilmittel angewendet sind und welche Nahrung der Verletzte zu sich genommen hat.

---

§. 4. Die Voraussetzungen der Beistandsleistung nach §. 1 sowie die Vollstreckbarkeit des Anspruchs richten sich nach den für die ersuchende Stelle maßgebenden Vorschriften. Die Vollstreckbarkeit ist in dem Ersuchungsschreiben zu bescheinigen.

Die Art und Weise der Beistandsleistung richtet sich nach den am Orte der Vollziehung geltenden Bestimmungen.

§. 5. Über die Zulässigkeit des Beistandes, über Einwendungen, welche die Art und Weise der Beistandsleistung betreffen, . . . entscheiden die zuständigen Behörden desjenigen Bundesstaates, welchem die ersuchte Stelle angehört.

Einwendungen, welche den Anspruch selbst oder die Vollstreckbarkeit desselben betreffen, unterliegen der Entscheidung der zuständigen Behörden desjenigen Bundesstaates, welchem die ersuchende Stelle angehört.

§. 6. Werden gegen die Vollstreckung Einwendungen erhoben, über welche die im §. 5 Abs. 2 bezeichneten Behörden zu entscheiden haben, so kann die Vollstreckungsbehörde, wenn ihr die Einwendungen erheblich und in tatsächlicher Beziehung glaubhaft erscheinen, die Vollstreckung vorläufig einstellen.

§§. 7, 8. — — —

§. 9. Im Falle der Gewährung von Beistand zwischen Behörden verschiedener Bundesstaaten sind die hierdurch entstehenden baren Auslagen der ersuchten Behörde von der ersuchenden zu erstatten.

Weitere Kosten werden von der ersuchenden Behörde nicht erstattet.

Ist eine zahlungspflichtige Person vorhanden, so sind die Kosten, soweit die ersuchte Behörde diese nicht selbst beitreiben kann, von der ersuchenden Behörde einzuziehen. Der eingezogene Betrag ist der ersuchten Behörde zu übersenden.

§. 10. Die Vorschriften dieses Gesetzes finden entsprechende Anwendung auf die Beistandsleistung der Landesbehörden zum Zweck der Beitreibung von Geldstrafen, welche gemäß §. 101 (§. 125) der Seemannsordnung durch Bescheid eines deutschen Seemannsamts im Auslande festgesetzt worden sind.

§§. 11, 12. — — —

Das vorstehende Gesetz bezieht sich nur auf die Vollstreckung von Vermögensstrafen aus Strafbescheiden (vgl. §§. 1 und 10), es soll jedoch nach §. 125 der Seemannsordnung allgemein auf die Vollstreckung der Strafbescheide, also auch hinsichtlich der Freiheitsstrafe und der Kosten entsprechende Anwendung finden. Da ferner nach Abs. 3 des §. 125 die Ersuchen der Seemannsämter von allen inländischen (§. 6 Abs. 1) Vollstreckungsbehörden zu erledigen sind, so wird das Gesetz vom 25. Juni 1895 auch in den Schutzgebieten entsprechend anzuwenden sein.

Hinsichtlich der Abführung der beizutreibenden Geldstrafe wird in dem Ersuchen auf §. 132 Rücksicht zu nehmen sein.

Zu §. 126.

Nach diesem Paragraphen hat der Kapitän (vgl. §. 3 Abs. 1 Satz 2) außer der in §. 520 Abs. 3 H.G.B. ihm auferlegten Pflicht, alle auf dem Schiffe begangenen strafbaren Handlungen

§. 127.[1]) **[§. 103.]**

Durchsuchung, Festnahme und Ablieferung des Schiffsmanns.

Der Kapitän ist ermächtigt, jederzeit die Sachen der Schiffsleute, welche der Betheiligung an einer strafbaren Handlung verdächtig sind, zu durchsuchen.[2])

Der Kapitän ist ferner ermächtigt, denjenigen Schiffsmann, der sich einer der im §. 70 Nr. 3 und im §. 93 Abs. 2, 3 bezeichneten strafbaren Handlungen schuldig macht, festzunehmen.[3]) **In den Fällen des §. 70 Nr. 3 ist er hierzu verpflichtet, wenn das Entweichen des Thäters zu besorgen steht. In den Fällen des §. 93 Abs. 2, 3 ist von einer Einsperrung abzusehen, sofern sich das Schiff auf hoher See befindet.**[4])

Der Thäter ist unter Mittheilung der aufgenommenen Verhandlungen an dasjenige Seemannsamt, bei welchem es zuerst geschehen kann, abzuliefern. Wenn im Auslande das Seemannsamt aus besonderen Gründen die Uebernahme ablehnt, so hat der Kapitän

---

in das Tagebuch einzutragen, noch die Verpflichtung, falls ein Schiffsmann (§. 2 Abs. 3, §. 3 Abs. 2) auf der See oder im Auslande (§. 6 Abs. 1) eine strafbare Handlung begeht, die sich nach deutschen Gesetzen als ein Vergehen oder Verbrechen (§. 1 St.G.B.) darstellt, unter Zuziehung von Schiffsoffizieren und anderen glaubhaften Personen den gesamten Tatbestand aufzunehmen. Strafvorschrift §. 114 Nr. 13. Der Ansicht von Meves (S. 95), daß bei Begehung einer Straftat durch den Schiffsmann im Auslande der Kapitän nur dann zur Tatbestandsaufnahme verpflichtet sei, wenn nicht die fremde Staatsgewalt die strafrechtliche Verfolgung übernimmt, kann angesichts des klaren Wortlauts des Gesetzes nicht beigestimmt werden. Durch eine solche strafrechtliche Verfolgung seitens des fremden Staates wird auch die Verfolgung im deutschen Reiche nicht ohne weiteres ausgeschlossen. Vgl. §. 5 St.G.B. — Der Heimzuschaffende ist nicht Schiffsmann im Sinne des §. 126 und des §. 2 Abs. 3 d. G. — Durch die Vorschrift des §. 126 Abs. 2 wird selbstverständlich nicht ausgeschlossen, daß der Kapitän durch einen Arzt die Leichenöffnung vornehmen läßt, um die Todesursache festzustellen. Vgl. Anm. 2 zu §. 2 a. E.

Zu §. 127.

1) §. 127 verleiht dem Kapitän das Recht, jederzeit und an jedem Orte die Sachen des Schiffsmanns (§. 2 Abs. 3, §. 3 Abs. 2), welcher der Beteiligung an einer strafbaren Handlung verdächtig ist, zu durchsuchen und ihn in den Fällen des §. 70 Nr. 3 und des §. 93 Abs. 2 festzunehmen. Ist das Entweichen des Täters zu besorgen, so hat der Kapitän in den Fällen des §. 70 Nr. 3 die Pflicht zur Festnahme. Die Beobachtung der Vorschriften in §§. 102 ff., 127 ff. St.P.O. ist bei diesen Maßregeln nicht erforderlich, weil der Kapitän nicht Organ der ordentlichen Rechtspflege ist (§. 3 Einf.Ges. z. St.P.O.). Die Befugnis zur Festnahme schließt alle zu deren Durchführung erforderlichen Maßnahmen, also auch die Einsperrung in sich. Vgl. jedoch Anm. 3. Außer der in diesem Gesetze dem Kapitän erteilten Befugnis besteht dessen Recht, den auf frischer Tat Betroffenen, welcher der Flucht verdächtig ist, vorläufig festzunehmen (§. 128 St.P.O.).

2) Wenn auch die Vorschriften der §§. 102 ff. St.P.O. bei der hier erwähnten Durchsuchung nicht zu beobachten sind, so wird der Kapitän die Durchführung doch nur vornehmen, wenn zu vermuten ist, daß sie zur Auffindung von Beweismitteln führen wird. Auch ist die Zuziehung von Schiffsoffizieren oder anderen glaubhaften Personen zweckentsprechend, ebenso die Aufnahme eines Verzeichnisses der etwa in Beschlag genommenen Gegenstände und eines Protokolls über den Vorgang.

3) Nicht erforderlich ist, daß der Täter auf frischer Tat betroffen worden ist oder eine schwere Strafe zu erwarten hat.

4) Die Einsperrung des entwichenen und wieder ergriffenen Schiffsmanns ist demnach nur im Hafen und auf der Reede zulässig.

die Ablieferung bei demjenigen Seemannsamte zu bewirken, bei welchem es anderweit zuerst geschehen kann.[5])

In dringenden Fällen ist der Kapitän, wenn im Ausland ein Seemannsamt nicht rechtzeitig angegangen werden kann, ermächtigt, den Thäter der fremden Behörde behufs dessen Uebermittelung an eine zuständige deutsche Behörde zu übergeben. Hiervon hat er bei demjenigen Seemannsamte, bei welchem es zuerst geschehen kann, Anzeige zu machen.[6])

Sechster Abschnitt.

Allgemeine Vorschriften.

§. 128. [§. 104.]

Sühneverfahren vor dem Seemannsamte.

Jedes Seemannsamt ist verpflichtet, die gütliche Ausgleichung der zu seiner Kenntniss gebrachten, zwischen dem Kapitän und dem Schiffsmanne bestehenden Streitigkeiten zu versuchen. Insbesondere hat das Seemannsamt, vor welchem die Abmusterung des Schiffsmanns erfolgt, hinsichtlich solcher Streitigkeiten einen Güteversuch zu veranstalten.

---

5) Wegen der in diesem Absatz vorgeschriebenen Ablieferung braucht der Kapitän den Kurs nicht zu ändern. Das Seemannsamt hat den Schiffsmann, wenn nur eine Entweichung (§. 93 Abs. 2) vorliegt, abzuurteilen, andernfalls seine Überführung an die heimische Behörde zu veranlassen. Vgl. Heimsch.Ges. §. 1. Nach der allgemeinen Dienstinstruktion zu §. 29 G.O.B. dürfen die Schiffe der Reichsmarine den Transport von Reichsangehörigen zwecks Überführung an die heimischen Richter nur auf vorherige Anweisung des Reichskanzlers oder einer Bundesregierung übernehmen. Die besonderen Gründe, aus denen das Seemannsamt im Auslande die Übernahme ablehnen darf, können in dem Mangel an Aufbewahrungsraum oder an Gelegenheit zur Heimschaffung des Straffälligen bestehen. Das Seemannsamt ist dann nach der allgemeinen Dienstinstruktion zu §. 33 G.O.B. befugt, den Kapitän zur weiteren Mitnahme des Schiffsmanns nötigenfalls zwangsweise anzuhalten.

6) Entsprechend dem in §. 9 St.G.B. enthaltenen Grundsatze, welcher die Überlieferung eines Deutschen an eine fremde Regierung behufs der Verfolgung oder Bestrafung nicht gestattet, ist der Kapitän hier nur ermächtigt, den Täter der fremden Behörde behufs dessen Übermittelung an eine zuständige deutsche Behörde zu übergeben. Als dringende Fälle, welche ihn zu dieser Übergabe ermächtigen, kommen solche in Betracht, in welchen die weitere Mitführung des Verdächtigen mit Gefahr für dessen Leben oder Gesundheit oder für die an Bord des Schiffes befindlichen Personen verbunden erscheint.

Zu §. 128.

Nur auf die zwischen dem Kapitän und dem Schiffsmann — nicht auch zwischen Schiffsleuten — bestehenden, zu seiner Kenntnis gebrachten, Streitigkeiten civilrechtlicher Natur bezieht sich die Verpflichtung des Seemannsamts, einen Sühneversuch zu veranstalten. Kommt ein Vergleich zustande, so ist er zu Protokoll festzustellen. Vgl. §. 41 G.K.G., §. 510 Abs. 2 C.P.O. Nach einem Erlaß des Auswärtigen Amts (v. König S. 461) steht es den Konsuln frei, auch bei Streitigkeiten strafrechtlicher Art, wenn eine Bestrafung nicht beantragt, sondern die Angelegenheit bei ihnen nur zur Sprache gebracht wird, die Beilegung im Wege der Güte zu versuchen.

§. 129. [§. 105.]

Verbotene Anrufung ausländischer Gerichte. Vorläufige Entscheidung des Seemannsamts.

Der Schiffsmann darf den Kapitän vor einem ausländischen Gerichte weder strafrechtlich noch civilrechtlich belangen, sofern gegen ihn ein Gerichtsstand im Inlande begründet ist.[1]) Handelt er dieser Bestimmung zuwider, so ist er nicht allein für den daraus entstehenden Schaden verantwortlich, sondern er wird ausserdem der bis dahin verdienten Heuer verlustig.[2])

Er kann in den Fällen, die keinen Aufschub leiden, die vorläufige Entscheidung des Seemannsamts nachsuchen.[3]) Die Gelegenheit hierzu darf der Kapitän ohne dringenden

---

Zu §. 129.

1) a. Mit dem Bedürfnisse des Handelsverkehrs und der Disziplin ist es unverträglich daß während der Reise etwaige Streitigkeiten zwischen dem Kapitän und der Schiffsmannschaft im Rechtswege vor einem fremden Gerichte ausgetragen werden. Dies trifft zu, sowohl wenn die Streitigkeiten die Auszahlung der Heuer, die Zahlung von Entschädigungen oder von Pflege- und Reisegeldern, oder die Entlassung aus dem Schiffsdienste betreffen, als auch wenn die Ausübung der Disziplinargewalt Gegenstand des Streites ist. Gerade für den letzteren Fall ist die im Gesetze getroffene Bestimmung als besonders praktisch erachtet worden. Man meint (P. 1979), daß, wenn der Kapitän zu befürchten habe, wegen Ausübung seiner Gewalt von der Mannschaft in jedem auswärtigen Hafen belangt, und dadurch vielleicht wochenlang aufgehalten zu werden, seine Disziplinargewalt völlig illusorisch gemacht werde.

b. Auch der während der Reise entlassene Schiffsmann kann vor Beendigung derselben den Kapitän vor einem fremden Gerichte nicht belangen; es würden sonst alle Nachteile eintreten, wegen deren man die Bestimmungen dieses Paragraphen für notwendig erachtet hat, zumal ein Seemann es leicht durch sein Betragen dahin bringen kann, daß ihn der Kapitän entläßt. (P. 1978.)

c. Ein Gerichtsstand ist gegen den Kapitän im Inlande begründet, wenn ein solcher gegen den Reeder begründet ist. Denn mangels besonderer Umstände, welche etwa den Kapitän dem Schiffsmann persönlich haftbar machen, ist für die Beschreitung des Rechtsweges, da der Kapitän den Heuervertrag nur in Vertretung des Reeders abschließt (§§. 527, 533 H.G.B.), nicht der Gerichtsstand des Kapitäns, sondern des Reeders maßgebend. Vgl. R.O.H. Bd. 13 S. 43.

2) Die Androhung eines Präjudizes für den Übertretungsfall (den Verlust der verdienten und noch nicht erhobenen Heuer) hielt man für erforderlich (P. 1980), weil sonst die Absicht des Gesetzes nicht mit Sicherheit erreicht würde; denn wenn der Zweck des Paragraphen auch zunächst darin bestehe, daß auf Grund desselben dem Kapitän, der von der Mannschaft im Auslande belangt werde, von den auswärtigen Gerichten eine Einrede zugestanden werde, so sei doch zu befürchten, daß dies nicht überall geschehe; es müsse deshalb, da namentlich Bescheide auswärtiger Behörden in Disziplinarsachen von den inländischen Gerichten nicht immer ungeschehen gemacht werden könnten, dem Schiffsvolk ein Nachteil angedroht werden, durch den es von vornherein von Anstellung der Klagen im Auslande abgehalten werde.

3) Nur in Fällen, die keinen Aufschub leiden, darf die vorläufige Entscheidung des Seemannsamts angerufen werden. Ist der Fall nicht dringlich, so darf demnach das Seemannsamt seine Tätigkeit ablehnen. Mit Ausnahme des im §. 130 geregelten Falles ist jedes Seemannsamt zuständig.

Die Konsuln sind angewiesen, in den hier in Betracht kommenden Fällen die Entscheidung unter Angabe der Gründe schriftlich abzufassen und jeder Partei eine Ausfertigung zu erteilen, sofern darauf nicht verzichtet wird. (A.D.J. zu §. 37 S.O.B.). Die Entscheidung ist vorläufig vollstreckbar (§. 131). Im Falle des §. 749 H.G.B. (s. unten Nachtrag IV.) entscheidet das

Grund nicht versagen.[4]) Auch dem Kapitän steht unter denselben Voraussetzungen, wie dem Schiffsmanne, die Befugniss zu, die Entscheidung des Seemannsamts nachzusuchen.[5])

Jeder Theil hat die Entscheidung des Seemannsamts einstweilen zu befolgen, vorbehaltlich der Befugniss, seine Rechte vor der zuständigen Behörde geltend zu machen.[6])

Im Falle eines Zwangsverkaufs des Schiffes finden die Vorschriften des Abs. 1 auf die Geltendmachung der Forderungen des Schiffsmanns aus dem Heuervertrage keine Anwendung.[7])

§. 130. [§. 106.]

Streit zwischen Kapitän und Schiffsmann über Diensterfüllung im Inlande.

Im Inlande wird der Streit zwischen dem Kapitän und dem Schiffsmanne, welcher nach der Anmusterung über den Antritt oder die Fortsetzung des Dienstes entsteht, von dem Seemannsamt, in dessen Bezirke das Schiff liegt, unter Vorbehalt des Rechtwegs entschieden.

Seemannsamt über den Einspruch gegen den vom Kapitän aufgestellten Plan zur Verteilung des Berge- oder Hilfslohns endgiltig.

4) Strafvorschrift §. 114 Nr. 14.

5) Dem Kapitän ist nicht verboten, vor fremdem Gerichte zu klagen, er ist aber auch befugt, in Fällen, die keinen Aufschub leiden, die Entscheidung des Seemannsamts nachzusuchen. Vgl. für das frühere Recht R.O.H. Bd. 12 S. 420.

6) Die einstweilige Befolgung der Entscheidung des Seemannsamts bis zum Eingreifen der ordentlichen Gerichte (vgl. §. 131 und R.O.H. Bd. 12 S. 420) wird durch die Strafvorschriften in §§. 114 Nr. 15 und 107 Nr. 5 gesichert. Abweichend von §. 105 S.O. ist die Klage bei den ordentlichen Gerichten schon vor Beendigung der Reise zulässig. Geht sie an eine Kammer für Handelssachen, so ist der Vorsitzende allein zur Entscheidung befugt (§. 109 Abs. 3 G.V.G.).

7) Dem Zwangsverkauf des Schiffes (vgl. Makower Bd. II Anm. 1a zu Anhang 3) wird hier der Verkauf des Schiffes durch den Schiffer im Falle dringender Notwendigkeit (§. 530 H.G.B.) gleichzusetzen sein. Vgl. §. 764, §. 754 Nr. 3 H.G.B.

Zu §. 130.

§. 130 regelt die Zuständigkeit für den Fall eines im Inlande (§. 6 Abs. 1) nach der Anmusterung zwischen dem Kapitän und dem Schiffsmann entstandenen civilrechtlichen Streites über den Antritt oder die Fortsetzung des Dienstes seitens des Schiffsmanns. Da es sich hier nicht um einen der Fälle des §. 122 handelt, so ist die Zuziehung zweier Beisitzer (§. 5 Abs. 2) nicht erforderlich, auch die Gebührenfreiheit der Entscheidung ist hier nicht wie in §. 123 reichsgesetzlich angeordnet. Dem Seemannsamt, in dessen Bezirk das Schiff liegt, ist die vorläufige Entscheidung in den hier in Rede stehenden Fällen zugewiesen, weil es allein imstande ist, der Entscheidung die Vollstreckung unmittelbar folgen zu lassen (Begr. S. 85). Vgl. §§. 33, 129 Abs. 3, 131. Vgl. auch §§. 107 Nr. 5, 114 Nr. 15 und 114 Nr. 14.

Aus der Absicht des Gesetzes (vgl. Mot. z. S.O. S. 67), der besonderen Dringlichkeit der hier in Rede stehenden Fälle zu entsprechen, und aus den ähnlichen, ungefähr gleichzeitig erlassenen Bestimmungen des §. 108 der Gewerbeordnung vom 21. Juni 1869 ist zu schließen, daß im Inlande die Anrufung des Seemannsamts obligatorisch ist. Ist der Schiffsmann im Auslande von einem Seemannsamte unter Vorbehalt seiner Ansprüche abgemustert worden, so sind zur Aburteilung über diese Ansprüche die ordentlichen Gerichte ohne weiteres zuständig. Vgl. H.G.Z. 1882 S. 150 und die Motive zu §. 27 des vorbildlichen Preußischen Gesetzes vom 26. März 1864 S. 29.

§. 131. [§. 106.]

Vollstreckbarkeit der Entscheidung des Seemannsamts.

Die nach den §§. 129, 130 getroffene Entscheidung des Seemannsamts steht einem für vorläufig vollstreckbar erklärten Urtheile gleich. Der Ertheilung der Vollstreckungsklausel bedarf es nicht. Ist die zuständige Behörde angerufen oder der Rechtsweg beschritten, so findet §. 707 der Civilprozessordnung entsprechende Anwendung.

§. 132. [§. 107.] Verbleib der Geldstrafen.

Die nach den Vorschriften des fünften Abschnitts festgesetzten oder erkannten Geldstrafen fliessen der Seemannskasse und in Ermangelung einer solchen der Ortsarmenkasse des inländischen Heimathshafens des Schiffes, welchem der Thäter zur Zeit der Begehung der strafbaren Handlung angehörte, zu, insofern sie nicht im Wege der Landesgesetzgebung zu anderen ähnlichen Zwecken bestimmt werden. In Ermangelung eines inländischen Heimathshafens tritt an dessen Stelle der inländische Registerhafen; fehlt es auch hieran, so erfolgt die Bestimmung durch den Reichskanzler.

Die infolge der Entscheidung des Seemannsamts geschehene Abmusterung kann im Rechtswege nicht mehr umgestoßen, der Schiffsmann kann dann nur noch wegen etwa unrechtmäßig erlangter Abmusterung auf Schadenersatz belangt werden.

Zu §. 131.

Gemäß §. 707 C.P.O. kann das Gericht hier auf Antrag anordnen, daß die Zwangsvollstreckung aus der Entscheidung des Seemannsamts gegen Sicherheitsleistung einstweilen eingestellt werde oder nur gegen Sicherheitsleistung stattfinde, und daß die erfolgten Vollstreckungsmaßregeln gegen Sicherheitsleistung aufzuheben seien. Eine Anfechtung dieser Anordnung findet nicht statt. Die Einstellung der Zwangsvollstreckung ohne Sicherheitsleistung ist nur zulässig, wenn glaubhaft gemacht wird, daß die Vollstreckung einen nicht zu ersetzenden Nachteil bringen würde. Die gleichen Befugnisse wie das Gericht hat die dem Seemannsamt nach Reichs- bezw. nach Landesrecht vorgesetzte Behörde. Vgl. Anm. 1 A zu §. 5.

Wird die Entscheidung des Seemannsamts im Rechtswege aufgehoben oder abgeändert, so ist der Kläger zum Ersatze des Schadens verpflichtet, der dem Beklagten durch die Vollstreckung oder durch eine zur Abwendung der Vollstreckung gemachte Leistung entsteht. Der Beklagte kann den Schadensersatzanspruch in dem anhängigen Rechtsstreite geltend machen (§. 717 C.P.O.).

Zu §. 132.

Einer Bezeichnung der in erster Linie in Betracht kommenden, landesgesetzlich eingerichteten, Kasse oder der Seemanns- bezw. Ortsarmenkasse in dem Strafbescheide bedarf es nicht; dem Gesetz ist genügt, wenn die Geldstrafe in die zutreffende Kasse abgeführt wird. A. M. Meves S. 100. Für die Seemannsämter würde es häufig mit Schwierigkeiten verknüpft sein, die zutreffende Kasse in dem Strafbescheide zu bezeichnen. Die Konsuln sind durch die allgemeine Dienstinstruktion zu §. 33 G.O.B. angewiesen, die eingezogene Geldstrafe dem Seemannsamte des Heimatshafens des Schiffes, welchem der Täter zur Zeit der Begehung der Straftat angehörte, zu überweisen. Da nach §. 132 jetzt auch der Registerhafen bezw. ein von dem Reichskanzler zu bestimmender Hafen in Betracht kommen kann, so wird die Instruktion entsprechend zu ändern sein. v. König (S. 464) erwähnt, daß die Konsuln die Überweisung der eingezogenen Geldstrafe durch Vermittelung des Auswärtigen Amts zu bewirken haben.

Die Landesgesetzgebung darf nur Kassen, welche ähnliche Zwecke wie die Seemannskasse, also wohltätige, verfolgen als empfangsberechtigt bezeichnen.

Hinsichtlich des Heimat- und Registerhafens vgl. §. 24 u. Anm. 2, sowie §. 124 u. Anm. 8 dazu.

§. 133. [§. 108.]

Ausliegen dieses Gesetzes und anderer Bestimmungen im Volkslogis.

Ein Abdruck dieses Gesetzes, der für das Schiff über Kost und Logis geltenden Vorschriften (§. 56) und einer amtlichen Zusammenstellung der Bestimmungen über die Militärverhältnisse der seemännischen und halbseemännischen Bevölkerung (§. 7) sowie eine Abschrift der in der Musterrolle enthaltenen Bestimmungen des Heuervertrags einschliesslich aller Nebenbestimmungen müssen im Volkslogis zur jederzeitigen Einsicht der Schiffsleute vorhanden sein.

Ausnahmen für kleinere Fahrzeuge. §. 134. [§. 109.]

Die Anwendung des §. 1 Abs. 2, des zweiten Abschnitts, der §§. 36, 43, 44, des §. 49, der §§. 59 bis 64, des §. 65 Abs. 2, 3 und des §. 133 auf kleinere Fahrzeuge (Küstenfahrer u. s. w.) kann durch Verordnung des Bundesraths ganz oder theilweise ausgeschlossen werden. Die Verordnung ist dem Reichstage bei seinem nächsten Zusammentritte zur Kenntnissnahme vorzulegen.

Zu §. 133.

Durch die Vorschriften dieses Paragraphen wird dem Übelstand einigermaßen abgeholfen, daß die Schiffsleute während der Dauer des Dienstverhältnisses nicht im Besitze des Seefahrtsbuches sind, welchem die in §. 7 bezeichneten Vorschriften angehängt sein sollen. Vgl. §. 16 und Anm. 2 dazu. Von den in der Musterrolle enthaltenen Bestimmungen des Heuervertrags, einschließlich den Nebenbestimmungen (§. 14 Abs. 2), braucht nur eine Abschrift im Volkslogis auszuliegen, im übrigen ist ein Abdruck erfordert. Eintretendenfalls muß der Kapitän für Ergänzung oder Ersetzung der auszulegenden Bestimmungen Sorge tragen (§. 114 Nr. 16). Hinsichtlich kleinerer Fahrzeuge vgl. §. 134. Das Heimsch.Ges. braucht nicht auszuliegen, dagegen muß ein Abdruck des Stellenvermittelungsgesetzes im Volkslogis vorhanden sein (§§. 10, 9 Nr. 4 St.V.G.). Hinsichtlich der Unfallverhütungsvorschriften s. §. 121 Abs. 5 S.U.V.G.

Zu §. 134.

1) Nach §. 1 findet dieses Gesetz auf alle Kauffahrteischiffe Anwendung, welche das Recht, die Reichsflagge zu führen, ausüben dürfen. Demnach würden z. B. auch die nach §. 16 Flg.Ges. von der Eintragung in das Schiffsregister befreiten Schiffe von nicht mehr als 50 cbm Brutto-Raumgehalt den Vorschriften dieses Gesetzes unterworfen sein. Da aber kleine Fahrzeuge die teilweise schweren Folgen dieser Vorschriften zu tragen nicht imstande sein würden, so ist die bereits in §. 109 S.O. den Landesregierungen eingeräumte Befugnis, im Verordnungswege die Anwendung einzelner Bestimmungen der Seemannsordnung auf kleinere Schiffe auszuschließen, hier noch erweitert worden. Sie ist aber dem Bundesrat übertragen worden, welcher die erlassene Verordnung dem Reichstage bei seinem nächsten Zusammentreten zur Kenntnißnahme vorzulegen hat. Von einem bestimmten Raumgehalt des Schiffes ist dessen Exemtion nicht abhängig gemacht, auch ist der Begriff der Küstenfahrer, die hier beispielsweise genannt werden, nicht näher begrenzt, so daß weder die Begriffsbestimmung des §. 1 Ges. betr. die Küstenfrachtfahrt vom 22. Mai 1881 (R.G.Bl. S. 97) noch diejenige des §. 1 der Bekanntmachung vom 6. August 1887 (R.G.Bl. S. 395) eine Schranke bildet. Auch darin ist dem Bundesrat freie Hand gelassen, ob er die in §. 134 bezeichneten Vorschriften ganz oder teilweise für unanwendbar erklären will.

2) Soweit die hier erwähnten Vorschriften als unanwendbar erklärt sind, kommen auch die auf sie bezüglichen Strafvorschriften nicht zur Anwendung (Perels S. 71).

§. 135 [neu.]

Ausnahmen für Seeschlepper, Bergungs- und Hochseefischereifahrzeuge.

Keine Anwendung finden:

1. auf Seeschlepper der §. 1 Abs. 2 und die §§. 35 bis 38;[1])
2. auf Bergungsfahrzeuge der §. 1 Abs. 2 und, soweit diese Fahrzeuge in Thätigkeit sind, die §§. 35 bis 38;[2])
3. auf Hochseefischereifahrzeuge der §. 36, der §. 37 Abs. 2 und der §. 38 Abs. 1 und, soweit die Mannschaft vertragsmässig am Gewinne betheiligt ist, der §. 1 Abs. 2.[3])

§. 136 [neu.]

Musterung vor einer ausländischen Behörde.

Soweit im Auslande nach den dortigen Gesetzen eine Verlautbarung des Dienstvertrags oder der Beendigung des Dienstverhältnisses für die Mannschaft deutscher Schiffe vor der ausländischen Behörde erfolgen muss, kann der Reichskanzler bestimmen, dass die An- und Abmusterung vor dem Seemannsamte (§§. 13, 18) durch einen von diesem in die Musterrolle einzutragenden Hinweis auf die Verlautbarung vor der ausländischen Behörde ersetzt werden darf.

§. 137. [§. 110.] Inkrafttreten des Gesetzes.

Dieses Gesetz tritt am 1. April 1903 in Kraft. Die Seemannsordnung vom 27. Dezember 1872 tritt mit demselben Tage ausser Kraft.

§. 138. [§. 111.] Übergangsbestimmungen.

Wenn in anderen Gesetzen auf Vorschriften verwiesen wird, welche durch dieses Gesetz ausser Kraft gesetzt sind, so treten die entsprechenden Vorschriften dieses Gesetzes an deren Stelle.

Zu §. 135.

1) Die durch §. 1 Abs. 2 der freien Vereinbarung mit der Schiffsmannschaft gezogenen Schranken und die Regelung der Arbeitszeit passen nicht auf die Seeschlepper, weil diese vielfach Tag und Nacht an exponierten Stellen unter Dampf liegen und auf Schlepparbeit warten müssen, die dann häufig sofort ausgeführt werden muß. Deshalb sind §. 1 Abs. 2 und §§. 35—38 als für sie unanwendbar bezeichnet worden; demgemäß fällt hier auch die Anwendung der §§. 114 Nr. 6 und 118 fort.

2) Auch für Bergungsfahrzeuge, soweit sie in Tätigkeit sind, war, der Besonderheit dieser Tätigkeit entsprechend, die Anwendung der §§. 35—38 und demgemäß der §§. 114 Nr. 6 und 118 auszuschließen. Die freie Vereinbarung ist schon mit Rücksicht auf die Taucher zugelassen worden. (Kom.Ber. S. 85.)

3) Auf Hochseefischereifahrzeugen sind die Mannschaften vielfach am Gewinne beteiligt. Das Gesetz bezeichnet deshalb, wenn eine solche Gewinnbeteiligung stattfindet, den §. 1 Abs. 2 hier als unanwendbar. Auch die Vorschriften über die Ablösung auf See und über die Sonntagsruhe im Hafen und auf See passen auf diese Gattung von Schiffen nicht wegen der vielfach notwendigen Eile für die Ausnutzung der Fangzeit und wegen der leichten Verderblichkeit ihrer Ware. (Kom.Ber. S. 85.) §. 38 Abs. 2 bleibt aber auf sie anwendbar; der Mannschaft ist also, soweit nicht dringende Gründe entgegenstehen, die Teilnahme an gemeinschaftlichen Andachten ihrer Konfession zur Vermeidung der Strafe des §. 114 Nr. 6 zu gestatten. Vgl. Anm. 2 zu §. 38.

Zu §. 136.

In Indien müssen die inländischen Mannschaften unter allen Umständen vor den dortigen heimischen Behörden mustern. (Kom.-Ber. S. 86.) Deshalb soll nach näherer Bestimmung des Reichskanzlers dort und in anderen Ländern mit gleichen Vorschriften die Musterung vor dem deutschen Seemannsamte durch den hier näher bezeichneten Hinweis ersetzt werden dürfen.

Zu §. 137.

Vgl. Vorbem. III vor §. 1.

Gegenüberstellung der Seemannsordnungen vom

2 Juni 1902	27. Dez. 1872	2. Juni 1902	27. Dez. 1872	2. Juni 1902	27. Dez. 1872
§. 1	§. 1	§. 47	§. 37	§. 93	§. 81
§. 2	§. 2 u. 3	§. 48	§. 38	§. 94	§. 82
§. 3	—	§. 49	§. 39	§. 95	§. 83
§. 4	—	§. 50	§. 40	§. 96	§. 84 Abs. 1, 2, 3, 5
§. 5	§. 4	§. 51	—	§. 97	§. 84 Abs. 4
§. 6	—	§. 52	§. 41	§. 98	§. 85
§. 7	§. 5	§. 53	§. 42	§. 99	—
§. 8	§. 6	§. 54	§. 43	§. 100	§. 86
§. 9	§. 7	§. 55	§. 44	§. 101	§. 87
§. 10	§. 8	§. 56	§. 45	§. 102	§. 88
§. 11	§. 9	§. 57	§. 46	§. 103	§. 89
§. 12	§. 10	§. 58	§. 47	§. 104	§. 90
§. 13	§. 11	§. 59	§. 48	§. 105	§. 91
§. 14	§. 12	§. 60	—	§. 106	§. 92
§. 15	§. 13	§. 61	§. 49	§. 107	§. 93
§. 16	§. 14	§. 62	§. 50	§. 108	§. 94
§. 17	§. 15	§. 63	—	§. 109	—
§. 18	§. 16	§. 64	§. 51	§. 110	§. 95
§. 19	§. 17	§. 65	§§. 52 u. 53	§. 111	§. 96
§. 20	§. 18	§. 66	§. 54	§. 112	§. 97
§. 21	§. 19	§. 67	—	§. 113	§§. 98, 99 Abs. 1 Nr. 7
§. 22	§. 20	§. 68	§. 55	§. 114	§. 99
§. 23	—	§. 69	§. 56	§. 115	—
§. 24	§. 21	§. 70	§. 57	§. 116	—
§. 25	§. 22	§. 71	§. 58	§. 117	—
§. 26	§. 23	§. 72	§. 59	§. 118	—
§. 27	§. 24	§. 73	§. 60	§. 119	—
§. 28	—	§. 74	§. 61	§. 120	—
§. 29	§. 25	§. 75	§. 62	§. 121	§. 100
§. 30	§. 26	§. 76	§. 63	§. 122	§. 101 Abs. 1 Satz 1
§. 31	§. 27	§. 77	§. 64	§. 123	§. 101 Abs. 1
§. 32	§. 28	§. 78	§. 65	§. 124	§. 101 Abs. 2 u. 3
§. 33	§. 29	§. 79	§. 66	§. 125	§. 101 Abs. 4
§. 34	§. 30	§. 80	§. 67	§. 126	§. 102
§. 35	§. 31	§. 81	§. 69	§. 127	§. 103
§. 36	—	§. 82	§. 70	§. 128	§. 104
§. 37	—	§. 83	§. 71	§. 129	§. 105
§. 38	—	§. 84	§. 72	§. 130	§. 106 Satz 1
§. 39	—	§. 85	§. 73	§. 131	§. 106 Satz 2
§. 40	—	§. 86	§. 74	§. 132	§. 107
§. 41	§. 32	§. 87	§. 75	§. 133	§. 108
§. 42	§. 33	§. 88	§. 76	§. 134	§. 109
§. 43	§. 34	§. 89	§. 77	§. 135	—
§. 44	§. 35	§. 90	§. 78	§. 136	—
§. 45	§. 36	§. 91	§. 79	§. 137	§. 110
§. 46	—	§. 92	§. 80	§. 138	§. 111

II. Gesetz,

betreffend

die Verpflichtung der Kauffahrteischiffe zur Mitnahme heimzuschaffender Seeleute.

Vom 2. Juni 1902. (R.G.Bl. S. 212.)*)

---

*) Vorbemerkung.

I. **Entstehungsgeschichte.** Das Gesetz vom 27. Dezember 1872 (R.G.Bl. S. 432) regelte nur die Verpflichtung deutscher Kauffahrteischiffe zur Mitnahme hilfsbedürftiger Seeleute. Eine gesetzliche Verpflichtung zur Heimschaffung straffälliger Seeleute behufs Aburteilung oder Strafvollstreckung war nicht vorhanden. Die auf Verträgen mit den subventionierten Reichspostdampferlinien nach Ostasien, Australien und Ostafrika beruhende teilweise Regelung dieser Frage erwies sich nicht als ausreichend. Der Reichskanzler legte daher mit dem Entwurf einer neuen Seemannsordnung auch den Entwurf eines Gesetzes, betreffend die Verpflichtung der Kauffahrteischiffe zur Mitnahme heimzuschaffender Seeleute vor. (Reichstags-Drucksachen, 10. Legislatur-Periode, Nr. 663 [I. Session 1898/1900] bezw. Nr. 4 [II. Session 1900/1902].) Nach den ersten Lesungen vom 26. März und 26./27. November 1900 (Sten.Ber. S. 4957 ff., S. 167—211) fand eine Kommissionsberatung statt, über welche ein schriftlicher Bericht (Reichstags-Drucksache Nr. 288a, 10. Legislatur-Periode, II. Session 1900/1901) erstattet wurde. Der von der Kommission nur in unerheblichen Punkten geänderte Entwurf wurde mit einigen redaktionellen Abweichungen in zweiter Lesung am 19. April und in dritter Lesung am 26. April 1902 angenommen (Sten.Ber. S. 4930 und 5109). Gesamtabstimmung 29. April 1902 (Sten.Ber. S. 5150).

II. **Vergleichung mit dem früheren Gesetze.** Das neue Gesetz bezieht sich ebenso wie das frühere, obwohl in der Überschrift das Wort „deutscher" fortgelassen worden ist, nach §. 1 nur auf die Mitnahme durch deutsche Kauffahrteischiffe. Hinsichtlich der Heimschaffung hilfsbedürftiger Seeleute enthält es nur insofern Änderungen gegen das frühere Gesetz, als die an Dampfschiffe zu gewährende Vergütung erhöht und allgemein die Vereinbarung einer höheren Entschädigung als der gesetzlich normierten zugelassen (§. 5) worden ist. Ferner ist die Verpflichtung zur Mitnahme auf solche Schiffe erstreckt worden, die nach einem außerdeutschen Hafen bestimmt sind, von welchem aus die Heimschaffung bewirkt werden kann (§. 1 Abs. 1).

Die Straftat, wegen deren ein Seemann heimgeschafft werden kann, muß sich gegen ein Reichsgesetz gerichtet haben (§. 1). Die Mitnahme eines Straffälligen kann verweigert werden, wenn die auf dem Schiffe vorhandene Schiffsmannschaft nicht mindestens die Zahl von sechs beträgt; niemals braucht mehr als ein Straffälliger mitgenommen zu werden (§. 3 Ziff. 3). Für diese Mitnahme wird volle Vergütung gewährt (§. 5b).

Die Mitnahme kann in beiden Fällen verweigert werden, wenn der Mitzunehmende mit einer Krankheit behaftet ist, welche die Gesundheit oder Sicherheit der an Bord befindlichen Personen (nicht bloß der Mannschaft, wie es im früheren Gesetze hieß) gefährdet (§. 3 Ziff. 2),

Mitnahmepflicht. **§. 1.**

Jedes deutsche Kauffahrteischiff,[1]) welches von einem ausserdeutschen Hafen nach einem deutschen Hafen oder nach einem Hafen des Kanals, Grossbritanniens, des Sundes oder des Kattegats oder nach einem ausserdeutschen Hafen der Nordsee oder der Ostsee bestimmt ist, ist verpflichtet, deutsche Seeleute,[2]) welche ausserhalb des Reichsgebiets[3]) sich in hülfsbedürftigem Zustande[4]) befinden oder wegen einer nach den Reichsgesetzen strafbaren Handlung[5]) an die heimischen Behörden abgeliefert werden sollen, behufs ihrer

---

und wenn die Heimschaffung durch eine vertragsmäßig hierzu verpflichtete Dampferlinie erfolgen kann (§. 3 Ziff. 5).

III. **Übergangszeit.** Ist die Anweisung zur Mitnahme vor dem 1. April 1903 erteilt worden, so ist doch für die Heimschaffung, insoweit sie nach dem 1. April 1903 ausgeführt worden ist, die Entschädigung nach Maßgabe des neuen Gesetzes zu gewähren, da die Entschädigung nach beiden Gesetzen als Vergütung für die Erfüllung einer öffentlich-rechtlichen Pflicht gewährt wird.

Zu §. 1.

1) Hinsichtlich der Begriffsbestimmung der Kauffahrteischiffe vgl. Makower Bd. II S. 1 und 2, hinsichtlich der Berechtigung zur Führung der deutschen Flagge vgl. §§. 11 und 12 Flg.Ges. Von dieser Berechtigung wird man aber die Verpflichtung zur Mitnahme nicht abhängig machen dürfen, weil das Gesetz jedes deutsche, d. h. im ausschließlichen Eigentum von Reichsangehörigen stehende oder nach §. 3 Flg.Ges. noch als solches zu behandelnde, Kauffahrteischiff ohne weiteres als mitnahmepflichtig bezeichnet.

2) Das Gesetz bezieht sich nur auf die Mitnahme von Seeleuten (Kapitän, Schiffsoffiziere und Schiffsmannschaft); andere hilfsbedürftige oder straffällige Personen brauchen daher nicht unter den Modalitäten dieses Gesetzes mitgenommen zu werden. Dagegen macht es keinen Unterschied, ob der Mitzunehmende der Handelsmarine oder der Kriegsmarine angehört, und ob er sich auf einem deutschen oder auf einem ausländischen Schiffe befunden hat (Meves S. 109).

3) Die jetzige Fassung des Gesetzes stellt klar, daß die Heimschaffungspflicht unter den Voraussetzungen dieses Gesetzes auch in den Häfen der Schutzgebiete besteht, da diese Häfen nicht zum Reichsgebiete gehören. Reichsverf. Art. 1; vgl. Seemannsordnung §. 6 Abs. 2.

4) Als hilfsbedürftig im Sinne dieses Gesetzes ist anzusehen, wer nicht über Mittel verfügt, um die Kosten der Heimreise zu bestreiten, mag auch ein solventer Reeder verpflichtet sein, für ihn zu sorgen (R.G. Bd. 41 S. 60). Maßgebend ist ferner nur die Tatsache der Hilfsbedürftigkeit, nicht aber deren Veranlassung (Meves S. 109). Dagegen ist ein Seemann, welcher sich die erforderlichen Mittel leihweise und auf Kredit seiner Reederei verschafft hat, nicht als hilfsbedürftig zu erachten. D. J.Z. 1897 S. 168; Seuffert Archiv Bd. 52 S. 321. Hat er die Möglichkeit, auf einem deutschen, nach Deutschland oder nach einem der in §. 1 bezeichneten außerdeutschen Häfen bestimmten Schiffe Dienst zu nehmen, so liegt ebenfalls keine Hilfsbedürftigkeit im Sinne dieses Gesetzes vor. Vgl. Anm. 4 zu §. 4. Die Heimschaffung wird seitens des Seemannsamts auch dann nicht anzuordnen sein, wenn der Kapitän gemäß §. 83 der Seemannsordnung vor der Zurücklassung des Schiffsmanns Sicherstellung gegen Hilfsbedürftigkeit geleistet hat. Vgl. Runderlaß vom 25. November 1895 bei v. König S. 325. Andererseits genügt zur Feststellung, daß die Heimschaffung wegen Hilfsbedürftigkeit erfolgt ist, wenn das Seemannsamt solche angenommen hat, mag auch in Wirklichkeit keine Hilfsbedürftigkeit vorgelegen haben (Hans.Ger. 1897 S. 310).

5) Auch wegen einer Übertretung gegen ein Reichsgesetz kann die Heimschaffung stattfinden. Jedoch muß in allen Fällen eine Straftat gegen ein Reichsgesetz vorliegen.

Die Heimschaffung kann sowohl zur Aburteilung wie zur Strafvollstreckung stattfinden. Wegen der verschiedenen Behandlung vgl. §. 4 Abs. 2 d. G.

Zurückbeförderung nach Deutschland auf schriftliche Anweisung des Seemannsamts[6]) gegen eine Entschädigung (§. 5) nach seinem Bestimmungshafen[7]) mitzunehmen. Das Gleiche gilt, wenn das Schiff nach einem anderen ausserdeutschen Hafen bestimmt ist, von welchem aus die Weiterbeförderung nach einem der vorbezeichneten Häfen erfolgen kann.[8]) Deutsche Häfen im Sinne dieses Absatzes sind nur die Häfen des Reichsgebiets.[9])

In Ansehung ausländischer Seeleute, welche unmittelbar nach einem Dienste auf einem deutschen Kauffahrteischiff ausserhalb des Reichsgebiets sich in einem hülfsbedürftigen Zustande befinden, liegt den nach deren Heimathslande bestimmten deutschen Kauffahrteischiffen eine gleiche Verpflichtung ob.[10])

Zur Erfüllung dieser Verpflichtungen kann der Kapitän vom Seemannsamte zwangsweise angehalten werden.[11])

---

6) Das Seemannsamt hat zu prüfen, ob die gesetzlichen Voraussetzungen für die Mitnahme vorliegen, der Kapitän des für die Mitnahme in Anspruch genommenen Schiffes hat der Weisung des Seemannsamts nachzukommen, widrigenfalls er nach §. 8 bestraft wird. Vgl. jedoch wegen der Weigerungsgründe §. 3 und Anm. 1—4 dazu. Im Falle der Weigerung des Kapitäns kann der Konsul den Beistand des Befehlshabers eines deutschen Kriegsschiffes in Anspruch nehmen oder von der ihm über das Kauffahrteischiff zustehenden Polizeigewalt Gebrauch machen (§§. 29, 33 G.O.B.). Dem Hilfsbedürftigen steht ein Anspruch auf Mitnahme gegen den Kapitän nicht zu (Wagner S. 421).

Die schriftliche Anweisung des Seemannsamts ist erforderlich, da gegen ihre Aushändigung im Bestimmungshafen die Auszahlung der Entschädigung erfolgt (§. 5). Außerdem hat das Seemannsamt bei der Heimschaffung eines Straffälligen die nötigen Vorschriften über dessen Behandlung zu erteilen. Vgl. §. 4 Abs. 2 und Anm. 2 dazu.

7) Als Bestimmungshafen im Sinne dieses Gesetzes ist auch der Anlaufhafen (Orderhafen) anzusehen, welchen das Schiff passiert.

8) Es ist demnach nicht erforderlich, daß das um die Aufnahme ersuchte deutsche Schiff als Endziel oder direkt einen deutschen Hafen oder einen Hafen des Kanals, Großbritanniens, des Sundes oder des Kattegats oder einen außerdeutschen Hafen der Nordsee oder der Ostsee aufsucht. Vielmehr ist das Schiff zur Mitnahme auch dann verpflichtet, wenn es einen anderen außerdeutschen Hafen anläuft, von welchem aus die Weiterbeförderung nach einem der vorbezeichneten Häfen erfolgen kann.

9) Häfen des Reichsgebiets sind nur diejenigen der in Art. 1 der Reichsverfassung aufgeführten Bundesstaaten, nicht auch der Schutzgebiete; vgl. Anm. 3. Deutsche Schiffe, welche einen Hafen der Schutzgebiete anlaufen, werden also nur dann zur Mitnahme heranzuziehen sein, wenn von diesem Hafen aus die Weiterbeförderung nach einem der in §. 1 Satz 1 bezeichneten Häfen erfolgen kann.

10) Die deutschen Konsuln waren bisher angewiesen, ausländischen, bis zum Eintritt der Hilfsbedürftigkeit auf deutschen Schiffen dienenden, Seeleuten ihren Beistand zu versagen, wenn deutschen Seeleuten in gleichem Falle von den betreffenden Staaten jeder Beistand versagt wurde (A.D.J. zu §. 26 G.O.B.). An diesem Grundsatz der Gegenseitigkeit wird auch in Zukunft festzuhalten sein, da das Gesetz in dieser Beziehung unverändert geblieben ist. Vgl. §. 1 Abs. 1 Ges. vom 27. Dezember 1872. Sorgt für einen solchen Ausländer sein Landeskonsul oder kann die Heimschaffung ohne Aufwendung höherer Kosten auf einem Schiffe seiner Nation erfolgen, so ist die Mitwirkung eines deutschen Schiffes nicht in Anspruch zu nehmen. A.D.J. zu §. 26 G.O.B.

Zwischen dem Deutschen Reich und Großbritannien, Frankreich, Schweden und Norwegen, Dänemark und Österreich-Ungarn sind wegen gegenseitiger Unterstützung hilfsbedürftiger Seeleute unter Vorbehalt einjähriger Kündigung Übereinkommen getroffen worden, deren wesentlicher Inhalt in der Bekanntmachung vom 12. Juli 1890 (Ctbl. S. 263) angegeben ist. Vgl. v. König S. 318 ff.

11) Vgl. Anm. 6.

Verteilung der Mitzunehmenden. **§. 2.**

Bieten mehrere Schiffe Gelegenheit zur Mitnahme, so sind die zu befördernden Seeleute durch das Seemannsamt nach Verhältniss der Grösse der Schiffe und der Zahl ihrer Mannschaften auf die einzelnen Schiffe zu vertheilen.

Verweigerung der Mitnahme. **§. 3.**

Die Mitnahme kann verweigert werden:

1. wenn und soweit an Bord kein angemessener Platz für die Mitzunehmenden vorhanden ist; [1])
2. wenn der Mitzunehmende bettlägerig krank oder mit einer die Gesundheit oder Sicherheit der an Bord befindlichen Personen gefährdenden geschlechtlichen oder sonstigen Krankheit behaftet ist; [2])
3. wenn und soweit die Zahl der Mitzunehmenden bei Hülfsbedürftigen ein Viertel, bei Straffälligen ein Sechstel der Schiffsmannschaft übersteigt, oder mehr als ein Straffälliger mitgenommen werden soll;
4. wenn die Mitnahme nicht mindestens zwei Tage vor dem Zeitpunkte verlangt wird, an welchem das Schiff zum Abgehen fertig ist;
5. wenn der Hafen von einer deutschen Dampferlinie, die zur Mitnahme vertragsmässig verpflichtet ist, auf der Heimreise nach Deutschland in regelmässiger Fahrt angelaufen wird.[3])

Die Entscheidung über den Grund der Weigerung steht dem Seemannsamte zu.[4])

Behandlung des Mitgenommenen. **§. 4.**

Während der Reise erhält der wegen Hülfsbedürftigkeit Mitgenommene seiner Stellung entsprechend (§. 5) Kost und Logis von Seiten des Schiffes.[1])

Zu §. 2.

Die tatsächlich auf den einzelnen Schiffen vorhandene und nicht die für jedes Schiff bestimmte Zahl von Mannschaften soll dem Seemannsamt als Maßstab für die Verteilung der mitzunehmenden Seeleute dienen (Kom.Ber. II. S. 3). Der Kapitän kann aus einer unrichtigen Verteilung seitens des Seemannsamts keinen Weigerungsgrund herleiten (§. 39).

Zu §. 3.

1) Der Kapitän wird die Mitnahme zu verweigern haben, wenn durch sie die Schiffsmannschaft in dem ihr zustehenden Logisraum (Seemannsordnung §. 56 Abs. 2) beschränkt werden würde. Die Mitnahme eines Straffälligen kann verweigert werden, wenn eine sichere Unterbringung desselben auf dem Schiffe nicht möglich ist.

2) Diese Bestimmung ist hinsichtlich der geschlechtlichen Krankheit derjenigen in §. 70 Ziff. 5 Satz 1 der Seemannsordnung nachgebildet. Die dort vorgesehene Einholung des Gutachtens eines Arztes ist hier nicht erforderlich.

3) Solche vertragsmäßige Verpflichtung liegt zur Zeit den vom Reiche subventionierten Postdampferlinien nach Ostasien, Australien und Afrika ob. (Ctbl. 1898 S. 453; 1890 S. 122; 1900 S. 484.)

4) Die Entscheidung ist sofort vollstreckbar. Hat der Kapitän sich ihrer Erfüllung entzogen, so tritt die Bestrafung aus §. 8 d. G. ein, es sei denn, daß bei der gerichtlichen Verhandlung die Weigerung sich als berechtigt und die Entscheidung des Seemannsamts als unzutreffend herausstellt. — Andere Weigerungsgründe als die in §. 3 aufgezählten sind nicht zugelassen.

Zu §. 4.

1) Die §§. 56, 57 Abs. 1 und 2, 113 Nr. 3 der Seemannsordnung finden hier Anwendung. Vgl. Meves S. 114, Perels S. 75. — Entsprechend der dem hilfsbedürftigen Kapitän

Der wegen einer strafbaren Handlung Mitgenommene ist nach den vom Seemannsamte zu ertheilenden Weisungen zu behandeln.[2]) Die Bewachung liegt dem Kapitän ob, sofern nicht ein besonderer Begleiter mitgegeben wird.[3])

Der Mitgenommene ist der Disziplinargewalt des Kapitäns unterworfen.[4])

§. 5. Entschädigung für Mitnahme.

Als Entschädigung (§. 1) ist, in Ermangelung einer anderweitigen Vereinbarung,[1]) zu zahlen

a) bei Mitnahme Hülfsbedürftiger für jeden Tag des Aufenthalts an Bord:

1. für einen Kapitän oder einen Schiffsoffizier[2]) 3 Mark auf Segelschiffen und 6 Mark auf Dampfschiffen;
2. für jeden anderen Seemann 1,50 Mark auf Segelschiffen und 3 Mark auf Dampfschiffen;

b) bei Mitnahme Straffälliger der gewöhnliche Ueberfahrtspreis oder, falls ein solcher nicht zu ermitteln ist, das Doppelte der für die Mitnahme Hülfsbedürftiger aufgestellten Sätze und ausserdem, wenn ein besonderer Begleiter nicht mitgegeben wird, eine angemessene von dem anweisenden Seemannsamte (§. 1) vorläufig festzusetzende Vergütung für die Bewachung. Für die Bemessung dieser Vergütung kann der Bundesrath bestimmte Sätze aufstellen.[3])

---

oder Schiffsoffizier zu gewährenden besseren Beköstigung und Unterkunft ist in §. 5 unter a die Entschädigung in solchem Falle höher bemessen als für einen hilfsbedürftigen Seemann.

2) Hinsichtlich eines zur Aburteilung Heimzuschaffenden wird die Weisung zu erteilen sein, daß er unter sinngemäßer Anwendung des §. 116 St.P.O. wie ein Untersuchungsgefangener zu behandeln ist. Bei einem zur Strafvollstreckung Heimzuschaffenden kann, wie der Kom.Ber. II S. 3 hervorhebt, der Fall eintreten, daß die erkannte Strafe nach §. 482 St.P.O. als während der Heimfahrt verbüßt zu erachten ist. Hierauf wird bei der Weisung des Seemannsamts Rücksicht zu nehmen sein.

3) Auf diese Bewachung finden die Vorschriften der §§. 120, 121 St.G.B. Anwendung. Die Vergütung für die Bewachung, falls ein besonderer Begleiter nicht mitgegeben wird (vgl. §. 5 unter b), steht dem Kapitän zu.

4) Betreffs der Disziplinargewalt vgl. Seemannsordnung §§. 84, 91, 92, 111, 116, 110; zu Arbeiten kann der Mitgenommene wider seinen Willen nicht angehalten werden. Die Konsuln sind aber angewiesen, arbeitsfähige Schiffsleute womöglich in anderem Schiffsdienste gegen Lohn unterzubringen (v. König S. 322).

Zu §. 5.

1) Eine etwaige Vereinbarung über andere als in §. 5 normierte Sätze erfolgt zwischen dem Führer des mitnehmenden Schiffes und dem Seemannsamte für Rechnung des Reichs (§. 6). Nach §. 5 Ges. vom 27. Dezember 1872 war nur die Vereinbarung eines geringeren als des gesetzlich normierten Satzes vorgesehen; jetzt kann, was namentlich für die Heimschaffung straffälliger Seeleute wichtig ist, auch eine höhere als die gesetzliche Entschädigung vereinbart werden.

2) Vgl. Seemannsordnung §. 2 Abs. 2.

3) Falls der Bundesrat bestimmte Sätze für die Bewachung Straffälliger aufstellen sollte, wird dem Führer des mitnehmenden Schiffes der Rechtsweg auf Erlangung einer höheren Entschädigung gegen das Reich oder den in Frage kommenden Bundesstaat (§. 7 Abs. 3) nicht offenstehen, weil dann die Festsetzung der Vergütung für eine im öffentlichen Interesse auferlegte Pflicht vorliegt. Bis dahin wird man einen solchen Anspruch auf eine höhere Entschädigung als die vom Seemannsamte vorläufig festgesetzte zulassen müssen, weil nach dem Wortlaute des Gesetzes nur eine vorläufige Festsetzung vorliegt.

Auszahlung der Entschädigung. **§. 6.**[1])

Die Entschädigung wird im Bestimmungshafen[2]) durch das Seemannsamt gegen Auslieferung der wegen der Mitnahme ertheilten Anweisung (§. 1) für Rechnung des Reichs ausgezahlt.

Haftung des Mitgenommenen und Dritter. **§. 7.**

Der wegen Hülfsbedürftigkeit Mitgenommene haftet für die durch die Zurückbeförderung verursachten Aufwendungen.[1])

Die Vorschriften, welche den Rheder oder andere Personen zur Erstattung solcher Aufwendungen verpflichten, werden durch dieses Gesetz nicht berührt.[2])

Bei Mitnahme eines Straffälligen bleibt dem Reiche der Rückgriff an den Bundesstaat vorbehalten, dessen Behörden der Mitgenommene zur Strafverfolgung oder Strafvollstreckung zugeführt wird.[3])

Strafbestimmungen. **§. 8.**

Wer sich der Erfüllung einer ihm nach §. 1 obliegenden Verpflichtung entzieht,[1]) **wird mit Geldstrafe bis zu einhundertundfünfzig Mark oder mit Haft bestraft. Für die**

Zu §. 6.

1) Der Reeder des mitnehmenden Schiffes hat die Entschädigung lediglich von dem Reiche zu fordern (wegen der Vergütung für die Bewachung des Straffälligen s. Anm. 3 zu §. 4), während dieses seinen Rückgriff gegen die etwa zur Zurückbeförderung verpflichtete Reederei oder andere zur Erstattung verpflichtete Personen (vgl. auch §. 7 Abs. 1) bezw. bei der Heimschaffung Straffälliger gegen den in Betracht kommenden Bundesstaat hat. Vgl. §. 7.

2) Bestimmungshafen ist derjenige Hafen, bis zu welchem der Kapitän den Seemann nach der Anweisung des Seemannsamts (vgl. Anm. 6 und 7 zu §. 1) mitgenommen hat. Das anweisende Seemannsamt wird zu beachten haben, ob in dem Bestimmungshafen ein Seemannsamt, welches die Auszahlung bewirken kann, vorhanden ist (Meves S. 116).

Zu §. 7.

1) Diese Haftung besteht gegenüber dem Reiche. Vgl. §. 6 und Anm. 1 dazu.

2) Vgl. Seemannsordnung §§. 59ff., §. 83 Abs. 2; B.G. §§. 1360, 1601, 1739; H.G.B. §§. 547, 548, 550, 553 Abs. 6. Eine höhere als die in §. 5 unter a festgesetzte Vergütung hat der Reeder des mitnehmenden Schiffes von dem etwa zur Zurückbeförderung verpflichteten Reeder nicht zu fordern, auch nicht aus dem Gesichtspunkte der Geschäftsbesorgung ohne Auftrag oder der ungerechtfertigten Bereicherung. Denn es handelt sich hier um eine im öffentlichen Interesse auferlegte Verpflichtung, für welche die Vergütung im Gesetze festgestellt ist. R.G. 41 S. 59.

3) Dies ist nicht ohne weiteres derjenige Bundesstaat, an dessen Behörden der Straffällige zunächst abgeliefert wird, sondern derjenige, dessen Behörden den Straffälligen zur endgültigen Aburteilung bezw. Strafvollstreckung zu übernehmen haben.

Zu §. 8.

1) Vorausgesetzt ist, daß der Kapitän eines deutschen Kauffahrteischiffs (gleichviel, ob er Inländer oder Ausländer ist) oder sein Stellvertreter (Seemannsordnung §. 2 Abs. 1) vorsätzlich und ohne rechtfertigenden Weigerungsgrund die Heimschaffung nicht ausführt. Das bloße Vorschützen unzutreffender Weigerungsgründe macht nicht strafbar; andererseits schützt der gute Glaube an das Zutreffen der Gründe nicht vor Bestrafung, der Tatbestand ist erfüllt durch vorsätzliche Zuwiderhandlung gegen die Anordnung des Seemannsamts ohne Vorhandensein rechtfertigender Gründe (Meves S. 118). Bestrafung wird auch eintreten müssen, wenn der Kapitän versucht

Festsetzung der Strafe und für das weitere Verfahren kommen die in den §§. 5, 122 bis 125 der Seemannsordnung enthaltenen Vorschriften zur Anwendung.[2])

§. 9. Inkrafttreten des Gesetzes.

Dieses Gesetz tritt am 1. April 1903 in Kraft. An demselben Tage tritt das Gesetz, betreffend die Verpflichtung deutscher Kauffahrteischiffe zur Mitnahme hülfsbedürftiger Seeleute, vom 27. Dezember 1872 (Reichs-Gesetzbl. S. 432) ausser Kraft.

§. 10. Übergangsbestimmungen.

Soweit in anderen Gesetzen auf Vorschriften des Gesetzes, betreffend die Verpflichtung deutscher Kauffahrteischiffe zur Mitnahme hülfsbedürftiger Seeleute, vom 27. Dezember 1872 verwiesen ist, treten die entsprechenden Vorschriften dieses Gesetzes an deren Stelle.

---

hat, den Hafen zu verlassen, und erst zwangsweise zur Mitnahme angehalten wird (§. 1 Abs. 3) denn dann hat der Kapitän sich bereits der Erfüllung seiner Verpflichtung entzogen. A. M. Kleinfeller S. 635, Perels S. 77. Der Tatbestand des §. 8 ist auch erfüllt, wenn der Kapitän den Mitgenommenen unterwegs ohne rechtfertigenden Grund zurückläßt. Als solche rechtfertigende Gründe kommen wieder die in §. 3 aufgezählten in Betracht, soweit sie während der Reise neu hervortreten können. Doch muß auch in solchem Falle die Genehmigung eines Seemannsamts vorliegen; ohne diese darf die Zurücklassung nicht geschehen. Vgl. Anm. 5 zu §. 113 der Seemannsordnung.

2) Das Seemannsamt hat — unter verantwortlicher Vernehmung des Schiffsführers und uneidlicher Abhörung etwaiger Zeugen — den Tatbestand festzustellen und einen — hinsichtlich der Beitreibung der Geldstrafe — vorläufig vollstreckbaren Strafbescheid zu erlassen. Der Bescheid wirkt in betreff der Unterbrechung der Verjährung wie eine richterliche Handlung. Gegen den Bescheid kann innerhalb zehn Tagen durch einen bei dem Seemannsamte schriftlich oder zu Protokoll anzubringenden Antrag gerichtliche Entscheidung nachgesucht werden. Zuständig ist jedes Seemannsamt, insbesondere auch dasjenige, welches die Anweisung zur Mitnahme erlassen hat. Bei der Erlassung des Strafbescheides innerhalb des Reichsgebiets müssen außer dem Vorsitzenden zwei schifffahrtskundige Beisitzer mitwirken (§. 5 Abs. 2 der Seemannsordnung).

III. Gesetz,

betreffend

die Stellenvermittelung für Schiffsleute.

Vom 2. Juni 1902. (R.G.Bl. S. 215.)*)

---

*) Vorbemerkung.

I. Charakter des Gesetzes. Neue Bestimmungen. Dieses Gesetz ist ein die Vorschriften der Gewerbeordnung über die Stellenvermittelung ergänzendes Sondergesetz. Man hat davon Abstand genommen, diese Materie zugleich mit der durch Gesetz vom 30. Juni 1900 erfolgten Änderung der §§ 34, 35 Gew.O. zu regeln, weil für die Stellenvermittelung der Schiffsleute besondere Gesichtspunkte zu beachten sind, und weil es namentlich praktisch erschien, dem Schiffsvolke die für dasselbe maßgebenden Vorschriften durch ein Spezialgesetz leicht zugänglich zu machen (§. 10).

Unter der bisherigen Gesetzgebung war besonders in einigen Häfen des Nordseegebiets der Mißstand hervorgetreten, daß von den Schiffsleuten übermäßige Gebühren für die Vermittelung erhoben, Stellenwechsel künstlich herbeigeführt und durch die Art der Vorschußzahlung seitens der Vermittler (Heuerbaase) und deren Verbindung mit Händlern und Schlafwirten die Schiffsleute ausgebeutet wurden. Es ist deshalb ein Verbot der gewerbsmäßigen Stellenvermittelung für Schiffsleute und die Einrichtung staatlicher Heuerbureaus erwogen, hiervon aber Abstand genommen worden, weil die privaten Stellenvermittler eine Gewähr für den Dienstantritt des Schiffsmanns übernehmen bezw. rechtzeitig für geeigneten Ersatz sorgen. Das Gesetz sucht nun den erwähnten Mißständen durch eine Hebung und Säuberung dieses Erwerbsstandes und durch Schutzmaßregeln gegen die dem Privatbetriebe anhaftenden Mängel entgegenzutreten, indem es

a) die Konzessionspflicht einführt und die Zurücknahme der Konzession regelt (§§. 2, 5, 6),
b) den Betrieb gewisser Nebengewerbe neben der Stellenvermittelung für Schiffsleute und die Verbindung der Heuerbaase mit anderen Gewerbetreibenden verbietet (§. 3),
c) Gebührentaxen vorsieht und eine Vereinbarung, daß der Schiffsmann mehr als die Hälfte der Gebühren zu zahlen habe, für nichtig erklärt (§. 4),
d) dem Abfangen der Schiffsleute zu Ausbeutungszwecken bei Ankunft der Schiffe (sog. Kaperwesen) entgegentritt (§. 9 Nr. 2).

Vgl. auch Seemannsordnung §§. 12 Abs. 2, 46, 48, 114 Nr. 3 und 7.

II. Die **Materialien** zu dem Gesetze sind enthalten in den Reichstagsdrucksachen der X. Legislaturperiode, I. Sess. 1898/1900 Nr. 663, II. Sess. 1900/1901 Nr. 4 (Entwurf mit Begründung) und Nr. 288**a** (Kommissionsbericht), sowie in den stenographischen Berichten vom 26. März und 26./27. November 1900, 19., 26. und 29. April 1902 (Sten. Ber. S. 4957—4990, 167—211, 4930, 4931, 5109, 5150).

§. 1. Anwendung der Gewerbeordnung.

Auf die gewerbsmässige Stellenvermittelung[1]) für Schiffsleute[2]) finden die Vorschriften der Gewerbeordnung insoweit Anwendung,[3]) als nicht nachstehend besondere Bestimmungen getroffen sind.

§. 2. Erlaubnis zum Gewerbebetrieb.

Wer die Stellenvermittelung für Schiffsleute gewerbsmässig betreiben will, bedarf dazu der Erlaubniss[1]) der höheren Verwaltungsbehörde.[2])

Zu §. 1.

1) Hierunter fällt nicht die Stellenvermittelung durch solche Anstalten (Seemannsheime, Seemannsvereinigungen, Heuerbureaus der Schiffahrtsgesellschaften und Vereine von Reedern), welche den Arbeitsnachweis nicht zum Erwerbe betreiben.

2) Entsprechend der Absicht des Gesetzes, das seemännische Stellenvermittelungswesen zu regeln, sind hier unter „Schiffsleuten" nur die für die Seefahrt Anzuheuernden zu verstehen, diese aber im weitesten Sinne und sonach ohne Rücksicht auf Rang und Stellung (Kapitäne, Schiffsoffiziere u. s. w.) und auf ihre eigene oder des Schiffes Nationalität. Vgl. Perels S. 78.

3) Von den anwendbaren Vorschriften der Gewerbeordnung kommen insbesondere in Betracht:

a) der in §. 1 Abs. 2 Gew.O. statuierte Ausschluß der rückwirkenden Kraft; die bisherigen Stellenvermittler bedürfen also auch fernerhin nicht der Erlaubnis. Vgl. §. 6 Abs. 3 d. G. und Anm. 3;

b) §§. 11 und 11a betreffend die Geschäftsfähigkeit der ein Gewerbe betreibenden Ehefrau (vgl. dazu §. 1405 B.G.);

c) §§. 40, 20, 21 betreffend den Rekurs gegen die Versagung der Erlaubnis zum Gewerbebetriebe;

d) §. 41 betr. Annahme von Gehülfen;

e) §. 42 betr. die Ausübung des Gewerbes außerhalb des Ortes der gewerblichen Niederlassung;

f) §§. 45—47 betr. Stellvertretung und Fortführung des Gewerbebetriebes nach dem Tode bezw. während der Geschäftsunfähigkeit des Gewerbetreibenden.

Zu §. 2.

1) Durch die Gewerbeordnung vom 21. Juni 1869 war die Konzessionspflicht aller Stellenvermittler beseitigt, es war nur ein Recht zur Untersagung dieses Betriebes solchen Personen gegenüber aufrecht erhalten worden, die wegen eines aus Gewinnsucht begangenen Vergehens oder Verbrechens gegen das Eigentum oder wegen Vergehen oder Verbrechen gegen die Sittlichkeit bestraft waren. Durch die Novelle vom 1. Juli 1883 wurde das Recht zur Untersagung schon dann gegeben, wenn Tatsachen vorlagen, welche die Unzuverlässigkeit in Beziehung auf diesen Gewerbebetrieb darlegten. Hierdurch wurden aber die Übelstände nicht beseitigt, welche aus dem Betriebe des Gewerbes bis zur Untersagung erwuchsen, es wurde auch nicht erreicht, daß solche Elemente, die eine Nachforschung nach ihren Verhältnissen zu scheuen hatten, von vornherein dem Betriebe fern blieben. Deshalb wurde durch die Novelle vom 30. Juni 1900 die Konzessionspflicht für die Stellenvermittler eingeführt. Vgl. §. 34 Abs. 1 Gew.O. Dasselbe Erfordernis ist nunmehr auch für die Stellenvermittelung für Schiffsleute eingeführt worden.

Von dem Nachweis eines vorhandenen örtlichen Bedürfnisses ist die Erlaubnis nicht abhängig gemacht.

Gegen die Versagung der Erlaubnis ist der Rekurs gemäß §§. 40 Abs. 2, 20, 21 Gew.O. gegeben. Betreffs der Zurücknahme der Erlaubnis s. §. 6 d. G.

2) Welche Behörde in jedem Bundesstaat unter der Bezeichnung „Höhere Verwaltungsbehörde" zu verstehen ist, wird von der Zentralbehörde des Bundesstaats bekannt gemacht. Aus

Die Erlaubniss ist zu versagen:

1. **wenn Thatsachen vorliegen, welche die Unzuverlässigkeit des Nachsuchenden in Bezug auf den beabsichtigten Gewerbebetrieb darthun;**
2. **wenn der Nachsuchende eines der im §. 3 Abs. 1 bezeichneten Gewerbe betreibt;[3]) die Landeszentralbehörden sind befugt, Ausnahmen von dieser Vorschrift zuzulassen.[4])**

Verbotene Nebengewerbe.

§. 3.

Wer die Stellenvermittelung für Schiffsleute gewerbsmässig betreibt, darf gewerbsmässige Vermiethung von Wohn- und Schlafstellen, Gastwirthschaft, Schankwirthschaft, Kleinhandel mit geistigen Getränken, Handel mit Ausrüstungsgegenständen für Schiffsleute und das Geschäft eines Geldwechslers oder Pfandleihers weder selbst noch durch Andere betreiben.[1]) Die Landeszentralbehörden sind befugt, Ausnahmen von dieser Vorschrift zuzulassen.[2])

Der Stellenvermittler darf ferner mit Gewerbetreibenden der vorbezeichneten Art nicht dergestalt in Geschäftsverbindung treten, dass er sich für die Ausübung seiner Vermittlerthätigkeit von ihnen Vergütungen irgend welcher Art gewähren oder versprechen lässt.

§. 4.[1])

Festsetzung und Entrichtung der Gebühren.

Die den Stellenvermittlern für Schiffsleute zukommenden Gebühren werden durch Taxen bestimmt, welche von den Landesregierungen oder den von diesen bezeichneten

---

der Tatsache, daß eine Landesbehörde die Erlaubnis erteilt, folgt nicht, daß der konzessionierte Betrieb auf den betreffenden Bundesstaat zu beschränken ist.

3) Nach §. 38 Abs. 3 Gew.O. sind die Landeszentralbehörden befugt, die gleichzeitige Ausübung des Gewerbes der Stellenvermittelung und der Gast- und Schankwirtschaft zu beschränken oder zu untersagen. Das vorliegende Gesetz geht hierin noch weiter, indem es als Regel die Unzulässigkeit der Verbindung der Stellenvermittelung mit den in §. 3 Abs. 1 d. G. bezeichneten Gewerben aufstellt.

4) Auch von der Erfüllung gewisser Bedingungen können die Behörden die Verbindung des Heuerbaas-Gewerbes mit anderen Gewerben abhängig machen, vgl. §. 8 Ziff. 1 d. G.

Zu §. 3.

1) §. 3 Abs. 1 handelt von dem Betriebe der darin bezeichneten Nebengewerbe nach erhaltener Erlaubnis zum Betriebe des Heuerbaasgewerbes. Die Unzulässigkeit der Verbindung solcher Nebengewerbe mit der Stellenvermittelung für Schiffsleute ist nicht davon abhängig, daß die nach §. 3 Abs. 1 verbotenen Nebengewerbe in räumlicher Verbindung mit der Stellenvermittelung betrieben werden. Vielmehr unterfällt ein solches Nebengewerbe der Vorschrift des §. 3 Abs. 1 auch dann, wenn es getrennt von der Stellenvermittelung durch Stellvertreter, Angehörige oder Hausgenossen — sei es selbst formell für deren Rechnung — betrieben wird. (Begr. S. 175.) Dasselbe gilt, wenn die Erteilung der behördlichen Erlaubnis (§. 2 Nr. 2), in Frage steht. Betreffs der Entziehung der Erlaubnis s. §. 6 Abs. 2. Strafbestimmung §. 8 Ziff. 2. Vgl. Seemannsordnung §. 48.

2) Vgl. Anm. 3 zu §. 2.

Zu §. 4.

1) Infolge der Höhe der an einzelnen Orten gezahlten Gebühren erschien es erforderlich, behördliche Taxen einzuführen und ihre offene oder versteckte Überschreitung unter Strafe zu stellen (§. 8 Ziff. 2b), auf eine solche wiederholte Überschreitung auch den Verlust der Konzession

Behörden nach Anhörung von Vertretern der Stellenvermittler, der Rheder und der Schiffsleute festgesetzt werden.[2])

Die Gebühr ist von dem Rheder und dem Schiffsmanne je zur Hälfte zu zahlen; eine entgegenstehende Vereinbarung zu Ungunsten des Schiffsmanns ist nichtig.[3]) Der Anspruch des Stellenvermittlers auf die vom Rheder zu zahlende Hälfte erlischt, wenn der Schiffsmann seinen Dienst nicht zur festgesetzten Zeit antritt.[4])

§. 5. Buchführung. Polizeiliche Kontrolle.

Die Landesregierungen erlassen Vorschriften darüber, in welcher Weise die Stellenvermittler für Schiffsleute ihre Bücher zu führen und welcher polizeilichen Kontrole über den Umfang und die Art ihres Geschäftsbetriebs sie sich zu unterwerfen haben.[1])

§. 6. Zurücknahme der Erlaubnis.

Die Erlaubniss zum Gewerbebetriebe muss zurückgenommen werden, wenn aus Handlungen oder Unterlassungen des Inhabers die Unzuverlässigkeit desselben in Bezug auf den Gewerbebetrieb klar erhellt.[1])

---

zu setzen (§. 6 Abs. 2). Auf Grund des §. 1 d. G. ist der Ansicht von Perels (S. 89) zuzustimmen, daß der Stellenvermittler infolge der §§. 75a und 149 Nr. 7a Gew.O. zur Vermeidung einer Strafe bis zu 30 Mk. oder 8 Tagen Haft auch verpflichtet ist, dem Stellensuchenden vor Abschluß des Vermittelungsgeschäfts die für ihn zur Anwendung kommende Taxe mitzuteilen.

2) Die Festsetzung der Gebühr soll sich den örtlichen Verhältnissen anpassen und ist deshalb den Landesbehörden übertragen. Die Vorschrift, daß vor der Festsetzung auch Vertreter der Reeder und der Schiffsleute zu hören sind, beruht auf einem Beschlusse der Reichstagskommission (Kom.Ber. II S. 16).

3) Den Zusatz „zu Ungunsten des Schiffsmanns" hat die Reichstagskommission hinzugefügt (Kom.Ber. II S. 16); Vereinbarungen, daß der Schiffsmann weniger als die Hälfte der Heuergebühr zu entrichten habe, sind zulässig.

4) Diese Vorschrift trägt der in der Praxis herrschenden Anschauung Rechnung, daß der Heuerbaas für den Dienstantritt des Schiffsmanns Gewähr zu leisten hat. Auf den Grund des Nichtantritts des Dienstes kommt es nicht an (Perels S. 80). Vgl. Seemannsordnung §§. 17 und 32.

Zu §. 5.

1) Die Fassung des Gesetzes soll zum Ausdruck bringen (vgl. Begründung S. 177), daß Vorschriften über die Buchführung und über die polizeiliche Kontrolle von den Landesregierungen stets zu erlassen sind und nicht, wie nach §. 38 Abs. 1 Gew.O. hinsichtlich aller sonstigen Stellenvermittler, nur erlassen werden können. — Strafbestimmung §. 9 Ziff. 1.

Zu §. 6.

1) Abs. 1 ist dem §. 53 Abs. 2 Gew.O. nachgebildet, jedoch ist infolge eines Beschlusses der Reichstagskommission (Kom.Ber. II S. 16) das nach den Vorschriften der Gewerbeordnung vorwaltende Ermessen der Behörden in Wegfall gebracht und bestimmt worden, daß die Erlaubnis zurückgenommen werden muß, wenn die Voraussetzungen des Abs. 1 oder Abs. 2 vorliegen.

Als Gründe für die Zurücknahme der Konzession können in der Regel nur solche Handlungen oder Unterlassungen wirken, die nach der Erteilung der Konzession vorgekommen sind (vgl. Entsch. O.V.G. Bd. 5 S. 266, Bd. 15 S. 349), jedoch werden daneben auch frühere Verfehlungen in Betracht gezogen werden dürfen. Die nach der Konzessionierung eintretende Be-

Die Unzuverlässigkeit in Bezug auf den Gewerbebetrieb ist stets anzunehmen, wenn der Stellenvermittler wiederholt die festgesetzte Gebührentaxe überschritten oder sich ausser den taxmässigen Gebühren Vergütungen irgend welcher Art von dem Schiffsmanne hat gewähren oder versprechen lassen,[2]) oder wenn er dem Verbote des §. 3 zuwiderhandelt.[3])

Stellenvermittlern für Schiffsleute, welche vor dem Inkrafttreten dieses Gesetzes den Gewerbebetrieb begonnen haben, muss derselbe untersagt werden, wenn Thatsachen vorliegen, welche die Unzuverlässigkeit des Gewerbetreibenden in Bezug auf den Gewerbebetrieb darthun.[4])

§. 7.
Verfahren bei Konzessionsentziehung und Untersagung des Gewerbebetriebs.

Wegen des Verfahrens und der Behörden, welche in Bezug auf die Zurücknahme der Erlaubniss und die Untersagung des Gewerbebetriebs massgebend sind, gelten die Vorschriften der §§. 20, 21 der Gewerbeordnung.

---

strafung wegen einer früher begangenen Handlung, aus welcher die Unzuverlässigkeit in Bezug auf die Stellenvermittelung klar erhellt, wird aber als selbständiger Entziehungsgrund wirken müssen. Als ein solcher Entziehungsgrund ist namentlich die Aberkennung der bürgerlichen Ehrenrechte zu erachten. Vgl. Perels S. 80; Gew.O. §§. 34 und 53 Abs. 1 und 2.

Als Unterlassungen im Sinne des Gesetzes kommen nur solche in Betracht, die auf ein Verschulden des Konzessions-Inhabers zurückzuführen sind. Vgl. Entsch. O.V.G. Bd. 9 S. 294.

2) Erst das wiederholte Überschreiten der Gebührentaxe oder Gewähren- oder Versprechenlassen von Extravergütungen wirkt als Entziehungsgrund (Perels S. 80).

3) In der Regierungsvorlage enthielt Abs. 2 am Schlusse die Worte: „wenn er den Betrieb eines nach §. 3 Abs. 1 ihm verbotenen Gewerbes unternimmt." Durch die jetzige, von der Reichstagskommission gewählte Fassung ist klargestellt, daß die Konzession auch dann entzogen werden muß, wenn der Stellenvermittler von Gewerbetreibenden der in §. 3 Abs. 1 bezeichneten Art sich für die Ausübung seiner Vermittlertätigkeit Vergütung hat gewähren oder versprechen lassen (§. 3 Abs. 1). Vgl. II Kom.Ber. II S. 16.

Der Betrieb eines Nebengewerbes (§. 3 Abs. 1) kann selbstverständlich dann nicht als Entziehungsgrund wirken, wenn die Erlaubnis der Landeszentralbehörde zu dieser Vereinigung der Betriebe vorliegt (§. 2 Ziff. 2).

4) Stellenvermittler für Schiffsleute, welche das Gewerbe bereits vor dem Inkrafttreten dieses Gesetzes begonnen haben, bedürfen nicht der Erlaubnis (vgl. Anm. 2a zu §. 1). Sie dürfen auch die nach §. 3 Abs. 1 verbotenen Nebengewerbe weiter betreiben, falls das Verhältnis schon vor dem 1. April 1903 bestanden hat. Der Gewerbebetrieb als Heuerbaas darf ihnen nach §. 6 Abs. 3 nur untersagt werden und ist ihnen zu untersagen, wenn Tatsachen vorliegen, welche ihre Unzuverlässigkeit in Bezug auf diesen Gewerbebetrieb dartun. Eine solche Unzuverlässigkeit wird insbesondere dann anzunehmen sein, wenn sie mit Gewerbetreibenden der in §. 3 Abs. 1 bezeichneten Art dergestalt in Geschäftsverbindung stehen, daß sie sich für die Ausübung der Vermittlertätigkeit von jenen Vergütungen gewähren oder versprechen lassen.

Zu §. 7.

§. 7 entspricht dem §. 54 der Gewerbeordnung; die hier in Bezug genommenen Vorschriften lauten:

Gew.O. §. 20. Gegen den Bescheid ist Rekurs an die nächstvorgesetzte Behörde zulässig, welcher bei Verlust desselben binnen 14 Tagen, vom Tage der Eröffnung des Bescheids an gerechnet, gerechtfertigt werden muß.

Der Rekursbescheid ist den Parteien schriftlich zu eröffnen und muß mit Gründen versehen sein.

Gew.O. §. 21. Die näheren Bestimmungen über die Behörden und das Verfahren, sowohl in der ersten als in der Rekurs-Instanz, bleiben den Landesgesetzen vorbehalten.

§. 8. Strafbestimmungen: §§. 8 und 9.

Mit Geldstrafe bis zu dreihundert Mark oder mit Haft wird bestraft:

1. wer den Gewerbebetrieb eines Stellenvermittlers für Schiffsleute ohne die vorgeschriebene Erlaubniss unternimmt[1]) oder fortsetzt oder von den bei Ertheilung der Erlaubniss festgesetzten Bedingungen abweicht;
2. ein Stellenvermittler für Schiffsleute, welcher
   a) einen nach §. 3 Abs. 1 ihm verbotenen Gewerbebetrieb unternimmt[1]) oder fortsetzt, oder welcher sich von Gewerbetreibenden der dort bezeichneten Art für die Ausübung seiner Vermittlerthätigkeit Vergütungen irgend welcher Art gewähren oder versprechen lässt;
   b) die von der Behörde festgesetzte Taxe überschreitet, oder sich ausser den taxmässigen Gebühren Vergütungen anderer Art von dem Schiffsmanne gewähren oder versprechen lässt;[2])
   c) es unternimmt, einen Schiffsmann zum Bruche des eingegangenen Heuervertrags zu verleiten;[3])
3. ein Gewerbetreibender der im §. 3 Abs. 1 bezeichneten Art, welcher es unternimmt, einen Stellenvermittler für Schiffsleute durch Gewährung oder Versprechung von Vergütungen irgend welcher Art zu einer den Interessen des Schiffsmanns widerstreitenden Ausübung der Vermittlerthätigkeit zu bestimmen.

Es sind jedoch folgende Grundsätze einzuhalten:

1. In erster oder in zweiter Instanz muß die Entscheidung durch eine kollegiale Behörde erfolgen. Diese Behörde ist befugt, Untersuchungen an Ort und Stelle zu veranlassen, Zeugen und Sachverständige zu laden und eidlich zu vernehmen, überhaupt den angetretenen Beweis in vollem Umfange zu erheben.
2. Bildet die kollegiale Behörde die erste Instanz, so erteilt sie ihre Entscheidung in öffentlicher Sitzung, nach erfolgter Ladung und Anhörung der Parteien, auch in dem Falle, wenn zwar Einwendungen nicht angebracht sind, die Behörde aber nicht ohne weiteres die Genehmigung erteilen will, und der Antragsteller innerhalb 14 Tagen nach Empfang des die Genehmigung versagenden oder nur unter Bedingungen erteilenden Bescheides der Behörde auf mündliche Verhandlung anträgt.
3. Bildet die kollegiale Behörde die zweite Instanz, so erteilt sie stets ihre Entscheidung in öffentlicher Sitzung, nach erfolgter Ladung und Anhörung der Parteien.
4. Als Parteien sind der Unternehmer (Antragsteller), sowie diejenigen Personen zu betrachten, welche Einwendungen erhoben haben.
5. Die Öffentlichkeit der Sitzungen kann unter entsprechender Anwendung der §§. 173 bis 176 des Gerichtsverfassungsgesetzes ausgeschlossen oder beschränkt werden.

Vgl. Anm. 7 zu §. 123 der Seemannsordnung.

Zu §. 8.

1) Öffentlichkeit des Unternehmens oder des Gewerbebetriebs ist nicht erforderlich, dagegen Erwerbsabsicht (Stenglein Anm. 2 zu §. 8).

2) Die Annahme von Vergütungen oder Vergütungsversprechen von andern Interessenten als vom Schiffsmann ist nicht mit Strafe bedroht. Dagegen macht sich der Vermittler strafbar, wenn er die Taxe auch nur dem Reeder gegenüber überschreitet (§. 4 Abs. 2 Satz 1).

3) Nicht erforderlich ist, daß der Schiffsmann den eingegangenen Heuervertrag gebrochen hat.

§. 9.[1])

Mit Geldstrafe bis zu einhundertundfünfzig Mark oder mit Haft wird bestraft:

1. ein Stellenvermittler für Schiffsleute, welcher den im §. 5 bezeichneten Vorschriften zuwiderhandelt;
2. ein Stellenvermittler für Schiffsleute oder ein Gewerbetreibender der im §. 3 Abs. 1 bezeichneten Art, welcher im Inlande den von einer zuständigen Behörde erlassenen Vorschriften zur Verhinderung des vorzeitigen Betretens einlaufender Schiffe und des Anbordbringens von geistigen Getränken zuwiderhandelt;
3. der Kapitän, der im Inlande den Vorschriften einer zuständigen Behörde, im Auslande den Anordnungen eines Seemannsamts zuwider Stellenvermittler für Schiffsleute oder Gewerbetreibende der im §. 3 Abs. 1 bezeichneten Art an Bord lässt oder an Bord duldet;
4. der Kapitän, welcher es unterlässt, dafür zu sorgen, dass ein Abdruck dieses Gesetzes im Volkslogis zugänglich ist (§. 10).

In den Fällen des Abs. 1 Nr. 3, 4 kommen im Auslande für die Festsetzung der Strafe und für das weitere Verfahren die in den §§. 5, 122 bis 125 der Seemannsordnung enthaltenen Vorschriften zur Anwendung.[2])

Ausliegen des Gesetzes im Volkslogis. **§. 10.**

Ein Abdruck dieses Gesetzes muss auf jedem deutschen Kauffahrteischiff im Volkslogis zur jederzeitigen Einsicht der Schiffsleute vorhanden sein.

Inkrafttreten des Gesetzes. **§. 11.**

Dieses Gesetz tritt am 1. April 1903 in Kraft.

Zu §. 9.

1) Die Vorschriften der Nr. 2 und 3 dieses Paragraphen sollen verhindern (Kom.Ber. II S. 17), daß die Schlafbaase und Stellenvermittler den ankommenden Schiffen ihre Angestellten (Kaper, Runner) entgegenschicken, welche unter Verabreichung von geistigen Getränken die Mannschaft für die von den Kapern vertretenen Wirtschaften anwerben und das Heuerguthaben an sich nehmen. Vgl. Seemannsordnung §. 96 Nr. 6. Voraussetzung der Bestrafung aus Nr. 2 und 3 ist eine von einer zuständigen Behörde bezw. einem Seemannsamt erlassene Ausführungsvorschrift.

2) Absatz 2 ist von der Reichstagskommission hinzugefügt worden, um die Verjährung der im Auslande begangenen Verfehlungen des Kapitäns (Seemannsordnung §. 2 Abs. 1) gegen die Vorschriften der Ziffern 3 und 4 zu verhindern. Danach hat im Auslande das Seemannsamt durch verantwortliche Vernehmung des Kapitäns und uneidliche Abhörung etwaiger Zeugen den Tatbestand festzustellen und einen in betreff der Beitreibung der Geldstrafe — vorläufig vollstreckbaren — Strafbescheid gegen den Kapitän zu erlassen. Der Bescheid wirkt in betreff der Unterbrechung der Verjährung wie eine richterliche Handlung (Seemannsordnung §. 123 Abs. 1). Der Kapitän kann dagegen binnen zehn Tagen nach Verkündung oder Zustellung des Bescheides durch einen bei dem Seemannsamte zu Protokoll oder schriftlich anzubringenden Antrag gerichtliche Entscheidung fordern.

Zu §. 10.

Die Kenntnis der Schiffsleute von den Bestimmungen dieses Gesetzes soll auch dadurch erreicht werden, daß das Seemannsamt verpflichtet ist, jedem Schiffsmann mit dem Seefahrtsbuch einen Abdruck des Gesetzes auszuhändigen (§. 7 Abs. 3 der Seemannsordnung). Vgl. §. 9 Nr. 4.

IV. Gesetz,

betreffend

Abänderung seerechtlicher Vorschriften des Handelsgesetzbuchs.

Vom 2. Juni 1902. (R.G.Bl. S. 218).*)

Artikel 1.

Die §§. 481, 547 bis 549, 553, 749 des Handelsgesetzbuchs werden durch die nachfolgend unter denselben Ziffern angeführten Vorschriften ersetzt. Hinter §. 553 werden die nachfolgend als §§. 553a, 553b bezeichneten Vorschriften eingeschaltet.

§. 481.[1] — Schiffsbesatzung.

Zur Schiffsbesatzung werden gerechnet der Schiffer, die Schiffsoffiziere, die Schiffsmannschaft sowie alle übrigen auf dem Schiffe angestellten Personen.

---

*) **Materialien:** Drucksachen des Reichstags, 10. Legislatur-Periode,
a) Nr. 663, I. Sess. 1898—1900 } (Entwurf mit Begründung).
b) Nr. 4, II. „ 1900—1901 }
Stenographische Berichte: Vom 26. März 1900, S. 4957—4990 } (I. Lesung).
„ „ Vom 26. und 27. Nov. 1900, S. 167—211 }
Drucksachen des Reichstags Nr. 288a, 10. Legislatur-Periode, II. Sess. 1900/1901 (Kommissionsbericht).
Stenographische Berichte: Vom 19. April 1902, S. 4931 (II. Lesung).
„ „ Vom 26. April 1902, S. 5109 (III. Lesung).
„ „ Vom 29. April 1902, S. 5150 (Gesamtabstimmung).

Zu §. 481.

1) a. Mit Rücksicht auf die in §. 2 der Seemannsordnung geschehene Heraushebung der Schiffsoffiziere aus dem Begriff der Schiffsmannschaft sind jetzt auch hier die Schiffsoffiziere als eine von der Schiffsmannschaft getrennte Gruppe der Schiffsbesatzung erwähnt. Eine sachliche Änderung gegen das bisherige Gesetz ist damit nicht beabsichtigt; insbesondere sind die Schiffsoffiziere auch nach dem jetzigen Wortlaut des §. 481 H.G.B. zu denjenigen Personen der Schiffsbesatzung zu rechnen, für deren Dienstverschulden der Reeder gemäß §§. 485, 486 haftet.

b. Im Handelsgesetzbuch sind die Schiffsoffiziere speziell erwähnt in §. 517 Abs. 1 (Vertretung des nicht an Bord befindlichen Kapitäns), §§. 518 (Schiffsrat), 522 Abs. 3 (Pflicht zur Verklarung), 685 (Bescheinigung der Notwendigkeit der Verbodmung). Keine dieser Vorschriften hindert, daß ihnen nunmehr die in der Seemannsordnung gegebene Begriffsbestimmung der Schiffsoffiziere zu Grunde gelegt wird und daß somit als Schiffsoffiziere auch im Sinne des H.G.B. diejenigen zur Unterstützung des Kapitäns in der Führung des Schiffes Angestellten

§. 547. [1])

Entlassung des Schiffers wegen zufälliger Verhinderung der Reise.

Wird ein Schiffer, der für eine bestimmte Reise angestellt ist, entlassen, weil die Reise wegen Krieg, Embargo oder Blokade, wegen eines Einfuhr- oder Ausfuhrverbots oder wegen eines anderen Schiff oder Ladung betreffenden Zufalls nicht angetreten oder fortgesetzt werden kann, so erhält er gleichfalls nur dasjenige, was er von der Heuer, einschliesslich aller sonst bedungenen Vortheile bis dahin verdient hat. Dasselbe gilt, wenn ein auf unbestimmte Zeit angestellter Schiffer aus einem der angeführten Gründe entlassen wird, nachdem er die Ausführung einer bestimmten Reise übernommen hat.

Erfolgt in diesen Fällen die Entlassung während der Reise, so kann der Schiffer ausserdem nach seiner Wahl entweder freie Rückbeförderung nach dem Hafen, wo er geheuert worden ist, oder eine entsprechende Vergütung beanspruchen.[2])

Ein nach den Vorschriften dieses Gesetzbuchs begründeter Anspruch auf freie Rückbeförderung umfasst auch den Unterhalt während der Reise sowie die Beförderung der Sachen des Schiffers.

---

angesehen werden, welche zur Ausübung des Dienstes eines staatlichen Befähigungsnachweises bedürfen. Die Ärzte, Proviant- und Zahlmeister wurden bisher schon zu den Schiffsoffizieren im Sinne des H.G.B. gerechnet (vgl. Makower Bd. II S. 8, Anm. 1b), so daß die Bestimmung des §. 2 Abs. 2 der Seemannsordnung für das Handelsgesetzbuch keine Neuerung bietet. Vgl. Anm. 2 zu §. 2 der Seemannsordnung.

c. Da die Heraushebung der Schiffsoffiziere aus der Schiffsmannschaft wesentlich nur im Interesse der dienstlichen Autorität für erforderlich erachtet worden ist und auch nach der Seemannsordnung in der Regel alle für die Schiffsmannschaft gegebenen Vorschriften auf die Schiffsoffiziere anzuwenden sind (Seemannsordnung §. 3 Abs. 2), so werden auch alle für die Schiffsmannschaft gegebenen Vorschriften des H.G.B., welche eine Anwendung auf die Schiffsoffiziere zulassen, auf die letzteren anzuwenden sein. Vgl. z. B. §§. 519 Abs. 2, 526 Abs. 2, 780 H.G.B. Vgl. Pappenheim D.J.Z. 1900 S. 192.

Zu §. 547.

1) Von dem früheren §. 547 (vgl. Makower Bd. II S. 54 und Anm. dazu) weicht das jetzige Gesetz nur insofern ab, als dem Schiffer entsprechend §. 78 Abs. 1 der Seemannsordnung der Anspruch auf freie Zurückbeförderung seiner Sachen gewährt worden ist. Beabsichtigt war ferner ein Zusatz, daß der Schiffer, auch wenn er wegen Eishindernisses oder Beschädigung des Schiffes entlassen wird, von der Heuer und sonstigen bedungenen Vorteilen nur den verdienten Teil erhalten soll. Die Reichstagskommission (vgl. Kom.Ber. II S. 21) hat dies in Konsequenz ihres Beschlusses zu §. 70 der Seemannsordnung (vgl. dort Anm. 7) gestrichen. Trotzdem wird der Schiffer, wenn der Antritt oder die Fortsetzung der Reise durch Eishindernis oder Beschädigung des Schiffes verhindert und er deshalb entlassen wird, nur die in §. 547 erwähnten Ansprüche haben, weil auch in solchem Falle die Reise durch einen das Schiff betreffenden Zufall gehindert wird und der Schiffer diesen Zufall nach §. 547 tragen muß.

2) Der Schiffer ist hier schlechter gestellt als der Schiffsmann, weil er nicht wie jener, im Falle der Entlassung nach Antritt der Reise, für die Dauer der Zurückbeförderung einen Teil der Heuer erhält. Vgl. §§. 71 Abs. 3, 69 Abs. 2 der Seemannsordnung. Dagegen hat hier der Schiffer das Wahlrecht zwischen freier Rückbeförderung und Barvergütung. Das Seemannsamt hat bei der Festsetzung der Vergütung nicht mitzuwirken. Hinsichtlich des Angebots eines anderen Dienstes statt der freien Zurückbeförderung vgl. Anm. zu §. 548.

Abweichend von §§. 70, 71, 69 der Seemannsordnung ist für die Zurückbeförderung des Schiffers nicht der Hafen der Ausreise, sondern der Anheuerung maßgebend.

§. 548.[1])

Entlassung des Schiffers aus anderen als den in §§. 546, 547 angegebenen Gründen.

Wird ein Schiffer, der auf unbestimmte Zeit angestellt ist, aus anderen als den in den §§. 546, 547 angeführten Gründen entlassen, nachdem er die Ausführung einer bestimmten Reise übernommen hat, so erhält er ausser demjenigen, was ihm nach den Vorschriften des §. 547 gebührt, als Entschädigung noch die Heuer für einen Monat und für die nach §. 73 der Seemannsordnung zu berechnende voraussichtliche Dauer seiner Reise nach dem Rückbeförderungshafen.[2])

§. 549.

Ansprüche des entlassenen Schiffers bei einer Heuer in Bausch und Bogen.

War die Heuer nicht zeitweise, sondern in Bausch und Bogen für die ganze Reise bedungen, so wird in den Fällen der §§. 546 bis 548 die verdiente Heuer mit Rücksicht auf den vollen Heuerbetrag nach dem Verhältnisse der geleisteten Dienste sowie des etwa zurückgelegten Theiles der Reise bestimmt. Zur Ermittelung der Heuer für einzelne Monate wird die durchschnittliche Dauer der Reise einschliesslich der Ladungs- und Löschungszeit, unter Berücksichtigung der Beschaffenheit des Schiffes in Ansatz gebracht und danach die Heuer für die einzelnen Monate berechnet. Bei Berechnung der Heuer für einzelne Tage wird der Monat zu 30 Tagen gerechnet.

Zu §. 548.

1) §. 548 behandelt nur den Fall, wenn der auf unbestimmte Zeit angestellte Schiffer, nach Übernahme der Ausführung einer bestimmten Reise, ohne rechtfertigenden Grund (§§. 546, 547) entlassen wird, z. B. aus Willkür oder freier, wenn auch der Sachlage entsprechender Entschließung des Reeders. Vgl. hierüber und über den Fall der Entlassung eines für eine bestimmte Reise angestellten Schiffers die Anmerkungen zu §. 548 a. F. (Makower Bd. II S. 56); betreffs der Frage, wann der auf unbestimmte Zeit angestellte Schiffer eine bestimmte Reise übernommen hat s. Anm. 1c zu §. 547 a. F. (Makower Bd. II S. 55).

2) a. Die jetzige Regelung des hier vorgesehenen Falles entspricht im wesentlichen derjenigen in §§. 72, 73 der Seemannsordnung. (Vgl. die Anmerkungen dazu.) Sie weicht materiell von jener nur darin ab, daß dem Schiffer nicht an Stelle der freien Zurückbeförderung der Dienst auf einem anderen Schiffe angeboten werden kann (vgl. §§. 72 Abs. 2, 79 a. a. O.). Der Umstand, daß hier die Anrechnung der Hand- und Vorschußgelder auf die Monatsheuer nicht ausdrücklich ausgesprochen ist, bedeutet angesichts der Vorschrift §. 337 B.G. auch bei dem Handgelde keinen sachlichen Unterschied gegen die Bestimmung des §. 72 Abs. 1 der Seemannsordnung. Daß der Schiffer einen etwaigen Vorschuß sich auf die Monatsheuer anrechnen lassen, bezw. daß er einen Überschuß herauszahlen muß, erscheint selbstverständlich.

b. Fortgefallen ist die Klausel des früheren §. 548, daß der Schiffer in keinem Falle mehr erhalt, als er zu erhalten haben würde, wenn er die Reise zu Ende geführt hätte. Er bekommt also außer demjenigen, was er an Heuer und sonstigen bedungenen Vorteilen verdient hat, noch eine Monatsheuer und die gemäß §. 73 der Seemannsordnung (vgl. Anm. dazu) zu berechnende Reiseheuer. Bei der Berechnung der Monats- und der Reiseheuer kommen „die sonstigen bedungenen Vorteile" nicht in Betracht (Schaps S. 233 Anm. 3b). Hinsichtlich der Berechnung der Monats- und der Reiseheuer s. §. 549. Die Reiseheuer steht dem Schiffer auch zu, wenn er statt der freien Zurückbeförderung eine entsprechende Vergütung (§. 547 Abs. 2) wählt. Den hier fixierten Ansprüchen des Schiffers steht es nicht entgegen, wenn er alsbald nach der Entlassung einen anderen Dienst annimmt.

Zu §. 549.

§. 549 entspricht in seiner jetzigen Fassung dem §. 80 der Seemannsordnung. Vgl. die Anmerkungen dazu.

§. 553.

Erkrankung oder Verletzung des Schiffers. Anstaltsbehandlung. Rückbeförderung.

Falls der Schiffer nach Antritt des Dienstes erkrankt oder eine Verletzung erleidet, so trägt der Rheder die Kosten der Verpflegung und Heilbehandlung. Diese Verpflichtung erstreckt sich:

1. wenn der Schiffer wegen der Krankheit oder Verletzung die Reise nicht antritt, bis zum Ablaufe von drei Monaten seit der Erkrankung oder Verletzung;
2. wenn er die Reise angetreten hat, bis zum Ablaufe von drei Monaten nach dem Verlassen des Schiffes in einem deutschen Hafen, und bis zum Ablaufe von sechs Monaten nach dem Verlassen des Schiffes in einem anderen Hafen.

Im Falle einer Verletzung hört die Verpflichtung des Rheders dem Verletzten gegenüber auf, sobald und soweit die Berufsgenossenschaft die Fürsorge übernimmt.

Der Rheder ist berechtigt, die Verpflegung und Heilbehandlung dem Schiffer in einer Krankenanstalt zu gewähren. Hat der Schiffer seinen Wohnsitz an dem Orte, wo er das Schiff verlässt, oder an dem Orte der Krankenanstalt, in welche er aufgenommen werden soll, so kann die Aufnahme nur erfolgen:

1. für den Schiffer, welcher verheirathet ist oder eine eigene Haushaltung hat oder Mitglied der Haushaltung seiner Familie ist, mit seiner Zustimmung, oder unabhängig von derselben, wenn die Art der Krankheit Anforderungen an die Behandlung oder Verpflegung stellt, welchen in der Familie des Erkrankten oder Verletzten nicht genügt werden kann, oder wenn die Krankheit eine ansteckende ist, oder wenn der Zustand oder das Verhalten des Schiffers eine fortgesetzte Beobachtung erfordert;
2. in sonstigen Fällen unbedingt.

Zu §. 553.

A. Von dem vorbildlichen §. 59 der Seemannsordnung (vgl. die Anmerkungen dazu), weicht der jetzige §. 553 H.G.B. in folgenden Punkten ab:

a) Der verheiratete oder in eigner bezw. seiner Familie Haushaltung lebende Schiffer, welcher an dem Orte, wo er das Schiff verläßt oder in eine Krankenanstalt aufgenommen werden soll, seinen Wohnsitz hat, kann die Anstaltsbehandlung ablehnen, es sei denn, daß sie durch die Art der Krankheit oder durch die Notwendigkeit einer fortgesetzten Beobachtung des Schiffers geboten ist. Vgl. §. 7 K.V.G.

b) Für die Rückbeförderung des Schiffers kommt nicht der Hafen der Ausreise sondern der Heimats- oder der Anheuerungshafen in Betracht. Vgl. aber auch für den Schiffsmann §. 60 der Seemannsordnung.

c) Der *Schiffer* hat das Wahlrecht zwischen freier Zurückbeförderung und Barvergütung.

d) Eine vorläufige Festsetzung der Vergütung zu c durch das Seemannsamt findet nicht statt.

B. Gegenüber dem früheren enthält der jetzige §. 553 H.G.B. (vgl. auch §§. 553a und 553b) folgende Änderungen:

a) Der Anspruch auf Verpflegung und Heilbehandlung beginnt für den Schiffer nicht mehr mit dem Antritt der Reise sondern des Dienstes. Vgl. §. 516.

b) Der erkrankte oder verletzte Schiffer hat jetzt, auch wenn er mit dem Schiffe in den Heimats- oder Anheuerungshafen zurückkehrt, Anspruch auf drei- bezw. sechsmonatige Verpflegung und Heilbehandlung.

c) Die Verpflichtung des Reeders gegenüber dem Verletzten hört auf, sobald und soweit die Berufsgenossenschaft die Fürsorge übernimmt.

Ein Schiffer, der wegen Krankheit oder Verletzung ausserhalb des Reichsgebiets zurückgeblieben ist, kann mit seiner Einwilligung und der des behandelnden Arztes oder des Seemannsamts nach einem deutschen Hafen in eine Krankenanstalt überführt werden. Ist der Schiffer ausser Stande, die Zustimmung zu ertheilen, oder verweigert er sie ohne berechtigten Grund, so kann sie nach Anhörung eines Arztes durch dasjenige Seemannsamt ersetzt werden, in dessen Bezirke der Schiffer sich zur Zeit befindet. Findet die Überführung statt, so erstreckt sich die Verpflichtung des Rheders stets nur bis zum Ablaufe von drei Monaten seit der Aufnahme in die Krankenanstalt des deutschen Hafens.

Der Schiffer, welcher sich der Heilbehandlung ohne berechtigten Grund entzieht und hierdurch nach ärztlichem Gutachten die Heilung vereitelt oder wesentlich erschwert hat, verliert den Anspruch auf kostenfreie Verpflegung und Heilbehandlung. Über die Berechtigung des Grundes sowie über Beginn und Dauer des Verlustes entscheidet vorläufig das Seemannsamt.

Falls der Schiffer nicht mit dem Schiffe nach dem Heimathshafen, oder dem Hafen, wo er geheuert worden ist, zurückkehrt, gebührt ihm ferner freie Zurückbeförderung (§. 547) oder nach seiner Wahl eine entsprechende Vergütung.

§. 553a.

Heuerbezug im Krankheitsfalle. Belohnung für Schiffsvertheidigung.

Die Heuer, einschliesslich aller sonst bedungenen Vortheile,[1] bezieht der erkrankte oder verletzte Schiffer:

wenn er die Reise nicht antritt, bis zur Einstellung des Dienstes;[2]

wenn er die Reise angetreten hat, bis zu dem Tage, an welchem er das Schiff verlässt.

Der Bezug der Heuer wird während des Aufenthalts in einer Krankenanstalt nicht gekürzt.[3]

Ist der Schiffer bei Vertheidigung des Schiffes zu Schaden gekommen, so hat er überdies auf eine angemessene, erforderlichen Falles von dem Richter zu bestimmende Belohnung Anspruch.[4]

---

d) Der Reeder ist berechtigt, Kur und Verpflegung nach näherer Maßgabe der Absätze 3 und 4 des Paragraphen in einer Krankenanstalt zu gewähren und wird von seiner Fürsorgepflicht frei, wenn der Schiffer dies ohne gesetzlichen Grund ablehnt (Schaps S. 239 Anm. 7).

e) Dem Schiffer, welcher sich der Heilbehandlung ohne objektiv berechtigten Grund entzieht, kann durch vorläufige Entscheidung des Seemannsamts der Anspruch auf kostenfreie Kur und Verpflegung ganz oder teilweise abgesprochen werden.

f) Durch die Verweisung auf den (geänderten) §. 547 ist klargestellt, daß der Schiffer auch die freie Zurückbeförderung seiner Sachen fordern darf.

Vgl. noch §. 553b und Seemannsordnung §. 63 Abs. 3.

Zu §. 553a.

1) Z. B. Gewinnanteile. Hinsichtlich der Berechnung der Heuer s. §. 549.

2) Vgl. Anm. B a zu §. 553 und §. 516 H.G.B.

3) Diese Bestimmung ist neu und weicht auch von §. 61 Abs. 2 der Seemannsordnung ab.

4) Die Belohnung wird nur gewährt, wenn der Schiffer bei der Verteidigung des Schiffes zu Schaden gekommen, d. h., wie der Zusammenhang mit Abs. 1 des Paragraphen ergibt, an der Gesundheit beschädigt ist. Erkrankungen infolge der Verteidigung des Schiffes kommen nicht in Betracht (P. 3807). Die Festsetzung der Belohnung erfolgt, abweichend von §. 61 Abs. 3 der Seemannsordnung, nur durch den Richter.

Ausnahmen von §§. 553 und 553a. **§. 553b.**

Auf den Schiffer, welcher die Krankheit oder Verletzung durch eine strafbare Handlung sich zugezogen oder den Dienst widerrechtlich verlassen hat, finden die §§. 553, 553a keine Anwendung.

§. 749.[1]

Verteilung des Berge- oder Hilfslohns zwischen Reeder, Schiffer und Besatzung.

Wird ein Schiff oder dessen Ladung ganz oder theilweise von einem anderen Schiffe geborgen oder gerettet, so wird der Berge- oder Hülfslohn zwischen dem Rheder, dem Schiffer und der übrigen Besatzung des anderen Schiffes in der Weise vertheilt, dass zunächst dem Rheder die Schäden am Schiffe[2]) und Betriebsmehrkosten[3]) ersetzt werden, welche durch die Bergung oder Rettung entstanden sind, und dass von dem Reste der Rheder eines Dampfschiffs zwei Drittel, eines Segelschiffs die Hälfte, der Schiffer und die übrige Besatzung eines Dampfschiffs je ein Sechstel, eines Segelschiffs je ein Viertel erhält.

Der auf die Schiffsbesatzung mit Ausnahme des Schiffers entfallende Betrag wird unter alle Mitglieder derselben mit besonderer Berücksichtigung der sachlichen und persönlichen Leistungen eines Jeden vertheilt.[4]) Die Vertheilung erfolgt durch den

---

Zu §. 553b.

Vgl. Anm. 2a zu §. 61 der Seemannsordnung. Als widerrechtliche Verlassung des Dienstes im Sinne dieses Paragraphen ist, wie der Zusammenhang mit §§. 62 und 74 der Seemannsordnung ergibt, die unberechtigte Aufhebung des ganzen Dienstverhältnisses zu erachten. Vgl. Schaps S. 240 Anm. 14.

Zu §. 749.

1) A. In seiner jetzigen Fassung enthält §. 749 folgende Änderungen gegen das frühere Recht:

a) Die Möglichkeit der freien Vereinbarung über die Verteilung des Berge- oder Hilfslohns zwischen Reeder, Schiffer und Schiffsbesatzung ist, mit Ausnahme des Falles der Bergung oder Rettung durch Bergungs- oder Schleppdampfer, aufgehoben worden.

b) Der Anteil des Reeders am Lohn ist erhöht worden, da ihm zunächst allgemein die Schäden am Schiffe und die Betriebsmehrkosten ersetzt werden und er, wenn die Rettung oder Bergung durch ein Dampfschiff bewirkt ist, von dem Überreste zwei Drittel erhält.

c) Für die Verteilung unter die Schiffsbesatzung und Schiffsoffiziere ist nicht mehr die dem Einzelnen gebührende Heuer, sondern seine Beteiligung an dem Rettungswerke maßgebend.

Die Schiffsoffiziere erhalten keinen besonderen Anteil.

B. Dem Anspruch auf Berge- oder Hilfslohn aus §. 749 steht der Umstand, daß das in Not befindliche Schiff derselben Reederei gehört wie das hilfesuchende nicht entgegen. Vgl. Anm. zu §. 41 der Seemannsordnung.

C. Von dem durch einen Prozeß erstrittenen Betrage können vorweg die Prozeßkosten in Abzug gebracht werden. (H.G.Z. 1874 S. 335.)

2) Die Schäden müssen am Schiffe entstanden sein, etwaige Verluste z. B. Konventionalstrafen, welche den Reeder infolge der durch das Rettungswerk herbeigeführten Verzögerung der Reise treffen, kommen nicht in Betracht.

3) Unter den Betriebsmehrkosten sind namentlich die Mehraufwendungen durch Kohlenverbrauch, Heuer und Beköstignng zu verstehen.

4) Bei der Verteilung sind auch solche Mitglieder der Schiffsbesatzung zu berücksichtigen,

Schiffer mittelst eines vor Beendigung der Reise der Besatzung bekannt zu gebenden Vertheilungsplans, der den jedem Betheiligten zukommenden Bruchtheil festsetzt.

Gegen den Vertheilungsplan ist Einspruch bei demjenigen Seemannsamte zulässig, welches nach Bekanntgabe des Planes zuerst angegangen werden kann. Das Seemannsamt entscheidet nach Anhörung der Betheiligten endgültig, unter Ausschluss des Rechtswegs, über den Einspruch und eine etwaige andere Vertheilung.[5]) Beglaubigte Abschrift der Entscheidung ist dem Rheder vom Seemannsamte mit thunlichster Beschleunigung mitzutheilen.

Vereinbarungen, welche den Vorschriften der Abs. 1, 2 zuwiderlaufen, sind nichtig.

Diese Vorschriften finden für den Fall der Bergung oder Rettung durch Bergungs- oder Schleppdampfer keine Anwendung.[6])

Artikel 2.

Dieses Gesetz tritt am 1. April 1903 in Kraft.

---

welche sich an dem Rettungswerke nicht beteiligt haben. Die sachlichen und persönlichen Leistungen, welche eine besondere Berücksichtigung zur Folge haben, können auch zur Rettung von Menschen aufgewendet sein. Vgl. §. 748 Abs. 2 H.G.B.

5) Der Ausschluß des Rechtsweges bezieht sich nur auf die Verteilung der Quote unter die Schiffsbesatzung. Im übrigen steht der Rechtsweg offen, z. B. darüber, ob die Schäden und die Betriebsmehrkosten von dem Reeder richtig liquidiert sind.

6) Hier ist zunächst die Vereinbarung, sodann freies richterliches Ermessen maßgebend.

Zu Artikel 2.

Für die Übergangszeit sind auch hier die in Vorbemerkung III zur Seemannsordnung angeführten Regeln zu beachten.

V. Gesetz zur Abänderung des Gesetzes,

betreffend

das Flaggenrecht der Kauffahrteischiffe.

Vom 29. Mai 1901. (R.G.Bl. S. 184.)

An die Stelle des §. 26 des Gesetzes, betreffend das Flaggenrecht der Kauffahrteischiffe, vom 22. Juni 1899 (Reichs-Gesetzbl. S. 319) treten die nachstehenden Vorschriften:

§. 26.

Seegehende Luftjachten. Schulschiffe. Für Ausländer erbaute Seeschiffe.

Die Vorschriften dieses Gesetzes finden auch Anwendung auf seegehende Lustyachten, auf ausschliesslich zur Ausbildung von Seeleuten bestimmte Seefahrzeuge (Schulschiffe) sowie auf solche Seefahrzeuge, welche für Rechnung von auswärtigen Staaten oder deren Angehörigen im Inland erbaut sind. Machen solche Fahrzeuge von dem Rechte zur Führung der Reichsflagge Gebrauch, so unterliegen sie den für Kauffahrteischiffe geltenden Vorschriften.

Durch Kaiserliche Verordnung mit Zustimmung des Bundesraths kann die Geltung der im Abs. 1 bezeichneten Vorschriften auch auf andere nicht zum Erwerbe durch die Seefahrt bestimmte Seefahrzeuge erstreckt werden.

Zu §. 26.

Das Flaggengesetz enthielt bisher keine Bestimmung über Schulschiffe der Handelsmarine und andere nicht zum Erwerbe durch die Seefahrt bestimmte Seefahrzeuge. Hinsichtlich der letzteren ist nunmehr durch das Gesetz vom 29. Mai 1901 die im Absatz 2 des §. 26 enthaltene Vorschrift getroffen, daß sie durch Kaiserliche Verordnung mit Zustimmung des Bundesrats den Kauffahrteischiffen gleichgestellt werden können. Dadurch ist die Möglichkeit geschaffen, daß beispielsweise Seefahrzeuge, die ausschließlich zu wissenschaftlichen Forschungsreisen bestimmt und hierfür besonders erbaut oder vom Ausland erworben, also zuvor noch nicht als deutsche Kauffahrteischiffe registriert sind, als Kauffahrteischiffe behandelt werden können. Ferner sollen, nach dem durch Gesetz vom 29. Mai 1901 ergänzten §. 26 Abs. 1, auch hinsichtlich der zur Ausbildung von Seeleuten bestimmten Schulschiffe der Handelsmarine, welche ausschließlich diesem gemeinnützigen Zweck und nicht zugleich dem Erwerbe durch die Seefahrt dienen, die also eigentlich als Kauffahrteischiffe im gesetzlichen Sinne (s. Flg.Ges. §. 1) nicht erachtet werden können, die Vorschriften des Flaggengesetzes Anwendung finden. Alle diese Schiffe können nunmehr unter den Voraussetzungen des Flaggengesetzes in ein nach diesem Gesetze geführtes Schiffsregister eingetragen werden und die mit der Registrierung verbundenen Vorteile erlangen. Hinsichtlich der Anwendbarkeit der neuen Seemannsordnung auf diese Schiffe vgl. Anm. 1a zu §. 1 der Seemannsordnung. Die frühere S.O. wurde in der Praxis sowohl auf Schulschiffe der

§. 26a.[1])

Binnenschiffe auf ausländischen Gewässern.

Durch Kaiserliche Verordnung mit Zustimmung des Bundesraths kann bestimmt werden, dass die Vorschriften dieses Gesetzes auch auf Binnenschiffe, die ausschliesslich auf ausländischen Gewässern verkehren, Anwendung finden.[2]) Die Schiffsregister für solche Schiffe werden bei den durch den Reichskanzler bestimmten deutschen Konsulaten geführt.

Handelsmarine wie auf die in Deutschland für Rechnung von Ausländern erbauten Seefahrzeuge (Flg.Ges. §. 26 Abs. 1 Satz 1) angewendet. Dagegen machten die Eigentümer von Lustfahrzeugen in Preußen vielfach von einem Ministerialerlaß vom 25. März 1894 Gebrauch, nach welchem die §§. 5—23 der S.O. vom 27. Dezember 1872 nur auf ihren Antrag auf die Lustfahrzeuge anzuwenden waren. Auch in Hamburg fanden nach einer Senats-Verordnung vom 2. März 1894 die Vorschriften der §§. 5—23 S.O. auf seegehende Lustjachten, welche von der Befugnis zur Führung der Reichsflagge Gebrauch machten, nur dann Anwendung, wenn die Anmusterung der Mannschaft beantragt wurde. Vgl. jetzt §. 134 der Seemannsordnung.

Zu §. 26a.

1) Die Bestimmung des §. 26a ist durch das Gesetz vom 29. Mai 1901 aus dem Gesetze vom 22. Juni 1899, in welchem sie in §. 26 Abs. 2 enthalten war, entnommen und — ohne sachliche Änderung — zu einem besonderen Paragraphen gestaltet worden.

2) a. Von der Vorschrift des §. 26a werden nur diejenigen deutschen Binnenschiffe betroffen, welche ausschließlich auf ausländischen Gewässern verkehren. Auf Grund dieser Bestimmung erging die nachstehende Verordnung vom 1. März 1900 (R.G.Bl. S. 41).

> §. 1. Die Vorschriften des Gesetzes, betreffend das Flaggenrecht der Kauffahrteischiffe vom 22. Juni 1899 (Reichs-Gesetzbl S. 319) finden auf Binnenschiffe, welche ausschließlich auf der unteren Donau oder in Ostasien auf dem Westflusse (Si-kiang), dem Yangtze-kiang und dem Pai-ho sowie auf deren Zu- und Nebenflüssen verkehren, Anwendung.
>
> §. 2. Über die Einrichtung der Schiffsregister und deren Führung bei den von ihm bezeichneten Konsulaten hat der Reichskanzler nähere Bestimmungen zu treffen.

b) Deutsche Schiffe, welche die Flußschiffahrt vom Inland aus nach ausländischen Revieren betreiben, haben die Landesflagge zu führen (Begr. zum Flaggengesetz S. 18).

VI. Gesetz

zur

Abänderung der Strandungsordnung.

Vom 30. Dezember 1901. (R.G.Bl. 1902 S. 1.)

Artikel 1.

Der §. 25 der Strandungsordnung vom 17. Mai 1874 (Reichs-Gesetzbl. S. 73) erhält folgende Fassung:

§. 25[1]).

Wird die Schiffahrt dadurch beeinträchtigt, dass in einem Fahrwasser, auf einer Rhede oder in einem Hafen ein Schiff oder ein Wrack hülflos treibt, oder gestrandet oder gesunken ist, oder Anker oder sonstige Gegenstände auf den Grund gerathen, so ist die Behörde befugt, die Beseitigung des Hindernisses zu veranlassen.[2])

Sobald die Behörde eingeschritten[3]) und dies öffentlich erkennbar oder den Betheiligten bekannt gemacht ist, darf ohne Genehmigung der Behörde das Hinderniss nicht mehr beseitigt und von dem Schiffe oder Wracke Nichts mehr fortgeschafft werden.[4])

Zu §. 25.

1) Der frühere §. 25 sah das Einschreiten der Behörde zum Zwecke der Beseitigung der die Schiffahrt hindernden „versunkenen Wracks, Anker oder anderen Gegenstände" nur vor „wenn der Eigentümer nicht bekannt oder zur Fortschaffung nicht bereit war". Außerdem fehlte eine gesetzliche Bestimmung — hinsichtlich der Praxis vgl. R.G. Bd. 33 S. 61 — darüber, ob Wrack und Ladung als einheitliches Schiffahrtshindernis zu behandeln sind, dergestalt, daß der Eigentümer entweder beide zusammen selbst fortschaffen oder die Fortschaffung beider der Behörde überlassen muß.

Den hieraus sich ergebenden Unzuträglichkeiten, daß die zumeist bekannten Eigentümer die Ladung fortschafften, die Beseitigung der Wracks aber der Behörde überließen, sucht §. 25 in seiner jetzigen Fassung abzuhelfen.

2) Unter „Fahrwasser" werden nicht nur die für Seeschiffe benutzbaren, durch Seezeichen kenntlich gemachten Wasserwege (vgl. Abs. C der Bekanntmachung vom 31. Juli 1887, R.G.Bl. S. 387), sondern auch die Wattenfahrwasser" zu verstehen sein. Vgl. Reichstagsvorlage Nr. 149 II. Sess. 1900/1901. Die Befugnis der Behörde zur Beseitigung der Hindernisse ist aber nur für den Fall gegeben, daß durch das Hindernis die Schiffahrt beeinträchtigt wird. Bei geringeren Hindernissen oder weniger benutzten Fahrwassern wird daher von der Befugnis kein Gebrauch zu machen sein.

3) Ob der Eigentümer bekannt oder zur Fortschaffung bereit ist, ist unerheblich.

4) Bis zum Einschreiten der Behörde ist es dem Eigentümer unbenommen, seinerseits Maßregeln zur Beseitigung des Hindernisses zu ergreifen. Sobald die Behörde aber eingeschritten

Zur Deckung der Kosten der Beseitigung kann die Behörde die beseitigten Gegenstände öffentlich verkaufen, soweit nicht Sicherheit gestellt wird.[5]) Dieses Recht erstreckt sich im Falle der Beseitigung eines Schiffes oder Wrackes auch auf alle Gegenstände, welche zur Zeit des Einschreitens der Behörde auf dem Schiffe oder Wracke vorhanden waren, mit Ausnahme der Habe der Schiffsbesatzung, des Reiseguts der Reisenden und der Post. Gegenstände, welche dem Reiche oder einem Bundesstaate gehören, sind zunächst der zuständigen Verwaltung gegen Erstattung des Werthes zur Verfügung zu stellen. Mit dem nach Abzug der Beseitigungskosten etwa verbleibenden Überschusse des Erlöses ist nach den §§. 16, 19 zu verfahren. Nach fruchtlosem Aufgebotsverfahren (§. 26) fällt der Überschuss der Seemannskasse oder in Ermangelung einer solchen der Armenkasse am Sitze der Behörde zu [6])

Wird durch einen der im Abs. 1 bezeichneten Vorgänge die Gefahr einer Beeinträchtigung der Schiffahrt herbeigeführt, so ist der Schiffer, in dessen Ermangelung oder Verhinderung sein Stellvertreter, verpflichtet, dem nächsten Strandamt unverzüglich Anzeige zu erstatten.[7])

Artikel 2.

Im §. 43 der Strandungsordnung wird vor dem Worte „zuwiderhandelt" eingeschaltet: „25 Abs. 2, 4".

---

und dies öffentlich erkennbar (z. B. durch Anbringung von Zeichen an dem Schiffahrtshindernisse) oder den Beteiligten bekannt gemacht ist, sind Wrack und Ladung als ein einheitliches Schiffahrtshindernis anzusehen und niemand darf von dem Schiffe bezw. Wrack etwas entfernen. — Hinsichtlich der Strafbestimmung vgl. §. 43.

5) Durch die Sicherheitsbestellung kann der Eigentümer den öffentlichen Verkauf der durch die Behörde beseitigten Gegenstände verhindern. Eine gesetzliche Pflicht zur Benachrichtigung der Interessenten von dem bevorstehenden Verkauf ist der Behörde aber nicht auferlegt. Mit Zustimmung aller Beteiligten kann an Stelle des öffentlichen Verkaufs eine andere Art der Verwertung gewählt werden.

6) Die Bestimmung des früheren §. 25, daß der Überschuß an die Armenkasse des Hafenorts fallen soll, war dann nicht ausreichend, wenn das Fahrwasser nach mehreren Häfen führt. Deshalb ist jetzt die Armenkasse am Sitze derjenigen Behörde, welche das Hindernis beseitigt, als die berechtigte bezeichnet.

7) Die Pflicht zur Anzeige besteht für denjenigen Schiffer bezw. seinen Stellvertreter, dessen Schiff das Hindernis bildet, bezw. von welchem aus Anker oder sonstige Gegenstände auf den Grund geraten sind. Die Anzeige muß erstattet werden, sobald auch nur die Gefahr der Beeinträchtigung der Schiffahrt vorliegt. Hinsichtlich der Strafbestimmung vgl. §. 43.

Register.

Die römischen Zahlen verweisen auf die Nummern des Nachtrags, die arabischen auf die Paragraphen.

T.

U.

V.

W.

Z.

Herrosé & Ziemsen, Wittenberg.

Berichtigung zu § 52 der Seemannsordnung.

Der Fehler in Abs. 2 Nr. 2 ist durch das Gesetz vom 23. März 1903 (R.G.Bl. S. 57) berichtigt worden.

Der Absatz 2 Nr. 2 lautet:

2. Der Leichtmatrose erhält mit Beginn des **dritten** Jahres die in der Musterrolle bestimmte Heuer der Vollmatrosen und mit Beginn des vierten Jahres ein Fünftel derselben mehr an Heuer;

Kolibri 360 GmbH
Ferdinand-Jühlke-Straße 7
99095 Erfurt, Deutschland
produktsicherheit@kolibri360.de